AF156354

EBERHARD RATHGEB

Die Entdeckung des
SELBST

EBERHARD RATHGEB

Die Entdeckung des
SELBST

Wie Schopenhauer, Nietzsche und
Kierkegaard die Philosophie
revolutionierten

Blessing Verlag

Sollte diese Publikation Links auf Webseiten Dritter enthalten,
so übernehmen wir für deren Inhalte keine Haftung,
da wir uns diese nicht zu eigen machen, sondern lediglich
auf deren Stand zum Zeitpunkt der Erstveröffentlichung verweisen.

Penguin Random House Verlagsgruppe FSC® N001967

2. Auflage, 2022
Copyright © 2022 by Eberhard Rathgeb und
Karl Blessing Verlag, München
in der Penguin Random House Verlagsgruppe GmbH,
Neumarkter Straße 28, 81673 München
Satz: Leingärtner, Nabburg
Druck und Einband: GGP Media GmbH, Pößneck
Umschlaggestaltung: SERIFA, Christian Otto, MÜNCHEN
Umschlagabbildung: Gustave Courbet, Die Begegnung
oder Bonjour Monsieur Courbet, 1854 (Detail)
© akg-images/Fine Art Images/Heritage Images
Printed in Germany
ISBN 978-3-89667-648-1

»Die Filosofie ist ursprünglich ein Gefühl.«
Novalis

Inhalt

1
Einleitung

Flaschenpost eines Jahrhunderts

Heute wird heftig über Identität debattiert. Nietzsche, Schopenhauer und Kierkegaard hatten dafür ein anderes Wort: das Selbst. Es war das Zentrum, um das sie kreisten. Damit standen sie quer zu Philosophie und Wissenschaft ihrer Zeit. Sie pochten auf ihre Identität und ihr Selbstgefühl, an dem die Logik und die Rationalität abprallten wie Pfeile an einem Panzer. Ihre Philosophie ist nicht abstrakt, sondern emotional, sie dient nicht dem Dialog, der Verständigung und der Integration, sondern sie ist Monolog, Selbstvergewisserung und Abspaltung. Motive, die in der Psychologie, und Gründe, die in der Philosophie die entscheidende Rolle spielen, lassen sich bei ihnen ebenso wenig trennen wie intellektuelle Tradition und soziale Herkunft, Ideengeschichte und Lebensgeschichte.

Die Gedanken der drei Außenseiter trafen sich in einem entscheidenden Punkt, in der Ansicht, dass ein Leben gelebt werden muss, um verstanden werden zu können. Sie gingen von ihrem Gefühl für sich selbst aus und haben sich als Menschen, die sich letztendlich selbst ein Rätsel waren, sehr ernst genommen. Sie versuchten, dem Geheimnis, was es heißt, dieser eine bestimmte Mensch zu sein, auf die Spur zu kommen. Ihr Selbstgefühl war eine Lebensstimmung und ließ sich rational nicht rechtfertigen und vermitteln. Wie Aristokraten verweigerten sie sich der demokratischen Integration. Ihre Selbstbehauptung war absolut, nicht relativ. Im Jahrhundert der Moderne, der bürgerlichen Gesellschaft, der Rationalität und der Macht der Mehrheiten, waren sie Ausnahmen, die nicht nur eine neue Art des Philosophierens in die Welt setzten, sondern sich auch dem Zeitgeist radikal verweigerten.

Der Impuls für ihre philosophische Revolution erwuchs aus einer persönlichen Tiefe, in die eine Kultur nicht hineinreicht. Der Ausdruck von Gefühlen mag kulturell geformt werden, die Gefühle selbst entziehen sich dieser Macht. Liebe, Hass, Selbstvertrauen, Angst sind keine Erfindungen der Kultur. In Hinblick auf diese emotionale Tiefe gleicht die kulturelle Identität einem Kleidungsstück, das seine Träger zu tragen gewohnt sind, so, wie ihnen die Muttersprache so lange natürlich und selbstverständlich vorkommt, bis sie eine andere Sprache kennenlernen. Die Erfahrungen von Fremde und Fremdheit, wie psychische Abweichungen oder der verzweifelte und vergebliche Versuch, sich mitzuteilen, erinnert sie daran, dass Sozialisation, der Zugriff von Gemeinschaften und Gesellschaft nicht lückenlos ist, dass die Funktionen in einem System nicht immer restlos ausgefüllt werden.

Das Leben dieser drei Extremisten verlief nicht reibungslos, es war von Irritationen, Rebellion und Scheitern geprägt, von intellektuellen Dissonanzen und emotionalen Brüchen. Sie wurden auf ihr Selbstgefühl zurückgeworfen, an den dunklen Anfang ihrer Individualität, an den Kern ihrer gefühlten Identität, der vor dem Wissen liegt. Das Gefühl der eigenen Identität hat etwas zutiefst Undemokratisches, es verweigert sich der Kommunikation, die auf Verständigung und Integration pocht, es beharrt auf einer eigensinnigen Souveränität, auf dem Unsagbaren. Kunstwerke verweigern sich in gleichem Maße dem Zugriff einer letzten Interpretation. Sie gehen in ihr nicht auf.

Wer dem Selbstgefühl radikal zu folgen in der Lage ist, der verlässt manchmal, nicht nur im übertragenen Sinne, die Heimat der Gewohnheiten, das Geburtsland des konventionell geformten und agierenden Ich, und geht ins Ausland der Ungewissheiten, der neuen Gedanken und Ausdrucksmöglichkeiten. Der emotionale Druck führt über die Grenzen hinaus, die von der Kritik am Gegebenen nur erreicht werden. Schopenhauer,

Kierkegaard und Nietzsche waren viel mehr als Kritiker ihrer Zeitgenossen, sie standen quer zu ihrer Zeit, sie hoben sich aus ihr heraus, wie das nur denen gelingen mag, die für ihr Denken einen neuen Anfang setzen. Das 19. Jahrhundert kannte viele Kritiker der Gesellschaft, aber nur ganz wenige, die sich dem Sog der Moderne verweigerten und radikal Neues probierten.

Die drei Solitäre schrieben Monologe, wie es sie in dieser ausgeprägten Form in der Philosophie noch nicht gegeben hatte. Als intellektuelle Künstler blieben sie sich treu, ihrem Eigensinn verpflichtet, ihrer Mission. Bettina von Arnim, die aus eigenem Erleben wusste, welche Kraft Gefühle hatten, und die Empfindungen und Stimmungen sehr ernst nahm, nannte das stilistische Mittel für diese Art inwendiger Gespräche »Selbstsprache«.

Jean-Jacques Rousseau war der erste Philosoph, der sich genötigt sah, eine Biografie seiner Gefühle zu schreiben, um sein theoretisches Streben zu legitimieren und zur eigenen Rechtfertigung einzusetzen. Seine *Bekenntnisse* aus den Sechzigerjahren des 18. Jahrhunderts sollten die Wahrheit seiner intellektuellen Bestrebungen bestätigen durch die Wahrhaftigkeit seiner schonungslosen Selbstbefragung, die auch vor peinlichen Enthüllungen nicht zurückschreckte. Wenn Wahrheit und Wahrhaftigkeit zusammenfielen, dann schien eine Authentizität erreicht, die für die Gegner, die Rousseau auch persönlich angriffen, uneinnehmbar sein musste.

Arthur Schopenhauer, Søren Kierkegaard und Friedrich Nietzsche wollten das eigene Erleben nicht wie ein Hindernis beim Denken umgehen. Bei der Gewinnung neuen philosophischen Landes spielten ihre Erfahrungen eine zentrale Rolle. Sie gingen dennoch davon aus, dass sie konsequent dachten. Konsequenz war eine Bedingung richtigen, logischen Denkens, und wo immer in den unterschiedlichen philosophischen Theorien der Tradition deren Anfänge lagen, die Folgerungen wurden nicht willkürlich gezogen, sondern unter dem Druck, überzeugen, Beweise liefern, sich für den eingeschlagenen Weg rechtfertigen zu müssen. Wenn der Anfang einer Philosophie im eigenen Erleben, im Selbstgefühl lag, wie ließ sich dann ihre Dringlichkeit beweisen? Die drei Einzelkämpfer überließen sich der Leidenschaft, der Kunst der Darstellung, der Rhetorik des Herzens, so, wie ein Liebhaber seinem Liebesgeständnis Druck nicht durch Argumente, sondern durch Stil, durch Eigenart und Vehemenz die nötige Verführungskraft verleiht.

In den *Träumereien eines einsamen Spaziergängers*, seinem letzten Buch, verschwieg Rousseau nicht, dass er sich als soziales Wesen nur im Plural kannte, sich je nach dem Kontext definierte, in dem er stand und aus dem heraus er mit und gegen andere Menschen agieren musste. Doch die Sehnsucht nach einem Urquell, dem Selbstgefühl, war da und erfüllte sich, als er an einem sonnigen Tag mit einem Boot auf den Bieler See hinausfuhr und den Augenblick als Selbstempfindung in einer Reinheit genoss, die für ihn nur in der Natur zu finden war. Die Zivilisation und die Wissenschaften zerstörten diese Einheit. Kindern, die das Glück hatten, in der Natur aufzuwachsen, war sie zugänglich.

Die Kindheit wird im Leben und Denken der drei sonderbaren Philosophen eine wichtige Rolle spielen. Sie werden deswegen nicht zu einem Fall für Psychologen, die im 20. Jahrhundert ein Selbst nach ihren Bedürfnissen und Theorien zu formen begannen. Der erste Sozialpsychologe, der Amerikaner George Herbert Mead, sah im Selbst ein notwendiges Ergebnis der Kommunikation, den individualisierten Ausdruck einer mächtigen sozialen Allgemeinheit, vor der die drei Selbstdenker flohen. Sozialisation lautete der neue Begriff für die psychische Formung und Eingemeindung eines Menschen in die Gesellschaft durch soziale Kräfte. Das Ich war ein Resultat der anderen. Wenn die Sozialisation nicht gelang, produzierte sie Außenseiter, Fehlertypen, deviantes Verhalten.

Das innere Meer war unheimlich, eine ungezähmte Kraft, ein nicht ausgeschöpftes Potenzial. Wären die drei Philosophen dafür unempfänglich gewesen, hätten sie nicht auf sich gehört, dann wären sie in die Bahnen der Konventionen geglitten, sie hätten Anschluss an ihre Zeit gefunden. Schopenhauer wäre Kaufmann geworden, Kierkegaard hätte eine Pfarrstelle angenommen, Nietzsche wäre Professor der Philologie geblieben. Sie hätten privat und beruflich funktioniert, wie Gleichungen ohne Unbekannte, und wären in den Schlaufen der bürgerlichen Anerkennung hängen geblieben, wie sie der gelungenen Integration zuteil wird. Aber sie rebellierten, etwas in ihnen empörte sich und hieß sie eigene Wege gehen. Sie wurden aus einem inneren Drang heraus ins Abseits getrieben, nicht aus Empörung über die intellektuellen, sozialen und politischen Zustände ihrer Zeit, dank derer sie nur zu Kritikern ihrer Kollegen, ihres Faches, ihres Berufsstandes geworden wären, ohne der Gegenwart den Rücken zu kehren und sich aus der Zeitgenossenschaft herauszulösen. Sogar der radikale Karl Marx schrieb sich mit seiner *Kritik der politischen Ökonomie* in den Zeitgeist hinein und konnte sich ein Leben ohne Parteiprogramm nicht vorstellen.

Sie würden, dachten die drei Solitäre, dem Leben, ihrem Selbst nur nahekommen, wenn sie ihrem inneren Impuls nachgaben. Wie sie sich dabei im Tiefsten gefühlt haben, das verrieten sie der Nachwelt nicht. Dafür reichen die Wörter und die Gedanken nicht aus. Das Denken ist der Existenz, dem Selbstgefühl immer einen kleinen, aber entscheidenden Schritt hinterher.

Ein Besuch bei ihnen kann die Kraft stärken, die eigene Identität zu behaupten, das eigene Selbstgefühl besser kennenzulernen und zu leben, in einer Zeit, die nur noch Integration durch kommunikative Anerkennung und Desintegration durch kulturelle Identität zu kennen scheint.

2
Keine Philosophie für Bürger

Drei Philosophen lehnen die Moderne ab

Die drei Philosophen umfassten mit ihrem Leben rund einhundert Jahre. Schopenhauer wurde 1788 geboren, Nietzsche starb 1900. Das ganze 19. Jahrhundert, die Zeit der Moderne, war eine rasante Abfolge von Entdeckungen, Erfindungen und Revolutionen. Mit diesen Veränderungen hatten die drei Exzentriker nichts zu tun. Im Gegenteil, ihre intellektuellen Bewegungen verliefen konträr zu den Ambitionen einer Epoche, die von Arbeit, Technik, Forschung, Politik und Gesellschaft bestimmt wurde.

Schopenhauer lebte in Deutschland, Nietzsche wuchs in Deutschland auf, ging dann in die Schweiz und pendelte nach seiner Pensionierung mit vierunddreißig Jahren zwischen den Schweizer Bergen sowie der italienischen und französischen Mittelmeerküste. Kierkegaard verließ Kopenhagen so gut wie nie. Zwei der drei Selbstdenker kannten die großen Städte der Moderne, Paris und London, aus eigener Anschauung nicht, sie kannten die Vibrationen der neuen Zeit nicht aus eigenem Erleben. Schopenhauer hatte etwas von der Welt gesehen, vor seiner Kaufmannslehre in Danzig hatte er auf einer langen Bildungsreise 1803/04 die Niederlande, Frankreich, Österreich, die Schweiz, Schlesien und Preußen bereist sowie in London die englische Sprache perfekt erlernt. Er wurde ein Mann von Welt, der später zweimal nach Italien reiste. Nietzsche war ein Wanderer zwischen Städten, in Bergen, an Küsten. Kierkegaard lief durch die Straßen Kopenhagens und ließ sich in die ländliche Umgebung fahren. Dreimal reiste er mit der Postkutsche, mit Schiff und Eisenbahn nach Berlin, wo Teile von *Entweder – Oder* und von *Die Wiederholung* entstanden. Wenn die drei

Philosophen aufschrieben, was sie dachten, saßen sie nicht mit Intellektuellen und Künstlern in einem Pariser Café oder mit Dichtern und Schriftstellern in einem Londoner Restaurant. Kopenhagen war zwar die dänische Hauptstadt, aber sie war klein und zog keinen großen Geist aus den europäischen Metropolen an. Rund 130 000 Bürger lebten bei Kierkegaards Tod 1855 in der auf mehrere Inseln verteilten Stadt, in Paris waren es rund eine Million, in London zweieinhalb Millionen, in Berlin 420 000.

Seine Lebensanschauung brachte Schopenhauer schon in jungen Jahren zu Papier: *Die Welt als Wille und Vorstellung* erschien 1819. In den folgenden Jahrzehnten fand er keinen Grund, warum er das Buch hätte umschreiben sollen. Die Gegenwart konnte ihn zu keiner Revision seiner Ansichten bewegen, im Gegenteil, die Zeitläufte blieben am Gehäuse der Ideen nur Beiwerk, von dem seine Überzeugungen nicht irritiert wurden. Das Leben unterlag seiner Ansicht nach Gesetzen, die von den politischen Nachrichten und wissenschaftlichen Erkenntnissen nur bestätigt werden konnten. In uralten Texten aus der indischen Philosophie und Weisheitslehre, die zu seiner Zeit in Deutschland entdeckt wurden und in ersten Übersetzungen vorlagen, war er auf verwandte zeitlose Gedanken gestoßen, auf die Idee vom täuschenden Schleier der Erscheinungen, Maja genannt, hinter dem sich die Wahrheit der Welt verberge, und auf die Vorstellung, dass das Individuum einem endlosen Lebensstrom entstamme, mit dem Tod dorthin zurücksinke, nur um dann erneut zur Welt zu kommen.

Kierkegaards Blick war auf die protestantische Kirche fixiert und seit Kindheitstagen zu Gott in den Himmel erhoben. Ein Leben ohne Gott konnte er sich nicht vorstellen. Dem widersprach nicht die Liebe, die er zu Sokrates hegte. Dem griechischen Philosophen, der versucht hatte, seinen Mitmenschen zur Wahrheit zu verhelfen, indem er sie zum eigenständigen

Denken anregte, fühlte er sich verwandt. Die Wahrheit, um die es dem dänischen Philosophen ging, war von einem ganz anderen Kaliber als die Wahrheit der Wissenschaften, vor allem seit das Leben im Licht der christlichen Offenbarung stand. Søren Kierkegaard ließ sich durch politische und soziale Ereignisse nicht dazu bewegen, diese Perspektive und Einschätzung zu ändern und im Menschen nur ein Mitglied der Gesellschaft zu sehen. Vor dem jederzeit gegenwärtigen Paradox, dass Gott seinen Sohn auf die Erde gesandt hatte, verlor die Endlichkeit, in deren Rahmen sich die Zeitgenossen bewegten, an Gewicht. Die Frage nach dem Seelenheil, nach der Wahrheit der eigenen Existenz, überragte alle bürgerlichen Sorgen und Nöte.

Nietzsche war von dem, was seine Zeitgenossen dachten, insofern nicht ganz frei, als die eigene Neuerschaffung mit der Überwindung von Ideen zusammenhing, die damals kursierten und die Kultur prägten, von der er sich absetzen wollte. Wie Stapel von Büchern, die er aus dem Fenster werfen wollte, packte er die Kultur seiner Zeit mit den Händen, er musste den Ballast loswerden, um sich von allem, was er von ihr geerbt und übernommen hatte, befreien zu können. Dabei ging er keine Kompromisse ein. Partei nahm er nur für sich – und eine Zeit lang, bis zur Selbstaufgabe und unter Einschluss beruflicher Nachteile, für Richard Wagner. Jede Relativierung des eigenen Willens zur gelebten Freiheit, jede Nachgiebigkeit gegenüber fremden Kräften hat er abgewehrt. Diese Radikalität verfestigte sich mit den Jahren. Er bewegte sich zunehmend in eine Richtung, hin zu größtmöglicher Ferne und Einsamkeit, und das hieß raus aus einer Zeit, die genau die umgekehrte Richtung, hin zu größtmöglicher Nähe und Vergesellschaftung, einschlug.

In den späten Achtzigerjahren des 19. Jahrhunderts hatte der dänische Gelehrte und Literaturkritiker Georg Brandes, der ein Gespür für das Aktuelle und Unzeitgemäße im kulturellen

Leben hatte, an der Universität in Kopenhagen gut besuchte Vorlesungen über Nietzsche gehalten und dessen Erfolg auf diese Weise mit eingeleitet. Dort hatte er für dessen Philosophie einen Begriff geprägt, der auf alle drei Philosophen zutrifft: aristokratischer Radikalismus. Nietzsche war darüber begeistert und schrieb Brandes, noch nie habe jemand ihn so gut verstanden. Getroffen haben sich die beiden Männer nicht, obwohl Nietzsche sich eine persönliche Begegnung mit Brandes gewünscht hatte. Brandes hat Nietzsche die Lektüre Kierkegaards ans Herz gelegt. Ob es dazu gekommen ist, dass Nietzsche, der als Student mit Begeisterung Schopenhauer studiert hatte, den dänischen Philosophen las, lässt sich nicht sicher behaupten. Am 19. Februar 1888 schrieb Nietzsche aus Nizza an Brandes: »Ich habe mir für meine nächste Reise nach Deutschland vorgenommen, mich mit dem psychologischen Problem Kierkegaard zu beschäftigen.«[1]

Der Blickwinkel der drei Außenseiter war exzentrisch und beschränkt. Schopenhauer inthronisierte den blinden Willen zum Herrscher der Welt, Kierkegaard behauptete, die Subjektivität sei die ganze Wahrheit, und Nietzsche erklärte den Willen zur Macht, eine dionysische Bejahung von Schmerz und Lust, Werden und Vergehen, zur Grundlage einer freien Existenz. Ihre lebensanschauliche Energie ist in der philosophischen Literatur einzigartig. Die von ihnen verfolgten Ideen dienten nicht der unmittelbaren Verbesserung der Gesellschaft, sie waren dem modernen Zusammenleben nicht förderlich, das auf Zuversicht, Rationalität und Kompromiss beruhte. In einem strikten Sinne sind sie nie modern gewesen, sondern stellten sich gegen Emanzipationen jeder Art und verhöhnten die soziale und politische Gleichheit. Die Moderne errichtete den Imperativ der Gesellschaft und erfand die Soziologie als Wissenschaft. Damit wollten sie nichts zu tun haben.

Ein Emblem für die Maßlosigkeit und die Zerwürfnisse der Moderne, für den egoistischen Erwerbsgeist und die blindwütige Ausbeutung der Natur war ein riesiger weißer Wal, über den Herman Melville 1851 ein Buch veröffentlichte, *Moby Dick*, der ästhetisch radikalste Roman seiner Zeit, eine Wildnis der Formen, ein erzählerisches und sprachliches Naturereignis. Das Buch war eine ketzerische Theologie der besessenen Jagd nach einem Ungeheuer der Meere, eine grandiose poetische Philosophie des Menschenlebens in seiner Vermessenheit und Nichtigkeit. Die atemlose Geschichte, erzählt von dem Matrosen Ismael und von zahlreichen Exkursen wie von den Launen des Wetters auf hoher See durchzogen, handelte von dem Hass des einbeinigen Kapitän Ahab auf einen weißen Pottwal mit dem Namen Moby Dick, ein alter Feind, der dem Kapitän einst ein Bein abgerissen hatte. Die Jagd über die Meere ging von Nantucket über das Kap der Guten Hoffnung bis in den Indischen Ozean. Und welche Einwände und Bedenken der fromme Steuermann Starbuck auch vorbringen mochte, sie zerschellten an Ahabs Gier. In diesem Roman kamen Gedanken und Empfindungen zusammen, die auch die drei philosophischen Außenseiter umtrieben: der Rausch von Werden und Vergehen als Sinn des Lebens, die Souveränität eines Einzelnen und der ungehemmte Wille zur Machtentfaltung des eigenen Wahns, eines unheimlichen Selbst. Das Gefühl, dass hier einer allein mit sich und der Welt war und für sich und gegen die Welt kämpfte, konnte Kierkegaard nicht fremd sein, so wenig wie Schopenhauer das Gefühl, auf dem Meer den Naturgewalten ausgeliefert zu sein, und so wenig wie Nietzsche das Gefühl, als Kapitän Herr über Leben und Tod zu sein und einer anderen Moral zu folgen als der Rest der Mannschaft. Kapitän Ahab trotzte den Stürmen, er schien keine Angst vor dem Tod zu haben und den Untergang nicht zu scheuen. Hatte er, wie er dastand auf dem Schiff in der Nacht und auf das wogende schwarze Meer blickte, mehr vom Leben und der Welt verstanden als seine Mannschaft, die sich den Naturgewalten ausgeliefert fühlte, während doch der Mensch wie das Meer nur ein Teil eines großen Ganzen waren? »Wann nun«, hatte Schopenhauer in *Die Welt als Wille und Vorstellung* geschrieben, »ein Individuum Todesangst empfindet; so hat man eigentlich das seltsame, ja, zu belächelnde Schauspiel, daß der Herr der Welten, welcher Alles mit seinem Wesen erfüllt, und durch welchen allein Alles was ist, sein Dasein hat, verzagt und unterzugehen befürchtet, zu versinken in den Abgrund des ewigen Nichts; – während, in Wahrheit, Alles von ihm voll ist und es keinen Ort giebt, wo er nicht wäre, kein Wesen, in welchem er nicht lebte; da das Dasein nicht ihn trägt, sondern er das Daseyn.«[2] Kapitän Ahab ließ die Ruderboote von Bord, und die Mannschaft verteilte sich in die Boote, und dann begann die Jagd auf die Wale mit Harpunen und Lanzen, und das Meer färbte sich rot vor Blut. Der weiße Wal riss alle Seeleute und mit ihnen den Kapitän in die Tiefe. Nur einer, Ismael, der Erzähler, überlebte.

Einen Eindruck von dem sozialen Abgrund, der sich auftat, wenn die Gier nach Gewinn unermesslich wurde und einige Reiche und ein Heer von Armen produzierte, wird Gustave Doré den Zeitgenossen vermitteln in den Illustrationen des Buches *London. A Pilgrimage*, das 1872 erschien und die allgemein geteilte Ansicht befestigte, London liege im Höllenkreis von Dantes *Göttlicher Komödie*. Mit einem einheimischen Journalisten und teilweise unter Polizeischutz begab sich der französische Maler und Graphiker auf Exkursionen in die englische Hauptstadt, wie Dante unter der Führung Vergils in die Kreise von Hölle, Fegefeuer und Himmel. London war ein soziales Ungeheuer, Hygiene und Ernährung der unteren Schichten waren katastrophal und erniedrigend.

Gustave Doré, Dudley Street (1872)

Diese Nachricht war nicht neu. Über die miserablen Zustände in der englischen Hauptstadt hatte schon 1840 die französische Frauenrechtlerin Flora Tristan eine Reportage verfasst, *Im Dickicht von London oder Die Aristokratie und die Proletarier Englands.*

Der Gegenwartsverlust der drei Solitäre lässt sich abschätzen, wenn Zeitgenossen wie Karl Marx, Gustave Courbet, Heinrich Heine, Édouard Manet, ja auch Edgar Degas mit ins Bild genommen werden, die unmittelbar auf Ereignisse und Stimmungen, auf Probleme und Gedanken des Jahrhunderts reagierten und sie ihrerseits beeinflussten. Zeitgenossenschaft zeigt sich in den Bildern, in der Malweise, und in den Theorien, Dichtungen und Ideen, die damals Anerkennung fanden oder für Aufregung sorgten.

Die Künstler und Intellektuellen hingen an ihrer Zeit wie Leser an den Folgen eines Fortsetzungsromans, der in einer Zeitung abgedruckt wurde, eine Form der Veröffentlichung, die damals populär wurde. Unter der Herrschaft der Mechanisierung und Industrialisierung, mit den Entdeckungen der Naturwissenschaften veränderten sich das Leben und die Gesellschaft. Plötzlich gab es die Masse als soziale Macht und die Arbeiterfrage als zukunftsweisende Herausforderung. Motoren lärmten, elektrische Leitungen wurden gelegt, Fernsprecher und Phonographen wurden eingeschaltet, Fotografien aufgenommen, Glühlampen leuchteten, Straßenbahnen und Automobile fuhren, und seit 1895 machten Röntgenstrahlen Bilder vom Körperinnern, der Grundstein für die Entdeckung und Bekämpfung von Bakterien und Viren wurde in den Achtziger- und Neunzigerjahren gelegt.

Der Zug der Zeit ratterte, die Künstler und Intellektuellen saßen in Fahrtrichtung, ohne zu wissen, wohin genau die Fahrt gehen würde. Kritiker wollten das Steuer übernehmen. Den Revolutionären fuhr der Zug zu langsam, sie drängten auf schnellere, radikale Veränderungen, und sei es mit Gewalt. Von bedächtiger, konservativer Seite kamen Vorschläge, die Geschwindigkeit zu drosseln, ja den Zug anzuhalten und etwas zurückfahren zu lassen. Der Kunsthistoriker und Sozialreformer John Ruskin zum Beispiel verfolgte ganz andere Ziele zur Verbesserung der Gesellschaft als Karl Marx. Die graue Welt der Fabriken nahm er mit Grausen zur Kenntnis. Er träumte von Landschaften, wo keine Dampfmaschinen lärmten und keine Eisenbahn fuhr. Anders war Großbritannien seiner Ansicht nach nicht zu retten. Er versuchte, den Wert und das Ansehen der handwerklichen Arbeit wieder zu heben, die unter der Masse der Fabrikwaren erdrückt wurden, und gründete die Arts and Crafts Movement, in der Kunst, Arbeit und Gesellschaft in einer alltagstauglichen Beziehung und Form zusammenfanden.

Für Revolutionäre wie Karl Marx bestand die Lösung nicht darin, den Rückzug aus der Industrie in die Natur zu propagieren, die Warenproduktion und den Konsum zu reduzieren und technische Erfindungen zu hemmen. Sie hofften im Gegenteil auf einen Fortschritt, der Wohlstand für alle Bürger bringen würde. Die Natur lieferte dafür das Material. Marx kämpfte für die Arbeiter in den Städten und Fabriken und für eine kommunistische Gesellschaft, die das Ziel der Geschichte war. Das *Kommunistische Manifest* erschien 1848, ein Jahr nachdem Kierkegaard seinen Mitbürgern in *Die Taten der Liebe* das Christentum der Nächstenliebe und der Liebe Gottes gepredigt hatte.

In den Zwanzigerjahren schrieb Henri de Saint-Simon Bücher über das entstehende industrielle System, eine gerechtere Organisation der Gesellschaft und das Christentum. Nur wer arbeitete, meinte er, sollte am gesellschaftlichen Wohlstand teilhaben. Das galt auch für reiche Erben. Die Gleichheit fand ihre Efüllung dort, wo die Arbeit für Brüderlichkeit sorgte. Der Unternehmer Robert Owen verbesserte die Arbeitsbedingungen in seiner Baumwollspinnerei, führte eine Arbeits- und Altersrentenversicherung ein und ließ Wohnungen für die Arbeiter zu bauen. Von einer neuen Welt der Arbeit und Liebe träumte Charles Fourier. Er begeisterte sich für Genossenschaften, setzte sich für ein Grundeinkommen ein und forderte die Gleichberechtigung von Frau und Mann. Étienne Cabet bastelte an der Idee einer sozialistischen Gemeinschaft und unterstützte die Arbeiterfortbildung. Louis Blanc forderte ein Recht auf Arbeit und eine Kontrolle der Preise von Grundnahrungsmitteln.

Nietzsche war übel von diesem Auf und Ab der Ideen, wie den Menschen zu helfen sei. In der *Götzen-Dämmerung*, die 1889 erschien, schrieb er voller Überdruss über die wechselnden politischen Zielvorgaben und die soziale und psychische

Instabilität, die durch die neuen Freiheiten hervorgerufen wurde: »In solchen Zeiten, wie heute, seinen Instinkten überlassen sein, ist ein Verhängniss mehr. Diese Instinkte widersprechen, stören sich, zerstören sich unter einander; ich definirte das M o d e r n e bereits als den physiologischen Selbst-Widerspruch. Die Vernunft der Erziehung würde wollen, dass unter einem eisernen Drucke wenigstens Eins dieser Instinkt-Systeme p a r a l y s i r t würde, um einem andren zu erlauben, zu Kräften zu kommen, stark zu werden, Herr zu werden. Heute müsste man das Individuum erst möglich machen, indem man dasselbe b e s c h n e i d e t: möglich, das heisst g a n z ... Das Umgekehrte geschieht: der Anspruch auf Unabhängigkeit, auf freie Entwicklung, auf laisser aller wird gerade von Denen am hitzigsten gemacht, für die kein Zügel zu streng wäre – dies gilt in politicis, dies gilt in der Kunst. Aber das ist ein Symptom der décadence: unser moderner Begriff ›Freiheit‹ ist ein Beweis von Instinkt-Entartung mehr.–«[3]

Schopenhauer und Kierkegaard waren Monarchisten, Nietzsche hoffte auf den starken Mann. Demokraten beugten sich der wankelmütigen Meinung der Mehrheit, Diktatoren ermächtigten sich selbst zum Handeln. Die Geschichte bot glorreiche Vorbilder für eigenwillige Führer, wie die Medici im Stadtstaat Florenz. Zweimal war Nietzsches älterer Basler Kollege Jacob Burckhardt nach Italien gereist, weil er es in Basel nicht mehr aushielt, wo das Geld und der kaufmännische Biedersinn regierten. Nietzsche bewunderte Burckhardt und suchte die Freundschaft des Historikers. Er teilte dessen Kritik an dem klassizistischen Bild der Griechen. Hinter der Fassade vom Guten, Wahren und Schönen der griechischen Kultur, die Winckelmann in Deutschland aufgestellt hatte, öffneten sich Abgründe der Barbarei. Auf Nietzsches Schriften, die der Autor ihm später stolz schickte, reagierte der eigensinnige und zurückgezogen lebende Professor verhalten. Schließlich hüllte er sich vor dem Extremisten in Schweigen.

Die Flucht aus der Zeit konnte sich auch in den gemäßigten Bahnen einer Flucht in das Studium der Geschichte vollziehen. Burckhardts Buch *Die Kultur der Renaissance in Italien* erschien 1860. Es behandelte eine Kunstepoche, in der unter der harten Hand von Herrschaftsfamilien gerade die Vorstellung von der Einzigartigkeit des Individuums aufblühte, und dies nur, weil diese Kultur das gesamte gemeinschaftliche Leben durchdrang und gestaltete, weil sie der Atem einer bestimmten Region war, und nicht nur Beiwerk und Schmuck wie in Basel. Im Licht dieser Kulturtheorie gesehen, lag es nahe, dass Nietzsche eines Tages an die frische Luft eilen würde, ins Schweizer Gebirge oder an die italienische und französische Mittelmeerküste, um nicht in Deutschland und in den Schweizer Städten zu ersticken. Die deutsche Kultur abzustoßen, in der Protestantismus, Wissenschaftsgläubigkeit, Militarismus und Nationalismus eine unheilvolle Einheit bildeten, gehörte zu seinem Programm der Selbstreinigung und Selbsterschaffung.

In Dänemark fuhr der Zug der Zeit gemächlicher als in Frankreich und England. Dänemark war dünn besiedelt, und in der dänischen Hauptstadt gingen früh die Lichter aus. Die Bürger Kopenhagens waren nicht sehr anspruchsvoll. Wenn sie in größeren Gruppen zusammenkamen, dann auf dem Markt, in der Kirche oder, eine junge Errungenschaft, im Vergnügungspark Tivoli, der 1843 eröffnet worden war. In Dänemark regierte die protestantische Kirche über die Herzen und das Gewissen der Bürger und schöpfte die Unzufriedenheit ab, bevor sie sich in eine revolutionäre Stimmung verwandeln konnte. Während 1848 in anderen europäischen Ländern die Revolution ausbrach, bereitete der dänische König Frederik VII. aus eigenem Antrieb Reformen vor und ersetzte die absolutistische Monarchie durch eine konstitutionelle.

Als Christ, der es mit der Nächstenliebe ernst meinte, gab Kierkegaard den Armen milde Gaben, aber eine Schrift, die sich mit den sozialen Verhältnissen auseinandersetzte und Vorschläge machte zur Verbesserung der Lebensumstände der sozial Benachteiligten, findet sich unter seinen Werken nicht. Trotz seiner hohen Geistesgaben war ihm die Politik ein zu schwieriges Geschäft, in das er sich nicht einmischen wollte. Partizipation als Bürgerpflicht wies er von sich. Jeder Mensch erfüllte, wozu er vorgesehen war. Diese Ansicht teilte auf seine Weise auch Schopenhauer. Für ihn war der Charakter eines Menschen sein Schicksal. Freiheit als eine soziale Errungenschaft und eine Bedingung der Möglichkeit, eine Lebensform zu wählen und zu verwirklichen, tauchte als demokratische Forderung in beider Ideenkreis nicht auf. »Nein, Politik ist nicht meine Sache; in diesen Zeiten mit der Politik mitzukommen, auch nur mit der inneren, ist mir gelinde gesagt eine Unmöglichkeit«, schrieb Kierkegaard in einem Brief aus dem August des Revolutionsjahres 1848. »Mir dreht sich alles im Kopf, gewiss auch, weil ich zu wenig weiss … Politik ist mir zuviel. Ich liebe es, meine Aufmerksamkeit auf das Geringe zu concentrieren, wo man bisweilen genau dasselbe beobachten kann.«[4]

Darauf erzählte er von einer Begebenheit in einem der Viertel Kopenhagens. Dort hatten sich zwei Hunde ineinander verbissen. Zwei Frauen eilten herbei, von denen er annahm, dass ihnen die Hunde gehörten. Die Frauen fingen an, sich zu prügeln, wer von den Hunden angefangen habe. Kurz darauf tauchten zwei Männer auf, die Ehemänner der Frauen, und auch sie fingen an sich zu prügeln, wegen ihrer Frauen. Bei dieser ganzen Prügelei, so Kierkegaard, sei es nur darum gegangen, wer angefangen habe. Er sah in diesem Vorfall ein exemplarisches Bild der Weltpolitik. »Krieg in erster Potenz ist Krieg, in zweiter Potenz ist es ein Krieg aus Anlass der Frage, wer den ersten Krieg begonnen habe.«[5] Politik war in seinen Augen eine mühselige Angelegenheit, und wer sich ihr verschrieb, der machte bald die Erfahrung, dass sie die Hoffnung strapazierte, es könne eine gute Lösung und ein sicherer Frieden gefunden werden. Sie verführte den Geist, mit der verheerenden Folge, dass er von sich selbst und der Frage nach dem Seelenheil absah und sich den weltlichen Dingen verschrieb. Es gab einen König, und mit ihm war Kierkegaard zufrieden.

Schopenhauer war ein Pessimist, Kierkegaard gottergeben und Nietzsche ein freudiger Fatalist. Gesellschaftliche Veränderungen zum Wohle der Mehrheit stellten die bestehende Welt nur auf den Kopf. Weder Schopenhauer noch Kierkegaard noch Nietzsche hätten eine Revolution begrüßt. Einem System ließ sich mit den Mitteln, die es selbst hervorgebracht hatte, mit Parteien und Programmen, nicht entkommen. Die Verbesserung der Menschen durch Zeitgenossen, die über den Projekten vergaßen, dass sie selbst zum Kreis der Mitmenschen gehörten, war ein Widerspruch in sich. Nietzsche traute den Zeitgenossen schaudernd viele Projekte zu, Arbeiterparteien, Demokratisierungen, Sozialfürsorge, nur keine Erlösung zu einem wahrhaftigen ungehemmten Leben.

Die drei Aristokraten des Geistes gaben sich illusionslos und waren in dieser Hinsicht ihrem Jahrhundert weit voraus, das im besten Falle an den Hoffnungen der Aufklärung, an der Macht von Einsicht und Vernunft festhielt und die Dynamik der Reformvorhaben und revolutionären Entwürfe erst richtig ins Laufen brachte. Sie ähnelten den kommenden postmodernen Skeptikern, den Systemtheoretikern und den nüchternen Analytikern von Diskurs und Macht. Kierkegaard sah, wie auch Nietzsche, die Welle einer allgemeinen menschlichen Nivellierung auf seine Zeit zurollen, die sich gegen die Einebnung des Individuellen in Durchschnittsformate nicht wehrte. Der Einzelne war die Kategorie, die er der Mehrheit und den

Forderungen nach Gleichheit und Demokratie entgegenhielt.

Die Kritik, die er damit übte, diente nicht dazu, die Verhältnisse zu ändern, sondern seine Abkehr von der Zeit zu erhärten. Die Zeitgenossen sollten dadurch aus den Fängen der Gegenwart gelöst und zur Besinnung gebracht werden. Sie sollten sich endlich um sich selbst sorgen, um ihr Seelenheil. Der Einzelne trumpfte nicht auf wie ein von den Massen bejubelter Sieger und Befreier, sondern er agierte wie ein konservativer Partisan im Untergrund, der Flugschriften unter die Leute brachte und gezielte Angriffe gegen das Establishment unternahm: »Die große Veränderung wird also auch folgende sein. Während in den älteren Gestaltungen (des Verhältnisses zwischen Generation und Individuum) die Unteroffiziere, die Offiziere, die Kompanieführer, die Generäle, der Held (d.h. die Ausgezeichneten, die Hervorragenden, je nach ihrem unterschiedlichen Range, die Führer) k e n n t l i c h waren, und jeder (nach Maßgabe seiner Vollmacht) mit seiner kleinen Abteilung sich malerisch und organisch in das Ganze einordnete, selber vom Ganzen gestützt und das Ganze stützend: werden jetzt die Ausgezeichneten, die Führer (gemäß ihrem jeweiligen Rang) ohne Vollmacht sein, eben weil sie das diabolische Prinzip der Nivellierung gottgemäß verstanden haben, sie werden u n k e n n t l i c h sein, so wie wenn die Polizei in Zivil geht, und ihre jeweilige unterschiedliche Würde verhüllt tragen, und nur negativ, d.h. durch Abstoßung, eine Stütze sein, indessen die unendliche Gleichmäßigkeit der Abstraktion über jedes Individuum das Urteil spricht, es examiniert in seiner Isoliertheit.«[6]

Sich selbst bezeichnete Søren Kierkegaard, ohne mit der Wimper zu zucken, als Spion Gottes, ein Agent, der in geheimem Auftrag unterwegs war und den dänischen Mitbürgern ein ausgetüfteltes Schauspiel vorspielte, um sie desto besser in die Arme des wahren Christentums treiben zu können. Rettung war eine Art innerer Emigration, sie kam aus dem Geist, durch Gott, von einem Jenseits des Systems, wo ein Mensch, wie im Gebet und in der Meditation, allein war.

Unter dem Andrang der Masse und der sozialen Wirklichkeit, die sich mit enormem Druck ins Wahrnehmungsfeld der Bürger schoben, so wie hundertfünfzig Jahre später die virtuelle Welt, wurde das Glück des Einzelnen immer mehr zu einer politischen Angelegenheit und entzog sich dem Zugriff der Kirche. Es koppelte sich vom Seelenheil ab. Die Industrialisierung brachte Widersprüche mit sich, die sich als moralische Herausforderungen darstellten und nach befriedigenden Lösungen riefen. Die Erfahrungen in den urbanen Zentren führten zu scharfen intellektuellen und ästhetischen Reaktionen, die sich in den sozialistischen Theorien vom Klassenkampf, im Realismus eines Adolf Menzel, deutlich in seinem Gemälde *Das Eisenwalzwerk*, und im Naturalismus eines Émile Zola niederschlugen. Die christliche Nächstenliebe, die sich auf dem Dorf und in der Provinz in der Nachbarschaftshilfe erfüllen konnte, sickerte ein in Gebote sozialer Verantwortung, in Forderungen demokratischer Politik und in den Ausbau von Plänen für eine bessere Zukunft.

Mit dem jungen demokratischen Empfinden, das seit der Französischen Revolution von 1789 vielerorts aufflackerte und sich, mit großen Verzögerungen, letztlich durchsetzte, vergrößerte sich auch der individuelle soziale Zuständigkeitsbereich, der Sinn für die Gemeinschaft. Es ging nicht nur darum, Rechte einzuklagen und für sie zu kämpfen. Der Bürger fühlte sich dem Mitbürger verpflichtet. Die Durchsetzung von Demokratie weckte das Gefühl für Solidarität, und umgekehrt. Wer auf die Straße ging, betrat ein Grundstück, dessen Besitzer ein neuer, unbekannter Eigentümer war, die Gesellschaft, zu der jeder Fußgänger gehörte. Ein Gang durch Paris oder

London konfrontierte Väter und Söhne, Mütter und Töchter mit dem Elend und der offensichtlichen Wertlosigkeit des Menschen sowie mit der eigenen moralischen Not, wie den Armen geholfen werden könne.

Diese neuen Erfahrungen, die im großstädtischen Raum entstanden, belasteten das Gewissen. Nach einem längeren Aufenthalt in England veröffentlichte der junge Friedrich Engels, Sohn eines rheinländischen Fabrikanten, 1845 seinen Bericht über die Lage der arbeitenden Klasse, eine faktenreiche Darstellung der elenden Zustände, die von Armut, Krankheiten und Leid geprägt waren. Die verstörende Wirklichkeit musste in die Öffentlichkeit, vor ein Tribunal der moralischen Selbstbefragung und Empörung gezogen werden. Das große Elend, das er sah, war nah, mitten in Europa, und nicht weit weg, mitten in Afrika.

Schutz vor heftigen sozialen Eindrücken und den irritierenden moralischen Folgen ließ sich hinter der christlichen Vorstellung finden, dass Leben und Leid von Gott gegeben und hinzunehmen seien, dass soziale Gleichheit, Demokratie, Reformen oder eine Revolution aus der menschlichen Not nicht heraushelfen könnten, weil sie ein zeitloses Übel sei. Für Schopenhauer in seinem konservativen Pessimismus erfüllte sich der Anspruch auf Glück schon dadurch, keine Schmerzen zu haben.

Im urbanen Kontext war es eine Frage der emotionalen Widerstandskraft, ob und wie ein dünnhäutiger Spaziergänger mit dem sichtbaren Elend fertig wurde, ohne darüber zu verzweifeln, ob und wie es ihm gelang, das eigene Glück und das fremde Leid, Egoismus und Altruismus zu verbinden. Nietzsches aristokratische Lebensbejahung schloss den Schmerz als existenzielles Elixier in beide Arme. In der *Geburt der Tragödie aus dem Geiste der Musik* aus dem Jahr 1872 wird er behaupten, dass die alten Griechen den Schmerz in der Kunst und im

Ritus sogar geehrt und gefeiert hätten, um das mühselige Dasein besser zu ertragen. Am eigenen Leib erfuhr er, zu welchen Gipfeln der Erkenntnis der Schmerz den Geist locken konnte. »Nie habe ich so viel Glück an mir gehabt, als in den kränksten und schmerzhaftesten Zeiten meines Lebens«, resümierte er rückblickend in der späten Schrift *Ecce homo*.[7]

Aus dieser Haltung konnte kein sozialreformerisches Programm zur Verminderung von Leiden entstehen. Das Deutsche Reich unter Bismarck verabschiedete in den letzten beiden Jahrzehnten des Jahrhunderts Sozialgesetze, Unfallversicherung, Krankenversicherung, Rentenversicherung, Alters- und Invaliditätsversicherung, in der Hoffnung, sozialen Druck aus der Gesellschaft zu nehmen. Doch die Mittel der Befriedung erwiesen sich als zu schwach, sie konnten die Radikalisierung der Arbeiter unter Kommunisten und Faschisten nicht aufhalten.

Im Todesjahr Hegels, 1831, hatte sich Charles Darwin, für Nietzsche ein »achtbarer, aber mittelmässiger Engländer«, an Bord eines Schiffes auf eine folgenreiche Entdeckungsfahrt begeben. Sein Buch *Über die Entstehung der Arten* erschien 1859 und kippte das anthropologische Selbstverständnis. Nietzsche fand Darwins Theorie falsch, nach der die Starken über die Schwachen siegen würden. In seinen Augen geschah genau das Gegenteil, triumphierte die Masse über die Ausnahme. Die Schwachen besaßen die für einen Sieg über die Starken notwendige »Vorsicht, die Geduld, die List, die Verstellung, die grosse Selbstbeherrschung und Alles, was mimicry ist (zu letzterem gehört ein grosser Teil der sogenannten Tugend)«.[8]

Anpassung an die Umwelt war einerseits Schwäche, minimale Selbstbehauptung durch maximale Selbstverleugnung, andererseits Stärke, maximale Selbstbeherrschung durch minimale Selbstaufgabe. Mit diesem sozialpsychologischen Trick hatte das Christentum als Religion der Schwachen den Sieg über die heidnische Kultur der Stärke davongetragen, statt unterzugehen. An die Macht gelangt, predigten die Priester, die Führungskader einer erfolgreichen Organisation, Nächstenliebe und Barmherzigkeit, um ihre Herrschaft zu erhalten. Den Politikern, so ließe sich diese Theorie der Herrschaft durch geforderte Selbstrelativierung fortsetzen, gelang der Erhalt des bürgerlichen Staates, indem sie demokratisches Engagement im Rahmen der Verfassung und die Unterwerfung unter den Wählerwillen der Mehrheit predigten.

Für die Arbeit als explodierende Produktivkraft und für deren soziale Grundlage in der Arbeiterschaft fehlte Nietzsche die historische Phantasie und das politische Kalkül. Er hätte sich auf die Notwendigkeiten der Moderne, auf das Projekt Gesellschaft, einlassen und sich von einem kulturellen Deutungsraster verabschieden müssen, das Phänomene nur nach Stärke und Schwäche, Macht und Ohnmacht klassifizierte und beurteilte. Über die Arbeiter-Frage schrieb er in der *Götzen-Dämmerung* von 1889 mit dem Widerwillen eines Passanten, der sich eines Bettlers erwehren muss: »Die Dummheit, im Grunde die Instinkt-Entartung, welche heute die Ursache a l l e r Dummheiten ist, liegt darin, dass es eine Arbeiter-Frage giebt. Über gewisse Dinge f r a g t m a n n i c h t: erster Imperativ des Instinktes. – Ich sehe durchaus nicht ab, was man mit dem europäischen Arbeiter machen will, nachdem man erst eine Frage aus ihm gemacht hat … Will man einen Zweck, muss man auch die Mittel wollen: will man Sklaven, so ist man ein Narr, wenn man sie zu Herren erzieht.«[9]

Die drei Exzentriker fanden unter den unmittelbaren Zeitgenossen keinen Zuspruch, auch nicht unter Theologen und nicht unter Philosophen. Hegel hatte zu seinen Lebzeiten enormen Einfluss ausgeübt. In seiner Philosophie triumphierte der Geist ein letztes Mal über die Materie, bevor der Siegeszug der Naturwissenschaften begann, die sich bemühten, das Verhältnis umzukehren. Von ihm stammte das Diktum, eine Philosophie sei »ihre Zeit in Gedanken erfaßt«[10], das unterstelle, dass ihm deutlich vor Augen stehe, was seine Zeit als Ganzes sei, was seine Epoche charakterisiere, und dass es möglich sei, so etwas wie die Zeit, zu der sich Menschen als Zeitgenossen verhalten könnten und durch die sie zu Zeitgenossen geprägt würden, in einem Gedankengebäude zu erfassen. Die Idee eines objektiven Geistes, der sich in der Geschichte entfalte und in dem sich die Vernunft in ihrer Entwicklung verwirklichen würde, hatte ihm bei dieser Aufgabe geholfen. Die Folge einer solchen Zusammenfassung einer Epoche in einer Philosophie war, dass alle anderen zeitgleichen philosophischen Bestrebungen, die in seinen Augen dieses Ziel nicht erreichten, nicht das Recht für sich in Anspruch nehmen durften, im strengen Sinne eine Philosophie zu sein. Als er diesen programmatischen Satz in der Rechtsphilosophie niederschrieb, dachte er mit großzügiger Selbstverständlichkeit an sich selbst, an sein eigenes System. Philosophie, wie er sie betrieb, war für ihn Wissenschaft von der Realität, und zwar eine Wissenschaft, wie er sie verstand. Die Vernunft Hegels war absolut, ihre Realität grenzenlos, sie schluckte sogar das Leben und Gott.

Der Glaube an die Wissenschaft hat das ganze 19. Jahrhundert geprägt. Hegel hat ihn mit vorbereitet, auch wenn die einzelnen Wissenschaften sich nach seinem Tod von ihm abwandten und ihre eigenen Wege gingen. Schopenhauer hat Hegel verachtet und beschimpft, Kierkegaard hat ihn im Furor seiner Selbstbehauptung gegen die Ansprüche der objektiven Wahrheit so einseitig gelesen, wie Hegels unmittelbare Schüler, die Linkshegelianer und die Rechtshegelianer, ihn auslegten. Die Grundlinien dieser beiden Interpretationsmöglichkeiten seines Werkes hatte Hegel selbst vorweggenommen in einem berühmten Satz, der ebenfalls aus seiner Philosophie des Rechts stammt und behauptet, dass wirklich sei, was ver-

nünftig ist, und vernünftig sei, was wirklich ist. Die Rechtshegelianer hielten sich an die erste Hälfte des Satzes und beugten sich der Wirklichkeit, insofern und weil sie als Staat, Gesetz
und Ordnung vernünftig war. Die Linkshegelianer favorisierten die zweite Hälfte des Satzes und wollten die Wirklichkeit
zur Vernunft bringen mit ihren utopischen Konzepten einer
gerechten Gesellschaft.

Die Anmaßung der Vernunft und der Objektivität, die moderne Herrschaft der Rationalität und der Wissenschaften empörte Kierkegaard. »Alles logische Denken«, schrieb er 1846
in der *Abschließenden unwissenschaftlichen Nachschrift*, »voll-
zieht sich in der Sprache der Abstraktion und specie aeterni.
Die Existenz so zu denken, heißt von der Schwierigkeit abzusehen, das Ewige im Werden zu denken, da der Denkende im
Werden ist. Es ist daher leichter, abstrakt zu denken als zu existieren, falls darunter nicht verstanden wird, was man so landläufig existieren nennt, ähnlich wie das, was man landläufig
ein Subjekt sein nennt. Hier ist wieder ein Beispiel dafür, wie
die einfachste Aufgabe die schwierigste ist. Existieren, meint
man, sei gar nichts, geschweige denn eine Kunst, wir existieren
ja alle, aber abstrakt denken: das ist etwas. Aber in Wahrheit
existieren, also mit Bewusstsein seine Existenz durchdringen,
zugleich ewig gleichsam weit über sie hinaus und doch in ihr
gegenwärtig und doch im Werden: das ist fürwahr schwierig.«[11]

Die Naturwissenschaftler erforschten nicht die Existenz,
was es hieß, ein Mensch zu sein, schon gar nicht, was es hieß,
dieser besondere Mensch zu sein. Sie interessierte das Leben,
die besondere Art von Materie, die sich von der toten Materie
unterschied. Für Gott, die Seele, für das rein Geistige blieb in
diesen Theorien oft kein Platz mehr. Der promovierte Medi-
ziner Ludwig Büchner, der Bruder Georg Büchners, schrieb
1855 den Bestseller *Kraft und Stoff. Empirisch-naturphilosophi-
sche Studien. In allgemein-verständlicher Darstellung*, ein Werk

im Geiste des Materialismus, das ihn seinen Lehrstuhl in Tübingen kostete, worauf er wieder als Arzt in Darmstadt arbeiten musste. Ludwig Büchner wollte die Einheit von Kraft und Stoff, von Geist und Materie beweisen und jeden Idealismus verbannen. Charles Darwin ließ den Streit um den Ursprung des Lebens auflodern. Friedrich Albert Lange holte 1866 mit einer Geschichte des Materialismus, die Nietzsche gelesen hat, zum Schlag aus gegen die Materialisten. Vorausgegangen war Otto Liebmanns *Kant und die Epigonen*, zu denen er auch Schopenhauer rechnete. Liebmann empfahl den Freunden der Materie die Lektüre von Kants *Kritik der reinen Vernunft*. Dort könnten sie lernen, dass die Wirklichkeit, die sich ihnen in den Laboren zeige, nicht die Realität sei.

Diese Ansicht widersprach dem Alltagsverstand. Auch die Legitimation für politisches Handeln stützte sich auf eindeutige Erkenntnisse, mit denen Anhänger gewonnen und Gegner überzeugt werden sollten. Die Revolutionäre, die die Gesellschaft verändern wollten, hielten fest am Glauben an den Realitätsgehalt der Wissenschaft, den sie mit den bürgerlichen Forschern teilten. Kants Erbe verunsicherte sie nicht. Marx und Engels klammerten sich an Hegel und an die Erkennbarkeit der Welt. An die Stelle der Welt der Erscheinungen trat in ihrer Theorie die bürgerliche Ideologie, die sich kritisieren ließ. Dass sie mit ihrer wissenschaftsgläubigen Einstellung selber Produkte einer Zeit blieben, deren Kennzeichen die Rationalisierung des Lebens war, thematisierten sie nicht. Letzte sture Verfechter einer sozialistischen Planwirtschaft mögen in ihren Gesellschafsträumen mit dem Einsatz der modernen künstlichen Intelligenz rechnen.

Auch Pierre Proudhon, der Eigentum für Diebstahl hielt, jede Autorität verwarf, egal ob sie vom Staat ausgeübt wurde oder von Gott ausging, Institutionen wie die Ehe auflösen wollte und die Anarchie zur einzig akzeptablen Form des gesellschaftlichen Zusammenschlusses erklärte, konnte sich aus den wissenschaftlichen Erwartungen seiner Zeit nicht lösen. Er schrieb eine *Philosophie des Elends*, die 1846 erschien und den Zorn von Marx weckte, der moralische Betrachtung und wissenschaftliche Untersuchung strikt trennte und mit der Polemik *Das Elend der Philosophie* antwortete, einer Abfertigung der theoretischen Fähigkeiten und historischen Kenntnisse Proudhons, mit dem er doch Nächte durchdiskutiert hatte. Die Kritiker des sozialen Unrechts, die sich auf die Seite der Armen und Ausgebeuteten stellten, waren von der Gesellschaft, die unmittelbar vor ihnen entstand, überfordert, mit der Folge, dass sich die Analysen trotz der wissenschaftlichen Ambition widersprachen. Erst mit dem *Kapital*, das Marx im Londoner Exil in der Bibliothek schrieb, schien wissenschaftlich eindeutig bewiesen zu sein, was an der modernen Gesellschaft falsch war.

In einer aus dem Jahr 1846 stammenden Aufzeichnung Kierkegaards heißt es: »In unserer Zeit sind es besonders die Naturwissenschaften, welche gefährlich sind. Die Physiologie wird zuletzt so um sich greifen, daß sie die Ethik einstreicht. Es gibt ja bereits Spuren genug für ein neues Streben: die Ethik als Physik zu behandeln, womit denn das gesamte Ethische zur Illusion wird, und das Ethische in der Menschheit statistisch auf Durchschnittszahlen hin zu behandeln oder zu berechnen, so wie man Schwankungen bei Naturgesetzen berechnet.«[12]

Was als moralisch richtig, was als moralisch falsch galt, das würde sich also danach bemessen, wie die Mehrheit ihrer bedürftigen Natur nach handelte. Das Bewusstsein für Recht und Unrecht im moralischen Sinne würde sich nach den Neigungen der Mehrheit richten, nach dem, was als menschliche Natur allgemein akzeptiert oder verworfen wurde. Irgendetwas im Menschen, so hieß es in Büchners *Dantons Tod*, stahl, hurte, mordete. Experimente mit dem Menschen würden gemacht werden, um herauszufinden, was das war.

Der objektive Mensch, wissenschaftlich vermessen und zur Wissenschaft geeignet, setzte sich durch. Er war in Nietzsches Augen »ein Werkzeug, ein kostbares, leicht verletzliches und getrübtes Mess-Werkzeug und Spiegel-Kunstwerk, das man schonen und ehren soll; aber er ist kein Ziel, kein Ausgang und Aufgang, kein komplementärer Mensch, in dem das ü b r i g e Dasein sich rechtfertigt, kein Schluss – und noch weniger ein Anfang, eine Zeugung und erste Ursache, nichts Derbes, Mächtiges, Auf-sich-Gestelltes, das Herr sein will: vielmehr nur ein zarter ausgeblasener feiner beweglicher Formen-Topf, der auf irgend einen Inhalt und Gehalt erst warten muss, um sich nach ihm ›zu gestalten‹, – für gewöhnlich ein Mensch ohne Gehalt und Inhalt, ein ›selbstloser‹ Mensch.«[13]

Diese Selbstlosigkeit war fatal. Sie gehörte zu einem selbstzufriedenen Bürger, der zu allem bereit sein würde, einem Eroberer, der über Leichen ging, einem Opportunisten, der die Buchhaltung für diese Feldzüge übernahm, einem funktionierenden staatstreuen Mitläufer ohne Widerstandsgeist, ohne zivilen Ungehorsam, einem kompetenten, kreativen, pragmatischen Erfüllungsgehilfen.

Die drei Philosophen waren radikale Ausnahmen, Solitäre zwischen Konservativen, die nur ihre alten Rechte, und Revolutionären, die nur die Masse im Kopf hatten. Die Gegenwart, die Moderne schien für sie nicht gemacht zu sein, sie eroberten sich in der Auseinandersetzung um die politische und soziale Zukunft der Gesellschaft keinen Platz. Das Gespräch der Zeitgenossen über Gewinn und Gerechtigkeit, Demokratie und Eigentum, Engagement und Eigennutz, fand ohne sie statt. Das war der Preis ihrer Einzigartigkeit. Heute, nachdem der Abschied vom 19. Jahrhundert sich noch ein ganzes Jahrhundert mit zwei Weltkriegen hingezogen hatte, sind es diese drei Außenseiter, die daran erinnern, was im Siegeszug von Universalismus und Wissenschaft, Materie und Masse verloren ging.

3

Der Mensch ist nicht frei

Schopenhauers Welt ohne Hoffnung

Arthur Schopenhauer wurde am 22. Februar 1788 in Danzig geboren, in einer freien Stadt, die bald nach seiner Geburt an Preußen und die Hohenzollern fallen sollte. Der Vater, Heinrich Floris Schopenhauer, war ein wohlhabender Kaufmann. Er war Protestant, gab seinem Sohn den Namen Arthur, weil dieser Name in vielen Sprachen ähnlich ausgesprochen wurde, ein Vorteil für den zukünftigen Kaufmann, und ließ den Sohn protestantisch taufen. Am 20. April 1805 stürzte das Familienoberhaupt vom Dachspeicher seines Hauses und starb. Es konnte ein Unfall gewesen sein. Da er unter Depressionen litt, lag die Vermutung nahe, dass er Selbstmord begangen habe.

Er ließ eine Ehefrau, Johanna Schopenhauer, einen Sohn und eine Tochter, Adele Schopenhauer, zurück. Die Familie musste die Zukunft jetzt selbst in die Hand nehmen. Diese Aufgabe brachte nicht nur Nachteile mit sich. Mit dem Tod des Vaters begann das selbstbestimmte Leben des Sohnes. Er konnte den beruflichen Weg, den der Vater ihm mit patriarchalischer, vielleicht auch fürsorglicher Geste vorgezeichnet hatte, verlassen und sich den eigenen Interessen widmen.

Die Mutter besaß einen ausgeprägten Realitätssinn, war zupackend und intelligent, sie hielt mit ihrer Meinung nicht zurück und gab gerne Ratschläge, wie das Leben zu meistern sei. Sie sah mit einem gewissen Kummer, dass dem Sohn, wie sie ihm am 28. April 1807 aus Weimar schrieb, der frohe Sinne der Jugend gefehlt und er sich damals, wie der Vater, in schwermütigen Grübeleien verloren habe. »Das Ungeheuer Alltäglichkeit«, schrieb er ihr am 8. November 1806, »drückt alles nieder was emporstrebt. Es wird mit nichts Ernst im Leben, weil der Staub es nicht werth ist.« Der Teenager schwor, wie alle Teenager, denen die Decke auf den Kopf fällt, auf die erlösende Kraft der Musik: »Die Pulsschläge der göttlichen Tonkunst haben nicht aufgehört zu schlagen durch die Jahrhunderte der Barbarei und ein unmittelbarer Widerhall des Ewigen ist uns in ihr geblieben, jedem Sinn verständlich und selbst über Laster und Tugend.«[14]

Arthur Schopenhauer in jungen Jahren

Der Vater hatte den Sohn zum Kaufmann bestimmt. Der Wunsch entsprach dem Brauch. Väter übergaben ihr Geschäft den Söhnen. Arthur Schopenhauer fühlte sich verkannt und gefangen. Die Mutter stand auf der Seite des Sohnes, sie wusste aus eigener Erfahrung, was es hieß, ein Leben zu führen, das den inneren Impulsen und Wünschen widerstrebte. Durchsetzen konnte sie sich gegenüber dem Ehemann nicht.

Ein »Brief an den Vater«, wie Kafka ihn schrieb, ist von Schopenhauer nicht überliefert. Er wollte auf ein Gymnasium gehen, und nicht in die Lehre. Der Vater wusste seine Interessen geschickt durchzusetzen. Er stellte den Sohn vor die Alternative, entweder mit den Eltern durch Europa zu reisen oder allein zu Hause zu bleiben und das ersehnte Gymnasium zu besuchen. Der Sohn setzte sich mit den Eltern 1803 in eine Kutsche und erlernte danach den Beruf des Vaters. In England musste er sich von der Mutter ermahnen lassen, nicht so viel Schiller zu lesen, ja die Kunst einmal ganz beiseitezulegen. Mit fünfzehn Jahren gelte es, endlich den Ernst des Lebens kennenzulernen. Sie teilte seinen Sinn für das Schöne, ihr Erbteil, wie sie glaubte, aber in der Welt, wo der Nutzen regierte, bestand ihrer Ansicht nach kein Geist, wenn er sich in die Dichtung und in die Künste verlor.

Kaum war der Vater tot, brach der Sohn die ungeliebte Kaufmannslehre ab und ging, unterstützt von der Mutter, auf das Gymnasium, das das Tor zur Universität öffnete. In Göttingen begann er 1809 mit dem Studium der Medizin. Er wechselte zur Philosophie und nach Berlin, wo er Johann Gottlieb Fichte hörte. Anfang Oktober 1813 machte er in Jena seinen Doktor mit einer Arbeit *Über die vierfache Wurzel des Satzes vom zureichenden Grunde*. Vom Krieg seiner Landsleute gegen Napoleon hielt sich der junge Mann fern. Er wollte lieber seinen friedlichen Gedanken als dem blutigen Kriegshandwerk dienen. Das Jahr der Befreiungskämpfe ging im späten Oktober 1813 mit der Völkerschlacht bei Leipzig zu Ende, bei der Napoleons Armee geschlagen wurde.

Sein Leben lang lebte Schopenhauer vom väterlichen Erbe. Um sein finanzielles Auskommen musste er sich keine ernsthaften Sorgen machen, die ihn dazu getrieben hätten, unter allen Umständen einen Beruf zu ergreifen. Sein Geist war in dieser Hinsicht frei von der Knechtschaft in fremden Diensten. Sechs Jahre nach der Dissertation, im Jahr 1819, als die Karlsbader Beschlüsse in Deutschland erlassen wurden, die

die Freiheit der Universitäten und die Pressefreiheit drastisch einschränkten, erschien sein Hauptwerk *Die Welt als Wille und Vorstellung*, dessen pessimistische Lebensanschauung sich damals wie ein Kommentar zur aktuellen politischen Lage hätte lesen lassen. Nur fand das Buch kaum einen Leser. Die Schwester tröstete ihn in einem Brief aus Danzig vom 9. November 1819 über eine in ihren Augen viel zu leichtfertige Rezension hinweg, die dem ernsten Werk nicht gerecht würde. Wichtig aber sei die Resonanz, die das Buch habe, da die Gegenwart ihn wie alle Menschen unterm Arm halte, die Auseinandersetzung mit den Zeitgenossen das Band sei, das mit dem Leben verbinde. Da sei es nicht wichtig, ob die Auseinandersetzung mit einem Sieg oder einer Niederlage ende.

Im Grunde hatte er mit diesem Erstling alles Wesentliche gesagt. Das Fundament war gegossen, der Grundriss gezogen, die Mauern standen, was folgte, war Ausbau, Anbau und Verfeinerung, Projekte, die Senioren mit praktischen Problemen zweihundert Jahre später in die Baumärkte treiben. Schopenhauer war 31 Jahre alt.

Die Reaktionen auf das große Werk waren deprimierend. Die Anerkennung, die einem Genie, für das er sich ohne Rücksprache hielt, würdig gewesen wäre, wurde ihm versagt. Erst gegen Ende des Lebens hatte das Schicksal ein Nachsehen mit ihm, und er wurde berühmt. Der Griesgram muss jetzt zum ersten Mal gelächelt haben. Er lebte ohne Ehefrau und Kinder, hatte aber Geliebte, eine bekam ein Kind von ihm, das früh starb.

Ihn hielt kein Amt, kein Beruf, er unternahm Reisen nach Italien, das klassische Ziel deutscher Autoren. Mit der Mutter, die nach dem Tod des Vaters nach Weimar zog, dort einen Salon eröffnete und eine bekannte Schriftstellerin wurde, zerstritt er sich bis aufs Blut. Als sie im Krieg gegen Napoleon, der durch die Schlacht bei Jena und Auerstedt 1806 ganz nahe gerückt war, durch Hilfsbereitschaft und Mut glänzte bei der Bewältigung der französischen Zwangseinquartierungen und der Verpflegung der vielen Verwundeten, hatte sie die Weimarer bessere Gesellschaft für sich gewonnen. Nachdem die verwundeten Soldaten endlich aus Weimar wegtransponiert worden waren, atmete sie mit der ganzen Stadt erleichtert auf. Die Bewohner hatten den Verletzten geholfen, so gut sie es vermochten, aber selber unter dem fürchterlichen Leid, dem nicht abzuhelfen war, gelitten und es nicht mehr viel länger ertragen wollen. Die dramatischen Vorgänge damals hat sie in einem langen bewegenden Brief geschildert, ein eindrückliches Prosastück, das einen klaren und umsichtigen Geist und ein von unmittelbarer Anteilnahme und gerechten Empfindungen volles Herz verrät. Den Sohn, der in ihren Augen leider ein elender Querulant und Besserwisser war, warf sie 1814 aus dem Haus. Seit 1833 wohnte er in Frankfurt am Main, ein Klatschnest, wie sie ihn aus Bonn am 12. August 1833 wissen ließ, und ging jeden Tag zur Mittagszeit ins Restaurant. Schon in seinen Studententagen hielt er sich einen Pudel. Er gab den Hunden immer den gleichen Namen, »Atman«, das Sanskrit-Wort für »Lebenshauch«. Die Tiere hielten das Zusammenleben mit ihm offenbar besser aus als alle Zweifüßler. In Frankfurt starb er am 21. September 1860.

Über seine Philosophie wird Schopenhauer sagen, es sei wohl kaum »irgend ein philosophisches System so einfach und aus so wenigen Elementen zusammengesetzt, wie das meinige; daher sich dasselbe mit Einem Blick leicht überschauen und zusammenfassen läßt ... Man könnte mein System bezeichnen als IMMANENTEN DOGMATISMUS: denn seine Lehrsätze sind zwar dogmatisch, gehn jedoch nicht über die in der Erfahrung gegebene Welt hinaus; sondern erklären bloß WAS

DIESE SEI, indem sie dieselbe in ihre letzten Bestandteile zerlegen.«[15] Das hörte sich nicht an wie das Programm eines Schwärmers, der von einer Idee zur anderen zog. Hier sprach ein Grundbesitzer.

Schopenhauers Vater hatte aus dem Sohn einen lebenstüchtigen Mann machen wollen. Das ist ihm in gewisser Weise gelungen. Er wurde zwar kein Kaufmann, wie es sich der Vater gewünscht hatte, sondern ein Philosoph. Doch hat er der Welt nicht den Rücken gekehrt, eine Wendung, die aus dem Blickwinkel der Praktiker und Geschäftstüchtigen vorgezeichnet war, wenn ein junger Mann dem Drang nach Bildung und Theorie nachgab. Das philosophische System, das Schopenhauer in jungen Jahren vorlegte, diente dem Beweis, dass sich das ganze Chaos drinnen und draußen aus einem einzigen Prinzip herleiten ließ, aus einem kosmisch waltenden, alles durchdringenden Willen. Wer das Prinzip in seinem Wirken begriffen hatte, der hatte die Antwort auf alle Fragen in der Tasche. Die philosophische Souveränität, die aus dieser Einsicht sprach, schien nicht nur eine Replik auf Goethes *Faust* zu sein, der 1808 erschienen war und in dem der Gelehrte Faust sich den Kopf darüber zerbrach, was die Welt im Innersten zusammenhielt. Auch ein rechtschaffener Kaufmann favorisierte klare Verhältnisse und eindeutige Verträge. Mit Schopenhauers Reduktion von Komplexität auf ein einziges Prinzip wäre er zufrieden gewesen. *Die Welt als Wille und Vorstellung*, wie Schopenhauer sein philosophisches Grundbuch nennen wird, fand sich im Ausgabenbuch des Kaufmanns als Welt von Soll und Haben wieder.

Der junge Philosoph war hochfahrend. Er hatte ein grundlegendes Werk geschrieben. Kein Zeitgenosse konnte ihm jetzt etwas vormachen. Die Ausbildung an der Universität hatte er zu seinem Vorteil abgeschlossen, er war im Besitz einer Philosophie, die er aus eigenen Kräften entwickelt hatte. Aus dieser

Zuversicht und Treue zu sich selbst sprach eine enorme Selbstsicherheit. In seinen Worten gesagt: »Ohne alle Aufmunterung von außen hat die Liebe zu meiner Sache ganz allein, meine vielen Tage hindurch, mein Streben aufrecht gehalten und mich nicht ermüden lassen: mit Verachtung blickte ich dabei auf den lauten Ruhm des Schlechten. Denn beim Eintritt ins Leben hatte mein Genius mir die Wahl gestellt, entweder die Wahrheit zu erkennen, aber mit ihr Niemanden zu gefallen; oder aber, mit den Andern das Falsche zu lehren, unter Anhang und Beifall; mir war sie nicht schwer geworden.«[16]

Eine außergewöhnliche Eigenliebe paarte sich mit einem Sendungsbewusstsein historischen Ausmaßes. Deutschland, Frankreich und der Rest der Welt mochten verwirrend, ein Ort von Krieg und Leid und in ständiger Veränderung begriffen sein, er jedoch hatte ihr Grundprinzip entdeckt, die Kraft, die sie am Laufen hielt. Wie ein Sieger muss er sich gefühlt haben, ein junger Napoleon, der wusste, wie Schlachten zu gewinnen waren. Jetzt fehlte nur noch die Anerkennung der Zeitgenossen. Auf sie musste er lange warten.

Seine Philosophie war nicht nur Theorie, aus der sich kein unmittelbarer Nutzen für den Alltag ziehen lassen würde, wie bei Friedrich Wilhelm Joseph Schelling. In praktische Ratschläge übersetzt, lief sie auf eine Sammlung von Aphorismen zur Lebensweisheit hinaus. Einen solchen Leitfaden für die etwas schwerfälligen Mitbürger, die das umfangreiche erste Werk, *Die Welt als Wille und Vorstellung*, kaum beachtet hatten, legte er mit Erfolg im Alter vor. Damals war er 63 Jahre alt. Gedanken knapp zu fassen und handlich darzubieten war eine Lesehilfe.

Den Bürgern, die kein Verlangen in sich spürten, mit großem Aufwand am Projekt der Moderne mitzuwirken, denen es letztendlich nur um ihr Wohl zu tun war, statt sich in die Politik einzumischen und die Gesellschaft zu verbessern, bot

Schopenhauer eine grandiose Schützenhilfe für ihren beque-
men Egoismus. Die Politik ging ihren Gang ohne des Unter-
tanen Hilfe, sie brauchte ihn nicht, er konnte in Ruhe seine
Geschäfte abwickeln und zufrieden mit sich sein. Aus einem
Biedermann würde kein Revolutionär, aus einem Philosophen kein Kaufmann werden: »Die objektive Hälfte der Gegenwart und Wirklichkeit steht in der Hand des Schicksals
und ist demnach veränderlich: die subjektive sind wir selbst;
daher sie im Wesentlichen unveränderlich ist. Demgemäß
trägt das Leben jedes Menschen, trotz aller Abwechslung von
außen, durchgängig den selben Charakter und ist einer Reihe
Variationen auf EIN Thema zu vergleichen ... Also was Einer
AN SICH SELBER HAT ist zu seinem Lebensglücke das Wesentliche.«[17]

Diese Maxime schien wie gemacht für Bürger, die sich auf
sich selbst, ihr inneres Ruhekissen, auf ihre Identität als Haus-
vorstand, Beamter, Schuster zurückzogen. Mit ihnen hätte die
moderne Gesellschaft, die auf politische Kommunikation und
soziale Partizipation, auf Bewegung und Beweglichkeit setzte,
keinen Schritt nach vorne gemacht. Schopenhauer aber wollte
mehr erreichen, als in die Puppenstube eines deutschen Bie-
dermanns passte, es ging ihm nicht um wärmende Selbstbe-
schränkung, um die treuherzige Reduktion auf ein oberflächliches, etwas einsilbiges Selbst, sondern um die Expansion der
tiefsten eigenen Kräfte, um radikale Selbstbehauptung. Nehmt
mich, wie ich bin, oder lasst mich zufrieden.

Von Deutschland und den Deutschen hielt er nicht viel. Am
22. Mai 1819 schrieb seine Schwester Adele dem in weiter
Ferne in Italien weilenden Bruder, sie verstehe seine Schimpfe-
rei auf Deutschland nicht, mit der er aber nicht alleine dastehe,
er teile sie mit den meisten Männern von Geist. Schopenhauer
blieb dabei, das deutsche Volk sei in seinen Augen »außer-
ordentlich stumpf«.[18] Das schrieb er zehn Jahre später, am

21. Dezember 1829, an einen englischen Verleger, der Kant übersetzen lassen wollte, das eine der zwei Genies »allerersten Ranges«, die Deutschland im letzten Jahrhundert hervorgebracht habe. Das andere Genie war Goethe.

Zu der Riege von Männern, die an der Universität Philosophie lehrten, gehörte er nicht. Mit der *Welt als Wille und Vorstellung* unterm Arm hat er sich erfolglos bemüht, in den Kreis der Gelehrten aufgenommen zu werden. Viele Möglichkeiten, sich im Spiegel von anderen Geistern zu sehen, die es seiner Ansicht nach wert waren, von ihm beachtet zu werden, boten sich ihm nicht. Als er enttäuscht einsehen musste, dass für ihn die Universität verschlossen blieb, begann er, über die Kollegen vom Fach exzessiv zu schimpfen. Sie würden ihren Geist dem Staat verkaufen, kaum dass sie ihr Amt angetreten hatten, sie seien wenig mehr als Dienstboten, Knechte. Ihm blieb nichts anderes übrig, als sich verbittert zurückzuziehen und als Privatgelehrter vom Erbe des Vaters in mürrischer Einsamkeit zu leben.

»Sehe ich nun aber«, schrieb er Jahre später, »auf die, in dem halben Jahrhundert, welches seit KANTS Wirksamkeit verstrichen ist, auftretenden angeblichen Philosophen zurück; so erblicke ich leider keinen, dem ich nachrühmen könnte, sein wahrer und ganzer Ernst sei die Erforschung der Wahrheit gewesen: vielmehr finde ich sie alle, wenn auch nicht immer mit deutlichem Bewußtseyn, auf den bloßen Schein der Sache, auf Effektmachen, Imponieren, ja, Mystificiren bedacht und eifrig bemüht, den Beifall der Vorgesetzten und nächstdem der Studenten zu erlangen; wobei der letzte Zweck immer bleibt, den Ertrag der Sache, mit Weib und Kind, behaglich zu verschmausen.«[19]

Der leidenschaftliche Polemiker, selber ein Freund des guten Mittagstischs, war tödlich beleidigt und warf wild mit Beschimpfungen um sich. Souverän war das nicht.

Was Philosophen, die Karriere in der Universität zu machen hofften, im besten Fall vorzuweisen versuchten, das hatte er ja schon früh besessen, ein eigenes philosophisches System. Mit einem auffallenden Gedankengebäude konnte einer Universität zu mehr Studenten und zu größerem Glanz verholfen werden. Eine Attraktion in Jena war der junge Fichte gewesen. In Berlin lehrte der von seinen Zeitgenossen bewunderte Systembauer Hegel, an dem Schopenhauer kein gutes Haar ließ. In jenem Brief an den englischen Verleger vom 21. Dezember 1829 nannte er Hegel einen »bloßen Windbeutel und Scharlatan, einen Menschen ohne das geringste Verdienst«, der »mit einem Gemisch von bombastischem Unsinn und an Verrücktheit grenzenden Sätzen einen Teil des deutschen Publikums, freilich nur den einfältigeren und unwissenderen, an der Nase«[20] herumführe.

Hegel hatte Kants Unterscheidung von Erscheinung und Ding an sich verworfen, die für Schopenhauer zentral war. Kants Behauptung war, dass Raum, Zeit und Kausalität Produkte des Geistes seien, nicht objektive Eigenschaften der Welt. Hinter der Welt, die der Geist mit seinen Mitteln und insofern in seinem Spiegel wahrnahm, vermutete er das ominöse Ding an sich, eine objektive, metaphysische Wahrheit, die dem Geist verschlossen blieb, da er sich selbst nicht entkommen konnte.

Das Ding an sich wurde bei Schopenhauer zum Willen, die Erscheinung zur Vorstellung. Hegel hielt es für fahrlässig, die Existenz von etwas zu behaupten, das sich nicht erkennen lassen sollte, obwohl es als Vorstellung oder Idee ein Produkt des Geistes war. Das sah so aus, als würde sich der Geist selbst austricksen wollen. Hegel vertraute seinem Denken und lehnte die Idee vom Ding an sich ab, von einer letzten Wahrheit, die hinter den Erscheinungen unerkannt schlummern würde.

Schopenhauer folgte bei seinen philosophischen Ahnungen

und Ausbauten den Erfahrungen, die er mit sich selbst machte. Der junge Mann sah in sich hinein und bemerkte, dass er nicht erkennen könne, wer er im Tiefsten war. Hier stand er und war sich selbst ein Rätsel, ein Ausbund von Kräften, von Trieben, die sich seinem Verstand und seiner Kontrolle entzogen. Jede sexuelle Regung, das wusste er früh, wies auf die Existenz einer dunklen Macht hin. Ebenso hemmungslos drängte ein Charakter, die eigene Natur ans Tageslicht. Da konnte sich die Mutter noch so sehr über ihn ärgern.

Und die Literatur, die er las, war ja voll von Helden wie Othello, die ihren Leidenschaften ausgeliefert waren. Sie gingen nicht mit sich zurate und änderten nicht die Strategie, wie sie glücklich werden konnten, ohne sich dabei zu schaden. Sogar der Selbstmord, vom jungen Werther in der deutschen Literatur populär gemacht, war für Schopenhauer nicht nur ein selbstzerstörerischer Akt der Selbstentleibung, sondern ein letzter Versuch der Selbsterhaltung, eine konsequente Tat, sich selbst ernst zu nehmen und, wenn auch mit fatalem Ende, zu behaupten.

»Für unser Lebensglück«, schrieb er in der Einleitung zu den *Aphorismen der Lebensweisheit*, »ist demnach Das, was wir SIND, die Persönlichkeit, durchaus das Erste und Wesentlichste; – schon weil sie beständig und unter allen Umständen wirksam ist: zudem aber ist sie nicht ... dem Schicksal unterworfen, und kann uns nicht entrissen werden.« Das Einzige, was wir in dieser Lage zu tun vermöchten, sei, »die gegebene Persönlichkeit zum möglichsten Vorteile benutzen, demnach nur die ihr entsprechenden Bestrebungen verfolgen und uns um die Art von Ausbildung bemühen, die ihr gerade angemessen ist, jede andere aber meiden, folglich den Stand, die Beschäftigung, die Lebensweise wählen, welche zu ihr passen.«[21]

Die moderne Gesellschaft kannte keine Stände, aus denen auszubrechen unmöglich war, sondern Schichten, deren

Grenzen porös waren und den Ehrgeizigen passieren ließen. Aufstieg war ein bürgerliches Prinzip. Auch wenn die neue Arbeitswelt auf Arbeitsteilung beruhte und ihr eine Philosophie willkommen sein musste, die ein Recht auf sozialen Aufruhr ausschloss, so brauchte sie noch viel dringlicher als Schicksalsergebenheit den Willen zur Veränderung und Verbesserung, unternehmerische Unruhe, berufliche Flexibilität, den Drang zum Wettbewerb. Anders kam der von Hegel gepriesene Fortschritt nicht in Gang, der zu Erfindungen und Entdeckungen führte, zu neuen Märkten und größeren Gewinnen.

Bei Kant war das Ding an sich ein theologischer Restposten, der erkenntnistheoretische Statthalter einer metaphysischen Welt, als hätte Gott die Idee vom Ding an sich unter den Philosophen und mit den Philosophen unter den Menschen zu verbreiten versucht, damit sie immer an ihn dächten, dass er hinter allem, was geschah, lauerte und die Sünden zählte. Im Ding an sich verkörperte sich die Idee einer Wahrheit, die durch die Vernunft gesetzt wurde gleich einem Zaun, hinter dem ein verheißenes Land lag, den sie aber nicht überwinden konnte.

Zwei Welten, die sich ausschlossen, stießen bei Kant gegeneinander, Freiheit und Natur. Die Erscheinungen der Natur waren den Gesetzen der Kausalität unterworfen, die Vernunft und ihre Ideen garantierten die menschliche Freiheit. Der Mensch folgte seinem Willen, er war nicht den kausalen Notwendigkeiten ausgeliefert. Es gab ein Diesseits, und es gab ein Jenseits. Die Hoffnung auf Gott schützte ihn vor der Hoffnungslosigkeit des Nichts. Die Idee von der trostreichen Unsterblichkeit der Seele erhob ihn über die trostlose Endlichkeit des Lebens. Die Freiheit machte aus ihm ein moralisches Wesen, das sich über die materielle Welt erheben konnte.

Schopenhauer verehrte Kant, er nannte die *Kritik der reinen Vernunft* in einem Brief an die Herausgeber der Kant-Ausgabe vom 24. August 1837, »das wichtigste Buch, das jemals in Europa geschrieben wurde«[22], aber mit dem unauflöslichen Gegensatz von Natur und Freiheit, Erscheinung und Ding an sich mochte er sich nicht abfinden. Seine Philosophie aus einem Prinzip schaffte die Vermittlung von Mensch und Natur, Geist und Materie durch die Idee vom alles umfassenden Willen.

In seiner *Preisschrift über die Freiheit des Willens* aus dem Jahr 1839, die von der Königlichen Norwegischen Sozietät der Wissenschaften ausgezeichnet wurde, hat er die Einheit der Welt am unauflösbaren Zusammenhang von Existenz und Essenz erläutert: »Hier ist daran zu erinnern, daß jede *Existentia* eine *Essentia* voraussetzt; d. h. jedes Seiende muß eben auch ETWAS seyn, ein bestimmtes Wesen haben. Es kann nicht DASEYN und dabei doch NICHTS seyn, nämlich so etwas wie das *Ens metaphysicum,* d. h. ein Ding welches IST und weiter nichts als IST, ohne alle Bestimmungen und Eigenschaften, und folglich ohne die aus diesen fließende entschiedene Wirkungsart: sondern so wenig eine *Essentia* ohne *Existentia* eine Realität liefert (was Kant durch das bekannte Beispiel von hundert Thalern erläutert hat) ebenso wenig vermag Dies die *Existentia* ohne *Essentia*. Denn jedes Seiende muß eine ihm wesentliche, eigentümliche Natur haben, vermöge welcher es ist was es ist, die es stets behauptet, deren Aeußerungen von den Ursachen mit Nothwendigkeit hervorgerufen werden; während hingegen diese Natur selbst keineswegs das Werk jener Ursachen, noch durch dieselben modifikabel ist. Alles dieses gilt vom Menschen und seinem Willen ebenso sehr, wie von allen übrigen Wesen in der Natur. Auch er hat zur *Existentia* eine *Essentia*, d. h. grundwesentliche Eigenschaften, die eben seinen Charakter ausmachen und nur der Veranlassung von Außen bedürfen um hervorzutreten. Folglich zu erwarten daß ein Mensch, bei gleichem Anlaß, ein Mal so, ein ander Mal aber ganz anders handeln werde, wäre wie wenn man erwarten wollte, daß der selbe Baum, der diesen Sommer Kirschen trug, im nächsten Birnen tragen werde. Die Willensfreiheit bedeutet, genau betrachtet, eine *Existentia* ohne *Essentia;* welches heißt, daß etwas SEI und dabei doch NICHTS SEI, welches wiederum heißt, NICHT SEI, also ein Widerspruch ist.«[23]

Freiheit und Natur schlossen sich nicht aus, sie waren keine Prinzipien zweier Welten, sondern sie gehörten zusammen. Kant hatte sich geirrt. Der junge Schopenhauer entdeckte beim bewunderten Königsberger Philosophen einen Fehler, der sich einfach korrigieren ließ. Die Annahme einer umfassenden Kausalität der Natur war selber eine Folge der Erkenntnisstruktur und entsprach nicht der Wahrheit. Die Entfaltung der eigenen Natur war im Licht dieser Kritik ein Akt der Freiheit, so wie die Entfaltung der eigenen Freiheit ein Akt der Natur war. Der Wille, der alles umfasste, bildete die notwendige Einheit.

Schopenhauer war Atheist. Das geheimnisvolle Ding an sich ersetzte er durch einen nicht weniger geheimnisvollen Willen, der sich in der Welt manifestierte und jedes Subjekt in den Strom des kosmischen Lebens einband. Die Erscheinungen, auf die Kant die erkannte Wirklichkeit reduziert hatte, ohne den Bestand der Realität anzutasten, wurden bei Schopenhauer zu Vorstellungen, die sich ein Mensch über eine Wirklichkeit machte, die ohne ihn nicht bestehen würde. Subjekt und Objekt standen sich bei ihm nicht mehr fremd und getrennt gegenüber, wie bei Kant, sondern bedingten sich gegenseitig. Es gab kein Subjekt ohne ein Objekt, und umgekehrt galt auch, es gab kein Objekt ohne ein Subjekt. Die Realität existierte als Objekt nicht außerhalb eines Subjekts, und sie wartete dort nicht darauf, erkannt zu werden.

Schopenhauer verwarf die traditionelle Erkenntnistheorie,

die vom »Ich denke« ausging, und stellte dagegen eine Beziehungstheorie, die Subjekt und Objekt in der Vorstellung auseinander hervorgehen ließ, so, wie ein Gemälde die Beziehung zeigte, die ein Künstler und sein Sujet in der Vorstellung eingegangen waren, welche der Künstler vom Sujet gewann und das Sujet im Künstler weckte. Das Vorstellen und das Erkennen waren Teil eines größeren Willens, dessen sich auch Goethe, Schiller und Wieland in Weimar durch Selbstbeobachtung bewusst werden mussten.

Die eigene Natur, der persönliche Charakter, das individuelle Selbst, der sexuelle Drang waren Ausdruck einer das Subjekt durchfließenden und es formenden Willenskraft. Wille war Leben, Geburt und Tod, Aufstieg, Blüte und Verfall, wie beim Römischen Reich und bei jeder Kornblume. Er durchdrang Subjekt und Objekt, Freiheit und Natur, den Geist, die Materie und das All, er erschuf die Einheit der Welt, indem er sich als Welt entfaltete. Und er half beim beliebten Tischrücken, »an welchem meine Philosophie einen rechten Triumph erleben wird«. So frohlockte er in einem Brief vom 17. April 1853. »Ich bin nämlich überzeugt, daß die hierin wirkende Kraft keineswegs Elektricität. Sondern der Wille ist, der sich hier in seiner magischen Eigenschaft, d. h. ganz unmittelbar auf fremde Körper, wie sonst nur auf den eigenen Leib, wirkend erzeigt.«[24]

Wer diesen Zusammenhang mit der Welt erkannt hatte, durch den schon nichts ahnende Kinder in das Werden und Vergehen eingebunden wurden, der musste nicht melancholisch werden, musste nicht aufgeben und verzweifeln und sich vorkommen, als würde er, wie »ein Tropfen im Ocean, dahin schwinden, ins Nichts zerfließen«.[25] Schopenhauers *Aphorismen zur Lebensweisheit* zeigten im Gegenteil einen Bürger, der seine Energie und seine Vorräte nicht verschwendete und sich auf kluge, der Selbsterhaltung und dem Vorteil dienliche Weise durch den Tag bewegte. Alle Hoffnungen und Parteiprogramme, die sein anthropologisches Potential verändern, ihn aus den äußeren und inneren Zwängen befreien wollten, prallten an dieser stoischen Philosophie ab, die zwar den Willen als ihr dynamisches Grundprinzip hochhielt, aber eine Revolte gegen das Schicksal ausschloss.

Ins Wanken geriet hier das Bild, das die moderne Gesellschaft dem Bürger als Spiegel vorhielt. Er sollte zuverlässig und rational sein, wie ein Arbeitsvorgang in der Fabrik und in der Verwaltung, ein gut eingepasstes und gut funktionierendes Element in reibungslosen Abläufen, die von Techniken der Produktion und der Organisation vorgegeben wurden. Bei Schopenhauer sahen die Juristen, die Opernsänger und die Köche in den Abgrund des eigenen Begehrens, sie lernten sich als Erfüllungsgehilfen einer Kraft kennen, die sie nicht zu bändigen vermochten. Sie liefen an der Leine ihrer Natur, sie entkamen weder der Gattung noch ihrem Charakter. Soldaten auf den Schlachtfeldern wussten aus eigener Erfahrung, wovon hier die Rede war. Die Psychoanalyse wird später sagen, das Ich sei wegen seiner Triebe nicht Herr im eigenen Haus. Dass es auf dem Dachspeicher und im Kopf spukte, dass Unheimliches im Alltag geschah, hatte auch E. T. A. Hoffmann in seinen doppelbödigen Geschichten gezeigt, so, wie in Kleists Erzählungen und Dramen die Sexualität die Macht an sich riss und Frau und Mann ins Verderben stieß.

Schopenhauer war in jungen Jahren viel herumgekommen, er hatte andere Länder, Kulturen und Sitten kennengelernt. Der Vater wollte den Sohn zu einem guten Kaufmann und welterfahrenen Mann heranbilden, das waren in seinen Augen zwei Seiten einer Medaille. Der Neunjährige wurde von ihm nach Le Havre in Frankreich geschickt, wo er zwei Jahre bei einer befreundeten Familie wohnte und Französisch lernte. Im Jahr 1800 fuhr er mit den Eltern nach Karlsbad und Prag,

1803/04 ging es mit ihnen durch Holland, England, Frankreich, die Schweiz, Österreich, Schlesien und Preußen. Mehrere Wochen war er in einem Internat in Wimbledon untergebracht, um gutes Englisch zu lernen. Der Vater prüfte die Briefe des Sohnes, um herauszufinden, ob der Junge sich eine charakterstarke und lesbare Handschrift aneignete, wie sie für einen Kaufmann unerlässlich sei. Regelmäßig ermahnte er ihn, sich beim Schreiben mit der Feder Mühe zu geben.

Im Jahr 1818, nachdem er sein Hauptwerk abgeschlossen hatte, begab sich Schopenhauer auf eine Reise nach Italien, 1822 fuhr er ein zweites Mal dorthin. Nach Frankreich und England kam er nicht mehr. Neben den alten Sprachen Griechisch und Latein sprach er Englisch und Französisch, er lernte Italienisch und 1825 auch Spanisch, um den von ihm bewunderten spanischen Schriftsteller Baltasar Gracián übersetzen zu können. Dessen *Handorakel* aus dem Jahr 1674 war ein Wegweiser durch das gefahrvolle Dickicht der Politik und der Höfe. Schopenhauer, der auch Calderón und Cervantes im Original las, nannte Gracián seinen Lieblingsschriftsteller.

Die Reisetagebücher, die er führte, als er mit den Eltern unterwegs war, zeigen einen aufnahmebereiten, kritischen Geist, der sich von den vielen Eindrücken nicht unterkriegen ließ. Fleißig und mit Bedacht notierte und kommentierte er, was er sah, sogar dann, wenn er verstörende Szenen miterlebte wie in London eine Hinrichtung durch den Strang, oder wenn er im Hafen von Toulon durch das entsetzliche Los von Galeerensklaven erschüttert wurde. Diese Erlebnisse wurden durch Reflexionen eingeklammert und durch neue Reiseeindrücke verdrängt. So miserabel die Welt auch sein mochte, die Lichtblicke ließen das Unglück vorläufig vergessen. Städte, Straßenzüge, Kirchen und Schlösser wurden bestaunt, er freute sich über Theateraufführungen und Konzerte und genoss die Natur, deren lokale Eigenarten er zu beschreiben wusste.

»Meine Sätze hingegen«, so charakterisierte er später seine Erkenntnisart in *Einige Bemerkungen über meine Philosophie*, »beruhen meistens nicht auf Schlussketten, sondern unmittelbar auf der anschaulichen Welt selbst, und die, in meinem Systeme, so sehr wie in irgend einem, vorhandene strenge Konsequenz ist in der Regel nicht eine auf bloß logischem Wege gewonnene; vielmehr ist es diejenige natürliche Uebereinstimmung der Sätze, welche unausbleiblich dadurch eintritt, daß ihnen sämmtlich dieselbe intuitive Erkenntnis, nämlich die anschauliche Auffassung des selben, nur successive von verschiedenen Seiten betrachteten Objekts, also der realen Welt, in allen ihren Phänomenen, unter Berücksichtigung des Bewußtseyns, darin sie sich darstellt, zum Grunde liegt.«[26]

Eine intuitive Erkenntnis der realen Welt in allen ihren Phänomenen war nicht die Form von Wissenschaft, die zum Beispiel Karl Marx für eine logische Analyse der politischen Ökonomie bevorzugte. Schopenhauer vermutete, sah und spürte Zusammenhänge, wo Wissenschaftler auf Hypothesen, Experimente oder begriffliche Ableitungen zurückgriffen. Die anschauliche Auffassung eines Objekts von allen Seiten, bei der sich Begriff und Gefühl vermittelten, war eine Art künstlerische Aneignung, eine synthetisierende erkennende Ahnung. Mit Intuitionen aber ließ sich kein Klassenkampf führen.

Die Reisetagebücher mögen die Vermutung wecken, dass der Wunsch des Vaters, aus dem Sohn einen Kaufmann zu machen, in ersten zarten Blüten aufgegangen war. Doch in dem kontrollierten Wechselspiel von Distanz und Pathos, Erläuterung und Erregung zeigte sich ein Geist, dessen Haltung gegenüber dem Leben von abschätzender Nüchternheit geprägt war. Der noch sehr junge Mann, der nach dem Geschmack seiner besorgten Mutter zu viele Romane und Dramen las, schien viel erwachsener zu sein, als sein Alter vermuten ließ,

und keinen jugendlichen Illusionen und Träumereien nachzu-
hängen.

Die Aufzeichnungen vermitteln den Eindruck, als nähme
ein Reisender die Welt in die Hand wie ein Buch, in dem er
mit Neugier blätterte und las. Diese Einstellung entsprach
keinem zum Handeln entschlossenen Geist, konnte aber bei
den Eltern den Eindruck wecken, ihr Sohn sei dabei, sich mit
der Prosa des menschlichen Gewusels zu verbrüdern. Doch
mit der Welt als Buch direkt vor der Nase musste es ihm zu
Hause schwerfallen, einen Platz zu finden unter den umtrie-
bigen Danzigern und Hamburgern, die sich durch ihre Tätig-
keiten mit den Mitbürgern zu verbinden verstanden. Wenn
diese frühe Haltung sich nicht änderte, lief sie darauf hinaus,
dass er keinen praktischen Interessen nachgehen, keine Freude
an sachlichen Herausforderungen zeigen und keinen hand-
festen Beruf finden würde, der ihm eine Stellung im alltäglichen Handeln und Trachten einer Stadt, einer Gemeinschaft
zuwies.

Der junge Schopenhauer schaute durch das Fenster einer
Kutsche und sah Länder und Landschaften an sich vorbeizie-
hen. Er nahm die Perspektive eines wohlhabenden Reisenden
ein, tauchte hier und dort an fremden Orten auf, hielt Ausschau nach schönen und bedenkenswerten Dingen, sammelte
sie vom Wegesrand auf und verschwand wieder. Keine Pflichten und Aufgaben banden ihn ein in das Gewebe der Handlungen, aus dem Dörfer, Gemeinden und Städte bestanden. Seine
Position war die eines traditionellen Philosophen, über den
Dingen und Menschen schwebend, da er nur aus einer gewissen Distanz heraus und nur dank einer gewissen Unberührt-
heit seinen Gedanken nachhängen konnte.

Zwei Jahre dauerte die Reise, auf der er zwar Zeit verlor, die
»sonst zu Erlernung der klassischen Lehrfächer und Sprachen«
verwendet würde, die aber nicht nutzlos vergingen. Sein Geist

sei damals nicht »wie gewöhnlich geschieht, mit leeren Worten und Berichten von Dingen, von denen er noch keine richtige und sachgemäße Kenntnis haben konnte, angefüllt und auf diese Weise die ursprüngliche Schärfe des Verstandes abgestumpft und ermüdet«, sondern vielmehr »durch die Anschauung der Dinge genährt und wahrhaft unterrichtet«[27] worden. Das schrieb er in Dresden in einem Lebenslauf, den er am 31. Dezember 1819 an die Philosophische Fakultät der Friedrich-Wilhelms-Universität in Berlin schickte.

Die Philosophen, die sich der Erforschung des Geistes und der Vernunft verschrieben, klinkten sich nicht aus der Gemeinschaft der tätigen Bürger aus, denen sie mit ihren Untersuchungen einen Spiegel zur allgemeinen Selbsterkenntnis vorzuhalten hofften. Schopenhauer eilte den Eindrücken und Anschauungen nach und rief den Sesshaften, die, wie er im Lebenslauf schrieb, dem »Wortschalle« folgen und Gefahr laufen, »Worte für Dinge zu nehmen«[28], im Vorbeifahren zu, dass sie ihre Pferde satteln oder ihre Kutsche einspannen sollten, was leichter von einem Reisenden gesagt als von den Bürgern, die auf dem Weg zur Arbeit waren oder sich auf ihr Abendessen freuten, getan werden konnte. Nur ein Taugenichts sprang, ohne nachzudenken, in eine Postkutsche, wie in Joseph von Eichendorffs Erzählung. »Somit«, heißt es weiter in dem Lebenslauf, »lasse ich mir die Reise mitnichten leid sein. Es blieb mir danach jedoch ein viel schlimmerer, in Wahrheit zu beklagender Nachteil.«[29] Er musste in die Lehre gehen.

Dann starb der Vater, und der Sohn konnte seiner Neigung nachgeben und Philosophie studieren. Seinen Ansprüchen, die Welt und das Leben und sich selbst zu verstehen, versuchte er, mit einer Philosophie gerecht zu werden, die auf der Höhe der Zeit war und an Kant anknüpfte. An der *Kritik der reinen Vernunft* kam kein suchender Geist vorbei. Seit ihrem Erscheinen 1781 dominierte sie die moderne philosophische Ausbildung.

Schopenhauers Dissertation *Über die vierfache Wurzel des Satzes vom zureichenden Grunde* wurde das Fundament des Hauptwerkes *Die Welt als Wille und Vorstellung*. Sie diente ihm dazu, sich der Realität als der Wirklichkeit des Geistes, als vom Subjekt produzierten Wirkungszusammenhangs, zu vergewissern. Alles, was ist, hat einen Grund, warum es ist. Eine Wirkung hatte eine Ursache, ein logischer Schluss ruhte auf Prämissen, ein Ding hatte eine Lage im Raum und war eine Folge in der Zeit, und jede Handlung hatte ein Motiv. Der Verstand kümmerte sich um Ursache und Wirkung, die Vernunft um die Logik von Schluss und Prämisse, die Sinnlichkeit um die Dinge in Raum und Zeit, das Selbstbewusstsein um Handlung und Motiv. Es blieb die Frage, wer oder was diese vierfache Welt, dieses vierfache Ich im Innersten zusammenhielt.

Im Oktober 1813, nachdem er den Doktortitel in Jena empfangen hatte, war er zum zweiten Mal bei der Mutter in Weimar, deren Salon auch Goethe besuchte. Der bewunderte Dichter las in der Dissertation des jungen Philosophen und erläuterte ihm im persönlichen Gespräch seine Theorie der Farben, die ihm am Herzen lag.

Damals beschäftigte sich Schopenhauer auch mit der indischen Philosophie, und er lernte den Privatgelehrten Friedrich Majer kennen, der über das alte Indien forschte. Friedrich Schlegel war schon am Anfang des 19. Jahrhunderts nach Paris gegangen, um sich in das Studium der Sanskrit-Sprache und des indischen Altertums zu vertiefen. Sein Buch *Über die Sprache und Weisheit der Inder*, mit Übersetzungen aus der *Bhagavad Gita*, war 1808 erschienen. Sein Bruder August Schlegel, der 1818 Professor für Indologie in Bonn geworden war, brachte 1823 das ganze Epos in der Originalsprache und in lateinischer Übersetzung heraus. Auch Schopenhauers Schwester fühlte sich zu der indischen Religion hingezogen, die sie durch den Umgang mit Schlegel kennenlernte, wie sie ihrem Bruder in einem Brief aus Jena vom 17. April 1841 erzählte. Diese Neigung deckte nicht ihre Interessen ab. Im selben Brief beklagte sie, dass sich die Gelehrten in Deutschland den Naturwissenschaften nicht zuwenden und Kenntnisse in diesen Fächern nicht zur Grundlage des Schulunterrichts gemacht würden.

Als er *Die Welt als Wille und Vorstellung* niederschrieb, habe er, so beteuerte er später, kaum etwas vom Buddhismus gewusst. Bis 1818, als er sein Werk vollendete, seien von dieser indischen Philosophie nur sehr »dürftige Berichte in Europa zu finden« gewesen. Umso mehr war er erfreut, seine »Lehre in so großer Übereinstimmung mit einer Religion zu sehen, welche die Majorität auf Erden für sich hat; da sie viel mehr Bekenner zählt, als irgend eine andere«.[30] Im Winter 1813 hatte er sich aus der Bibliothek in Weimar Bände des *Asiatischen Magazins* ausgeliehen, in dem er Übersetzungen aus der *Bhagavad Gita* von Friedrich Majer fand, sowie 1815 und 1816 Jahrgänge der *Asiatick Researches* aus der Bibliothek in Dresden. Teile der für ihn zentralen *Upanishaden*, das *Oupnek'hat*, lernte er 1814 in lateinischer Übersetzung kennen.

In jenen Monaten in Weimar, in denen die offene Frage der Dissertation mit Goethes anschaulichem, intuitivem Denken und mit indischen Weisheitslehren zusammenstieß, war Schopenhauer nicht nur ein Philosoph, der ein Problem zu lösen versuchte. Er nahm sich ernst als jemand, der eine Antwort auf das Leben suchte, auf Erfahrungen, die er mit sich selbst gemacht hatte. Im Mai 1814 zog er nach Dresden, wo *Die Welt als Wille und Vorstellung* entstand. Anfang 1818 war er mit der Abhandlung fertig. Die letzte Wahrheit, das Geheimnis von Sein und Nichts hatte er im Willen gefunden, in einer Urkraft, die erschuf und untergehen ließ.

Die philosophische Erfahrung beim Abfassen des Buches

glich strukturell den Reiseerfahrungen. Er sah aus dem Fenster der Kutsche, sah Wiesen, Felder und Dörfer, Städte, Berge und Flüsse an sich vorbeigleiten, sah sich selbst in der Kutsche sitzen und die Gegend betrachten und spürte sich als einen winzigen, durchgerüttelten Teil eines großen unbekannten Ganzen, das zu ergründen auf einer Reise nicht gelingen konnte. Die Welt nahm ihn nicht zur Kenntnis, sie wies ihn ab, er war ihr egal. Die Bilder, die er von ihr erblickte, wenn er aus dem Fenster der Kutsche spähte, tauchten nur für Augenblicke auf und verschwanden sofort wieder. Die Landschaften zwischen London und Nîmes gingen unter, wenn er sie nicht als Vorstellung festhielt, so, wie er in der Fremde letztendlich einsam und verloren war und dort nur überleben konnte, wenn er, in den schwarzen Kasten des Ich gesperrt und von Pferdekräften davongetragen, mit philosophischem Gleichmut sitzen blieb und das Gefühl vom Kommen und Gehen, Werden und Vergehen wie Luft einatmete und ausströmen ließ und dem Weg folgte, den nicht er, sondern ein ihm fremder Kutscher zu kennen schien.

Ein Fremder hielt die Zügel in der Hand wie das Schicksal die Fäden eines Menschenlebens. Der Reisende war allein und machte die Erfahrung, dass das nicht schlimm war, weil er sich sonst nicht auf die Reise hätte konzentrieren können. Die Einsamkeit hat er gelobt: »Ueberhaupt aber kann Jeder IM VOLLKOMMENSTEN EINKLANG und mit sich selbst stehen; nicht mit seinem Freunde, nicht mit seiner Geliebten: denn die Unterschiede der Individualität und Stimmung führen allemal eine, wenn auch geringe, Dissonanz herbei. Daher ist der wahre, tiefe Friede des Herzens und die vollkommene Gemüthsruhe allein in der Einsamkeit zu finden.«[31]

Er war philosophisch ein Reisender, und bei aller argumentativen Kraft weht in seinem Werk ein spiritueller Geist, ein kosmischer Fahrtwind. *Die Welt als Wille und Vorstellung* erteilt eine Art Absolution für das ganze Treiben des Mängel-wesens Mensch. Sich diesem Buch anvertrauen bedeutete, sich dem Zugriff der Vernunft, den Forderungen der Gemeinschaft zu entziehen und in eine Welt einzutauchen, die nicht Geist, nicht Materie war. Das hatte er schon bei Kant gelernt, wie er dem englischen Verleger im Dezember 1829 schrieb, dessen »Meditationen die tiefsinnigsten sind, die je in eines Menschen Kopf Eingang gefunden, und wenn sein Stil dunkel ist, so ist er es hauptsächlich wegen der unermeßlichen Tiefe seiner Ge-danken. Diese Mühe aber wird dadurch ausgeglichen, daß der-jenige, welcher zum richtigen Verständnisse der Kantischen Offenbarungen durchgedrungen ist, seinen Verstand von Grund aus verändert findet: er sieht nur alles in einem anderen Licht, er belächelt eure Dispute über Geist und Materie, da er weiß, daß weder so ein Ding wie Geist noch so ein Ding wie Stoff existiert ...«[32]

Anders als Kierkegaard verbrachte er Kindheit und Jugend nicht unter einem bedrückenden christlichen Phantasiege-wölbe, und anders als beim jungen Nietzsche lastete auf ihm nicht der Druck bildungsbürgerlicher Lehranstalten. Eltern, Lehrer und Pfarrer trieben ihn nicht in die Innerlichkeit, wo Ideen, Geister ohne Körper, schwebten und dem Leben das Blut aussaugten. Das Aufwachsen in einer Danziger Kauf-mannsfamilie beförderte eine andere Selbstwahrnehmung. Der Sohn sollte sich der materiellen Welt stellen, nicht sie überwinden. Die Handelswaren waren Gegenstände, die be-gutachtet, bewertet, angeeignet, eingelagert und behütet wer-den mussten, die gekauft und verkauft wurden. Das Geld tauchte sie in den Fluss der Vergleichbarkeit, es machte sie zu Waren. Dadurch schienen sie ihre Individualität zu verlieren, sie wurden zu Trägern einer Energie, die sich im Preis materia-lisierte, im besten Fall als Gewinn, im schlechtesten als Verlust. Seine Philosophie war, bei allen asiatischen Einflüssen, auch ein Reflex auf die moderne Warenwelt, die Menschen und Dinge verschlang, auf die Macht des Geldes, »Repräsentant aller Güter der Welt, das Abstraktum derselben«[33], wie er schrieb. Sein väterliches Erbe bestand aus Geld, das er gut zusammenzuhalten verstand, und aus einem umfassenden Eindruck von der Auflösung alles Individuellen in fließende Energie.

Die jungen Männer, die sich zu Beginn des 19. Jahrhunderts der Philosophie zuwandten, gaben einem neuen Hang zur Selbstvergewisserung nach, einem Erkenntnisdruck. Jetzt, nach Kants Entdeckungen, ging es darum, herauszufinden, was es mit ihnen als vernünftigen Wesen, und das hieß, was es mit der Wahrheit, der Freiheit und der Moral auf sich habe. Im besten Fall, wenn er nicht nur in den Archiven der Tradition stöberte, würde Schopenhauer eine Philosophie entwickeln, die seinen Erfahrungen entsprach. Diese Aufgabe rasch zu lösen war von Vorteil. Dadurch würde er eine Haltung zum Leben finden, er könnte vor sich selbst und vor anderen seine Handlungen rechtfertigen, nicht nur weil ein Philosoph geübt war, Argumente vorzubringen, sondern auch weil er sich selbst Gedanken gemacht haben würde über die Möglichkeiten der Erkenntnis von Wahrheit, über Freiheit und Notwendigkeit. Philosophie und Ethik, Essenz und Existenz fielen für ihn zusammen wie bei Kierkegaard.

Die Suche nach einer solchen Philosophie mochte biografische Motive haben. Kaum war der Vater tot, hatte er sich von dessen Wunsch abgekehrt, dass aus ihm ein Kaufmann würde. Aus der Pflicht eines Sohnes befreit, überließ er sich seinen intellektuellen Vorlieben, schlug einen ihm angenehmeren Weg ein und verfolgte ihn konsequent, und zwar mit dem ererbten Geld. Diese intellektuelle Selbstbehauptung, die sich gegen die väterlichen Absichten richtete, aber die finanziellen Ressourcen des Verstorbenen benötigte, stand unter einem hohen moralischen Rechtfertigungsdruck. Der Sohn musste den

Entschluss vor sich selbst, vor dem toten Vater und vor der skeptischen Mutter legitimieren, die ihn lieber Medizin oder ein anders Brotfach hätte studieren sehen.

»Worauf beruht die IDENTITÄT DER PERSON?«, fragte er in *Die Welt als Wille und Vorstellung.* »Nicht auf der Materie des Leibes: sie ist nach wenigen Jahren eine andere. Nicht auf der Form desselben: sie ändert sich im Ganzen und in allen Teilen; bis auf den Ausdruck des Blickes, an welchem man daher auch nach vielen Jahren einen Menschen noch erkennt; welches beweist, daß trotz allen Veränderungen, die an ihm die Zeit hervorbringt, doch etwas in ihm davon völlig unberührt bleibt: es ist eben Dieses, woran wir, auch nach dem längsten Zwischenraume, ihn wiedererkennen und den Ehemaligen unversehrt wiederfinden; eben so auch uns selbst: denn wenn man auch noch so alt wird; so fühlt man doch im Innern sich ganz und gar als den selben, der man war, als man jung, ja, als man noch ein Kind war. Dieses, was unverändert stets ganz das Selbe bleibt und nicht mitaltert, ist eben der Kern unseres Wesens, welcher nicht in der Zeit liegt.«[34]

Wenn der Kern unseres Wesens, das Selbst, nicht in der Zeit lag, dann wirkte darin eine Kraft, die sich den menschlichen Rücksichten nicht fügen konnte. Für diesen Kern hatte Schopenhauer ein starkes Gefühl, und daraus erwuchs seine Philosophie. Das Selbstgefühl, die eigene Identität, jene natürliche Energie, die sich der Formung durch die Zeit, durch Familie, Kultur und soziale Umstände entzog und sich als Charakter, Eigenart zeigte, war das Zentrum, um das sie kreiste. Sich dem Universalismus der Vernunft zu unterwerfen hieß, eine Herrschaft akzeptieren, die die eigene Identität hindern würde, sich auszuleben. Vor einem logischen Problem gab es keinen Unterschied zwischen Frau und Mann. Aber wer hatte dieses Problem auf die Tagesordnung gebracht, wer hatte die Tagesordnung festgelegt, und wer hatte bestimmt, wie Probleme behandelt werden mussten?

Sein erstes philosophisches Werk sollte ihm im günstigsten Fall zu Amt und Würden verhelfen, den Insignien bürgerlichen Erfolgs nicht nur in der Geschäftswelt, sondern auch auf dem Gebiet des Geistes. Eine Philosophie des Lebens aus dem Selbstgefühl heraus war für ihn eine intellektuelle Goldwährung, eine Garantie, die Entscheidung für das Philosophiestudium und das sich anschließende eigene Fortkommen rechtfertigen zu können, im schlimmsten Fall auch dann, wenn er nicht zu den erhofften Ehren käme. Was ein Mensch tat, hieß es in dem Erstling, dem in den folgenden Jahrzehnten keine Korrekturen, nur Ergänzungen folgten, war das Resultat seines Charakters, auf den er keinen Einfluss nehmen konnte. Jeder wurde, der er war. Besser hätte Schopenhauer dem Vater und sich selbst nicht beweisen können, dass er mit dem Studium der Philosophie nur einer Notwendigkeit nachgab, die mächtiger war als die Pflicht eines Sohnes gegenüber dem Vater.

Der Vater war tot, er konnte nicht widersprechen. Der Sohn hatte das letzte Wort. Aber er hat sich um eine Rechtfertigung, eine Selbstlegitimation bemüht. »Denn der Wille selbst und an sich ist, auch sofern er in einem Individuo erscheint, also das Ur- und Grundwollen desselben ausmacht, von aller Erkenntniß unabhängig, weil ihr vorgängig. Von ihr erhält er bloß die Motive, an denen er successive sein Wesen entwickelt und sich kenntlich macht, oder in die Sichtbarkeit tritt: aber er selbst ist, als außer der Zeit liegend, unveränderlich, so lange er überhaupt ist. Daher kann Jeder, als ein Solcher, der er nun Mal ist, und unter den jedesmaligen Umständen, die aber ihrerseits nach strengen Nothwendigkeiten eintreten, schlechterdings nie etwas Anderes thun, als was er jedesmal gerade jetzt tut. Demnach ist der ganze empirische Verlauf des

Lebens eines Menschen, in allen seinen Vorgängen, großen und kleinen, so notwendig vorherbestimmt, wie der eines Uhrwerks.«[35]

Diese Sätze hören sich an wie aus der anthropologischen Verfassungslehre einer Diktatur, die eine ganze Welt umspannt. Es gab keinen Ausweg mehr. Das System war global geworden. Die Hoffnung auf Erlösung zerschellte daran, dass es keine Erlösung geben konnte. Die Galeerensklaven ruderten, mochten sie sich auch einbilden, sie würden den Kurs bestimmen. Die Jungen rebellierten gegen die Alten, aber sie gewannen nur, was ihnen zugestanden wurde. Der Aufschrei vor der Katastrophe würde die Katastrophe nicht abwenden. Die Soldaten zogen in den Krieg, die Arbeiter gingen in die Fabriken, die Frauen bekamen Kinder, der Fortschritt ließ sich nicht aufhalten, auch wenn er ins Unglück führte.

Schopenhauer war Philosoph geworden, weil er aus dem Trieb zur Selbsterkundung und Selbstbehauptung Philosoph hatte werden müssen. »… man kann die Denker eintheilen in solche, die FÜR SICH SELBST, und solche, die FÜR ANDERE denken: diese sind die Regel, jene die Ausnahme. Erstere sind demnach Selbstdenker im zwiefachen, und Egoisten im edelsten Sinne des Worts: sie allein sind es, von denen die Welt Belehrung empfängt.«[36]

Ein kleiner Junge schoss auch mit der größten Willensanstrengung nicht in die Höhe. In Schopenhauers Augen täuschte sich jeder, der glaubte, die Freiheit seines Willens dadurch beweisen zu können, dass er auf der Ansicht beharrte, er würde genau das tun, was er tun wolle. Er tat, was er tun musste, was ihm sein Wille zu tun vorschrieb. Wenn er glaubte, die Freiheit des Willens an den Optionen aufzeigen zu können, die ihm zur Verfügung standen und unter denen er wählen konnte, dann täuschte er sich erneut. Sein Wille ließ ihn nur Optionen erkennen, die zu ihm passten, und hieß ihn wählen, was dem Willen selber, dem Lebenstrieb, entsprach. Da der Wille, wie das Ding an sich, fern war von Raum, Zeit und Kausalität, war er frei. Zeigte er sich, verwandelte sich die Freiheit in die Notwendigkeiten der Handlungen, die ein Verbrecher, eine Krankenschwester, eine Tänzerin ausführten. Der Intellekt schaffte für diese Handlungen nur die Motive herbei, die ihnen die Illusion gaben, sie hätten dies oder das aus diesem oder jenem Grund, in jedem Fall aus freien Stücken unternommen. Dabei hatten sie nur dies oder das aus diesem oder jenem Grund gemacht, weil sie es tun mussten. Der Verbrecher hatte sein Opfer erschlagen, die Krankenschwester war einer verletzten Frau zu Hilfe geeilt, die Tänzerin hatte ein unmoralisches Angebot ausgeschlagen. Dass der Verbrecher sein Opfer aus Eifersucht erschlug, die Krankenschwester der verletzten Frau aus Nächstenliebe half, die Tänzerin ein unmoralisches Angebot aus Empörung ausschlug, beeinflusste die Handlung nicht.

Für Schopenhauer erfand sich niemand selbst aus freien Stücken. Und wenn es so aussah, als gelänge eine zweite Wahl, ein neuer Entwurf, dann folgte auch dieser zweite Anlauf einer Bahn, die angelegt war vom eigenen Charakter, der sich erst am Ende des Lebens ganz offenbaren würde. Der ehemalige depressive Lehrling wusste, wer er war, als er zu dem Mann geworden war, der zu sein er von Anfang an bestimmt gewesen war. Werde, der du bist.

Er folgte dem Selbstgefühl. Er konnte nicht anders, aber er hatte herausgefunden, dass es gut so war. Wäre er ein Kaufmann geworden, dann hätte er sich um die philosophische Einsicht gebracht, dass das Leben ein lückenloser Schuldzusammenhang war, in dem ein Sohn dem Vater nur treu bleiben konnte, wenn er sich der Macht des Lebens, die ihn formte und sein Selbst prägte, unterwarf und sich der Aufgabe widmete, diese Macht, das Selbst und das eigene Leben, zu verstehen, was letztendlich bedeutete, sie bis in die Einzelheiten hinein anzuerkennen.

Könige und Diktatoren hätten maliziös zu lächeln begonnen, wenn sie die Nachricht von dieser deutschen Philosophie der freiwilligen Unterwerfung ereilt hätte. In ihrem törichten Souveränitätswahn hätten sie nur oberflächlich gelesen, was Schopenhauer geschrieben hatte, und nicht bemerkt, dass auch über ihrem Kopf schon das Schwert schwebte, das sie enthaupten würde, mochte es von der Hand eines eifersüchtigen Verwandten, eines Feindes oder eines aufrechten Demokraten geführt werden.

Dem Diktat des Willens unterworfen zu sein war keine individuelle Kapitulation, kein Versagen, keine Schande. Die Unterwerfung war eine Notwendigkeit. Ihr unterlagen auch die Ausnahmen, die die blinde Macht des Willens und das trügerische Spiel der Freiheit durchschaut hatten und sich bemühten, den Willen in Luft aufzulösen. Die Willensverneinung gelang erstens in der Askese, die die Triebe durch Enthaltsamkeit zu überwinden versuchte. Sie gelang zweitens im Mitleid, das den eigenen Willen dem Wohlergehen eines anderen, leidenden Lebewesens opferte. Und sie gelang drittens in der Kunst, die einen Weg öffnete, sich in künstliche Sphären zu versenken und darin das eigene Selbst loszuwerden.

Mit den drei Weisen der Weltverneinung reagierte der erschöpfte Erdenbewohner auf ein Leben, das letztlich Leiden, Auflösung und Verfall war. Er war das Opfer eines Willens, den er nicht beherrschen konnte. Revolutionen, die dem Volk zu seinem Recht verhelfen wollten, wie der Bund der Kommunisten es zum Programm erhoben hatte, waren Chimären, sie stürzten die Gesellschaft nur unnötig ins Chaos. Der Macht dieses enormen Willens entkam niemand, entkam nichts. Überall wurde allem und jedem der Prozess gemacht.

Kafkas Welt war hier, wo noch sanftmütige Spiritualität

wehte, in den Grundzügen vorweggenommen. Jede Erscheinung, die der Wille angenommen hatte, wurde in den Strudel des Werdens und Vergehens gerissen. Die Strömung ließ sich von keiner Menschenhand aufhalten. Möglich waren nur Formen der Selbsthingabe am Rande des Stromes, Askese, Mitleid und Kunst. Eine allgemeine Verbesserung der Lage war ausgeschlossen. Es gab weder eine geistige noch eine materielle Erlösung, nur meditatives Durchhalten. Schopenhauers Schwester wäre ein Ausweg lieber gewesen. Den zweiten Band von *Die Welt als Wille und Vorstellung*, der 1844 erschien, kommentierte Adele Schopenhauer in einem Brief an den Bruder, den sie am 16. August 1844 aus Weimar schrieb. Sie, die nie gern gelebt habe, wäre dankbar für jede Möglichkeit, die Kette der Notwendigkeit durchbrechen und aus der Reihe der sich endlos reproduzierenden Existenzen ausbrechen zu können. Der Bruder würde diese Möglichkeit nur andeuten, beweisen würde er sie zu ihrem Leidwesen nicht.

Die Menschenliebe war für Schopenhauer eine Kardinaltugend, Nietzsche verachtete sie als Hilfsprogramm für die Schwachen. Die Philanthropen, deren Aktivitäten im 19. Jahrhundert zunahmen, sahen um sich herum den gesellschaftlichen Reichtum und die materiellen Ressourcen und entschieden sich für die tatkräftige Unterstützung der Armen. Ein tugendhaftes Leben, Bildung, Wissen waren Hilfsmittel des Aufstiegs aus dem Elend, die sich bewährten. Der junge Arbeitersohn, der sein Los auf einem rechtschaffenen Wege ändern wollte, brauchte eine Anschubfinanzierung oder Talent, Glück, Geschick und viel Fleiß, jene Fähigkeiten, die Nietzsche zum Geist der Schwachen rechnen wird.

So war es einem der großen Romanciers des 19. Jahrhunderts ergangen, Charles Dickens, dessen Romane Schopenhauer kannte. Aus einer armen kinderreichen Familie stammend, musste er als Kind in einer Fabrik arbeiten. Er kannte aus eigenem Erleben, was er später in den realistischen Geschichten wie *David Copperfield* über das Elend in London schrieb. Mit seinen Romanen rüttelte er am Gewissen der Mitbürger. Er weckte ihr Mitleid, öffnete Augen und Herzen, baute Brücken der Empathie in die Quartiere des Elends. In Schopenhauers Ethik schuf das Mitleid eine unmittelbare Nähe zu anderen Lebewesen und half, den egoistischen Willen zu überwinden und die Position des anderen Geschöpfes in dessen Hilfsbedürftigkeit einzunehmen. In einer Gesellschaft, in der viele Arme neben wenigen Reichen lebten, drängte dieses Gefühl darauf, soziale Reformen in Gang zu bringen und die Schäden zu beheben, die der Fortschritt verursachte.

In seiner *Preisschrift über die Grundlage der Moral*, die von der Königlich-Dänischen Societät der Wissenschaften in Kopenhagen zu seiner Verwunderung im Jahr 1840 nicht ausgezeichnet worden war, schrieb er: »Wenn nun aber meine Handlung ganz allein DES ANDERN WEGEN geschehen soll; so muß SEIN WOHL UND WEHE UNMITTELBAR MEIN MOTIV seyn: so wie bei allen anderen Handlungen das MEINIGE es ist. Dies bringt unser Problem auf einen engen Ausdruck, nämlich diesen: wie ist es irgend möglich, daß das Wohl und Wehe EINES ANDERN, unmittelbar, d. h. ganz so wie sonst nur mein eigenes, meinen Willen bewege, also direkt mein Motiv werde, und sogar es bisweilen in dem Grade werde, daß ich demselben mein eigenes Wohl und Wehe, diese sonst alleinige Quelle meiner Motive, mehr oder weniger nachsetze? – Offenbar nur dadurch, daß jener Andere DER LETZTE ZWECK eines Willens wird, ganz so wie sonstig selbst ich es bin: also dadurch, daß ich ganz unmittelbar SEIN Wohl will und SEIN Wehe nicht will, so unmittelbar, wie sonst nur das MEINIGE. Dies aber setzt nothwendig voraus, daß ich bei SEINEM Wehe als solchem geradezu mitleide, SEIN Wehe fühle, wie sonst nur meines, und deshalb sein Wohl unmittelbar will, wie sonst nur meines. Dies erfordert aber, daß ich auf irgend eine Weise MIT IHM IDENTIFICIRT sei … Der hier analysierte Vorgang … ist das alltägliche Phänomen des MIT-LEIDS … Dieses Mitleid ganz allein ist die wirkliche Basis aller FREIEN Gerechtigkeit und aller ÄCHTEN Menschenliebe.«[37]

Jeder Roman, der vom sozialen Elend handelte, und zwar in einer ganz traditionellen Weise, die seine Leser dazu brachte, sich mit dem armen Helden zu identifizieren, konnte sie zum Mitleiden anregen und zur hilfreichen Tat schreiten lassen. Sozial engagierte Literatur, die eine Wirkung zu entfalten hoffte, musste, nach Schopenhauers Vorstellung und nach den Erfahrungen berühmter Schriftsteller, realistisch sein.

Seine Philosophie zwang ihn nicht dazu, den Extremisten der Willensverneinung zu folgen. Der mürrische Philosoph war weder ein Asket noch ein Heiliger, er war zufrieden, dem Willen als Herrscher des Lebens auf die Schliche gekommen zu sein. Als theoretischer Stoiker hat er die Genüsse des Alltags, gutes Essen, Spaziergänge, zu genießen verstanden. Das Glück hat er nicht mit allen Mitteln gesucht und keine Lobreden darauf gehalten. In seinem Nachlass fanden sich zwar, inspiriert auch durch Graciáns *Handorakel*, Skizzen zu einer »Eudämonologie«, zu einer »Lehre von der Glückseligkeit«, aber die Lebensregel Nr. 17 sagte, »das Leben ist nicht da, um genossen zu werden, sondern um angetan, durchgemacht zu werden«, und die Lebensregel Nr. 19 mahnte, »über keinen Vorfall großen Jubel noch großen Jammer aufkommen zu lassen: weil die Veränderlichkeit aller Dinge ihn jeden Augenblick völlig umgestalten kann«.[38]

Der Junggeselle wünschte sich eine Frau an seine Seite, die es mit ihm länger aushielte. Die Erfüllung dieses Wunsches blieb ihm verwehrt. Für seine Affären hatte seine Schwester kein Verständnis. Am 22. Mai 1822 schrieb sie ihm, der in Italien weilte, aus Weimar, seine Neigungen hätten schon einmal ein Mädchen ins Unglück gestürzt, und sie könne nur hoffen, dass er eines Tages für Frauen mehr empfinden werde als jene Wallungen, die sie nicht einmal verstehen könne. In der romantischen Liebe, für die Schwärmer sogar ihr Leben hingaben, sah er nur einen Trick der Natur. Mann und Frau, schrieb er in der »Metaphysik der Geschlechtsliebe«, die im zweiten, ergänzenden Band der *Welt als Wille und Vorstellung* erschien, würden dazu angestachelt, nach dem für sie besten Partner Ausschau zu halten und mit diesem Partner die für die nächste Generation bestmögliche Erbmasse zusammenzustellen. Hinter dem verklärten romantischen Blick, mit dem Liebende sich selbst und den anderen betörten, lauere der egoistische Geschlechtstrieb und die schonungslose Gier der Gattung, Überlebensvorteile zu erkennen und zu ergreifen. Die Schwester muss sich bei diesen Passagen gegruselt haben.

Depressionen blieben nicht aus. Als er 1823 von der zweiten Italienreise zurückkehrte, musste er ein Jahr in München ausharren, von Krankheiten geplagt, die dazu führten, dass ein Ohr taub wurde, und von einem schweren Gemüt niedergehalten. Nach einer Kur in Gastein fuhr er nach Dresden, 1825 war er erneut in Berlin. Von dort floh er 1831 vor der Cholera, an der Hegel starb. Die Angst des Bruders vor der Cholera verstand Adele Schopenhauer nicht. Aus Bonn schrieb sie ihm am 27. Oktober 1832, sie würde sich sogar bei der Cholera persönlich bedanken, wenn sie dank ihrer ohne große Schmerzen aus der ganzen Lebensgeschichte herausgehoben würde, sie lebe nicht gerne, fürchte sich vor dem Alter und der Einsamkeit, sie wolle nicht heiraten, finde nicht den richtigen Mann, der zu ihr passen würde, und der einzige Mann, der infrage käme, sei schon vergeben. Sie würde einfach in Berlin bleiben und abwarten, was geschehe, und wenn es sie träfe, auch gut.

So pessimistisch und lebensmüde wie die um jede offizielle höhere Ausbildung und jeden intellektuellen Beruf gebrachte kluge Schwester war der ambitionierte Bruder nicht, er packte mithilfe seines gehätschelten egoistischen Charakters, der auf Selbsterhaltung und Selbstfürsorge drängte, die Koffer, drückte sie dem willfährigen Schicksal in die Hand, dem er in dieser heiklen Lage ein wenig Beine machen musste, und verschwand.

Dass sein Werk nicht auf begrifflichen Ableitungen, sondern auf Anschauungen gegründet sei, hat er immer wieder hervorgehoben. Neben den vielen Dingen, die er auf den Reisen lernte, stand die Einsicht, dass er sich die Welt ansehen musste, um sie kennenzulernen. Sie war ein lebensgeschichtlicher Grund für die tragende Rolle, die die Anschauung in seiner Philosophie spielte, das Wissen aus eigenem Erleben, die unmittelbare Erkenntnis, die Intuition für das Ganze, wie sie dem Reisenden in der Fremde als Orientierungshilfe abverlangt wurde.

Die Idee war optimistisch, dass sich mit der richtigen Lebensansicht das Los auf Erden besser aushalten ließe. Die Mehrheit hörte nicht auf ihn. Kein geheimnisvoller Wille bedrängt sie, sondern die Nöte einer sich entwickelnden modernen Gesellschaft. Alle mussten etwas aus sich machen, im günstigen Fall konnten sie eine Ausbildung durchlaufen, die ihren Interessen und Fähigkeiten entgegenkam. Dann suchten sie unter den Berufen und Lebensformen nach einer Gussform für ihre Neigungen und Anlagen und wurden Schauspielerin, Anwalt, Ärztin. Abgesehen von einer philosophischen Ausbildung, die ihm den Weg in die Universität oder in den Privatunterricht wies, verfügte Schopenhauer über keine beruflichen Qualifikationen im strikten Sinne, die es ihm erlaubt hätten, das Dasein als Einsiedler aufzugeben und sich in die Gesellschaft zu integrieren. Dort hätte er seine Eigenarten zügeln, seinen Charakter zähmen müssen. Der Reisende wäre an das Ende der Reise gekommen, ausgestiegen und sesshaft geworden.

In dem schwarzen Guckkasten, an dessen Fenster die Welt vorbeizog, las er Giacomo Leopardi, dessen Pessimismus er sich verbunden fühlte, wiederholt mit »großem Genusse«, wie er in einem Brief vom 1. März 1859 schrieb, und hörte Musik, vor allem den geliebten Rossini, eine Neigung, die er mit dem von ihm gehassten Hegel teilte. Von Wagner, der Rossini verachtete und Schopenhauer verehrte, wollte er nichts wissen. Musik nahm in seinem Leben eine bedeutende Stellung ein. Er besaß drei Flöten, die er täglich spielte, und er besuchte bis ins hohe Alter, als er taub wurde, regelmäßig Konzerte und Opern. Die Musik linderte die aus dem Willen hervorgehenden Qualen: »Das unaussprechlich Innige aller Musik, vermöge dessen sie als ein so ganz vertrautes und doch ewig fernes Paradies an uns vorüberzieht, so ganz verständlich und doch so unerklärlich ist, beruht darauf, dass sie alle Regungen unseres innersten Wesens wiedergiebt, aber ganz ohne die Wirklichkeit und fern von ihrer Quaal.«[39]

Die Initialzündung für seinen späten Erfolg war die Publikation der *Parerga und Paralipomena* 1851 sowie eine begeisterte Rezension aus England im Jahr 1853. Fortan wurde sein Werk gelesen, es tauchte in Darstellungen der Philosophiegeschichte auf und wurde in die universitäre Lehre aufgenommen.

Über Kunst wusste er, wie Kant, Hegel, Schelling, viel zu sagen. Nietzsche komponierte auf eigene Faust, schrieb ein Buch über die griechische Tragödie, in dem die Musik eine wichtige Rolle spielte, lobte und kritisierte Dichter und Komponisten und hielt die ästhetische Rechtfertigung des Lebens, die eines souveränen Künstlers würdig sei, für die einzig legitime. Kierkegaard war voller Begeisterung über Mozarts Opern, besuchte Aufführungen des *Don Giovanni* mehrere Male und konnte seitenlang über Don Juan schreiben. Schopenhauer hing fester in der philosophischen Tradition, weil er die Kunst wie einen eigenständigen Bereich der philosophischen Disziplin, gleich Ethik und Erkenntnistheorie, abhandelte. Auf dem Weg von Schopenhauer zu Nietzsche wird das Ästhetische immer mehr in den Mittelpunkt des Philosophierens rücken. Das dritte Buch der ersten Bandes von *Die Welt als Wille und Vorstellung* trägt einen Titel, der eine Neigung zur Ordnung widerspiegelt: »Die Platonische Idee: Das Objekt der Kunst.«

Eine Idee war in Schopenhauers Augen eine Objektivation des Willens. Ideen konnte ein Subjekt wahrnehmen, das von sich und den egoistischen Interessen abzusehen vermochte. Nur der Künstler war dazu in der Lage. »Welche Erkenntnißart nun aber betrachtet jenes außer und unabhängig von aller Relation bestehende, allein eigentlich Wesentliche der Welt, den wahren Gehalt ihrer Erscheinungen, das keinem Wechsel Unterworfene und daher für alle Zeit mit gleicher Wahrheit Erkannte, mit Einem Wort, die IDEEN, welche die unmittelbare und adäquate Objektivität des Dings an sich, des Willens, sind? – Es ist die Kunst, das Werk des Genius.«[40]

Einem Genie gelang das, indem es von sich als einem Individuum mit Bedürfnissen absah. Es überwand den eigenen Willen, sein Begehren. Wenn es sich rein als Subjekt fühlte, konnte es die Ideen, das heißt die Objektivationen des Willens, wahrnehmen. Der erkenntnistheoretischen Einheit von Subjekt und Objekt in der Vorstellung widersprach diese besondere Beziehung zwischen dem Genie und den Ideen nicht, in der die Vorstellung der Wirklichkeit sich auflöste in die Anschauung von Wahrheit. »Der, wie gesagt, mögliche, aber nur als Ausnahme zu betrachtende Uebergang von der gemeinen Erkenntniß einzelner Dinge zur Erkenntniß der Idee geschieht plötzlich, indem die Erkenntniß sich vom Dienste des Willens losreißt, eben dadurch das Subjekt aufhört ein bloß indi-

viduelles zu seyn und jetzt reines, willenloses Subjekt der Erkenntniß ist …«[41]

Der Sprung vom Individuum zum Subjekt war für Bürger,
die im Alltag steckten wie ein Schlüssel im Schlüsselloch, nicht
zu schaffen. Die Künstler aber konnten sich durch diese Kunst-
philosophie geschmeichelt fühlen. »Nur durch die … im Objekt
ganz aufgehende, reine Kontemplation werden Ideen aufge-
faßt, und das Wesen des GENIUS besteht eben in der über-
wiegenden Fähigkeit zu solcher Kontemplation, da nun dies
ein gänzliches Vergessen der eigenen Person und ihrer Beziehungen verlangt; so ist GENIALITÄT nichts Anderes, als die
vollkommenste OBJEKTIVITÄT, d. h. objektive Richtung des
Geistes, entgegengesetzt der subjektiven, auf die eigene Person, d. i. den Willen, gehenden.«[42]

Dieses Lob der Genialität hörte sich an wie eine Apotheose
des klassischen Künstlers aus Weimar. Er stand auf einem So-
ckel, erhaben über den sozialen Niederungen und den politischen Anforderungen der Gegenwart, und schaute in die Weiten einer überzeitlichen Kunst, die sich dem Wahren, Guten
und Schönen widmete. Die antike Kunst hatte diese Haltung in
den Augen des Bildungsbürgertums hervorgebracht, die Klas-
sik Schillers und Goethes ahmte sie nach. Für die beiden Dichter war dieses Ideal ein Wunschbild und ein Mahnmal gegen
ihre Zeit gewesen, deren Bürger sich in eindimensionaler Arbeit und, im Schatten der Französischen Revolution, in der
Politik verloren.

In den Dreißigerjahren des 19. Jahrhunderts erklärte Heinrich Heine das Ende der Kunstperiode, die Goethe reprä-
sentierte. Weimar war Provinz. Die Humanitätsideale, die die
klassische deutsche Dichtung beseelt hatten, gingen im politischen Tageskampf der jungen Generation unter. Heine schrieb
die ersten großen Feuilletons aus seinem Exil in Paris, eine
neue Sorte von Texten, eine Mischung aus Poesie und Prosa,

Sinnlichkeit und Sachverstand, im besten Fall dazu geeignet, die Zeichen der Zeit und der kommenden Revolution zu deuten. Die Kunst spielte er als Dichter nicht gegen die Politik, die Politik nicht gegen die Kunst aus. Beiden Sphären, der Sozialkritik und der Ästhetik, versuchte er, gerecht zu werden. Die Ideen der Wahrheit im Sinne Schopenhauers waren verschwunden, an ihrer Stelle schwirrten die Ideen einer Freiheit, die die deutschen Philosophen, Kant, Fichte und Hegel, im Kopf weckten und die französischen Revolutionäre auf die Straße trugen.

Rationalität, Organisation und Arbeitsteilung haben das humanistische Erbe erdrückt. Die Bürger standen unter dem Diktat einer neuen Totalität. Aufstieg und Erfolg beherrschten ihre Wünsche und Gedanken. Jedes bürgerliche Leben landete auf dem Umschlagplatz der Waren, wie Balzacs Helden in Paris. Der Künstler musste seine Individualität, die sich in Sujet und Stil kundtat, auf dem Markt behaupten und drängte in die Öffentlichkeit. Das moderne Ich bewies sich als unternehmerische Tatkraft. Unruhe und Betriebsamkeit wurden von einer Freiheit hervorgerufen, die darin bestand, etwas aus sich zu machen, schnell und zielsicher Chancen zu nutzen und Risiken einzugehen. Kierkegaard beklagte, dass das Geld zu einem Gut geworden sei, das alle anderen Güter, ja Fähigkeiten in die zweite Reihe dränge. Niemand würde mehr bedauern, dies oder jenes aufgrund mangelnden Talents und schlafender Kräfte nicht zu beherrschen. Betrübt sei jeder nur, wenn er nicht so viel Geld wie sein Nachbar habe.[43]

Das Geld, das aus Werten Waren und aus Individuen Konsumenten machte, zerrieb die Vorstellung von einem inneren Kern, den es zu erhalten galt, von einer eigenen Natur, der gefolgt werden müsste, von einem Selbst, das gelebt werden wollte. Nur im Künstler schien diese Idee noch lebendig zu sein. Er erging sich in Allüren und Inszenierungen, wie Baudelaire, der trotz seiner Armut mit seiner Kleidung einen großen Aufwand betrieb und die Attitüde des Flaneurs kultivierte. Das war nur eine Form, die der Künstler sich geben konnte und die sich zuzulegen er durch die Nöte der modernen Gesellschaft nahezu gezwungen wurde.

Jeder Künstler wusste aus eigener Erfahrung, dass die Versenkung, von der Schopenhauer gesprochen hatte, zu seinem Handwerkszeug gehörte. Aber damit waren die Probleme, vor denen sie standen, nicht gelöst. Im Jahrhundert der Industrialisierung, der expandierenden Städte mit ihren Armenvierteln, der sozialen und politischen Verwerfungen und Revolutionen, fühlten sie einen Druck auf sich lasten, der sie aus ihrem Atelier auf die Straße trieb, aus der Innerlichkeit und aus den musealen Sälen der zeitlosen Ideale in die aktuellen Kämpfe um Erneuerungen. Der Künstler musste das Recht auf seine Kunst behaupten, gegen Kommerz und Politik, gegen Nutzen und Profit, und doch beweisen, dass er unabkömmlich war, ein Spiegel, ein Mahner, ein Zeichenleser.

In Paris strömte das Volk auf die Straße, wenn es zeigen wollte, dass es mit der Herrschaft der Regierenden nicht einverstanden war und Ungerechtigkeiten nicht hinnehmen wollte, oder in die Museen, wenn der jährliche offizielle Salon eröffnet wurde. Dort zog es durch die Säle, stellte sich vor die Bilder und kommentierte laut, was zu sehen war, als böte sich hier endlich eine Möglichkeit, in einem öffentlichen Gespräch über öffentliche Angelegenheiten ernst genommen zu werden. Die Begutachtung der Kunstwerke war eine Art Gerichtstag, an dem das Volk seine Meinung sagen konnte, ganz so, als würde es die Regierung wählen dürfen. Die Salons waren für Künstler eine gute Gelegenheit, ihre Werke zu zeigen und sich im besten Fall auf dem Kunstmarkt zu etablieren. Die Ausstellungen wurden von einer Jury ausgerichtet, die sich aus Mitgliedern der Pariser Kunstakademie rekrutierte. Die Künstler,

die sich nicht den ästhetischen Vorstellungen der Kunstakademie unterwarfen, wurden mit ihren Werken oft nicht zum Salon zugelassen. Die Lebendigkeit ihrer Bilder war ein Reflex
auf Veränderungen, die überall zu sehen und zu spüren waren.
Die Moderne wirbelte Gewohnheiten auf, wie ein scharfer Wind
einen Haufen Laub, und veränderte den Alltag der Gefühle
und Gedanken.

Ein Künstler konnte sich taub und blind stellen, sich in das
Gehäuse der Tradition zurückziehen und sich mit der realistischen Historienmalerei beschäftigen, als deren Meister Ernest
Meissonier in Paris berühmt war. Er rekonstruierte für seine
Bilder jedes Detail und engagierte Modelle, die eine Szene
nachstellen mussten. Mit philologischer Akribie und Besses-
senheit rückte er Modelle und Dinge an ihren Platz, bis er
überzeugt war, die Vergangenheit in ihrer Größe und Dichte
vor sich zu sehen, vom Hosenknopf bis zur Bartspitze, vom
Stiefel bis zum Degenknauf. War es nicht die Pflicht eines
Franzosen, der Geschichte seines Landes Gerechtigkeit widerfahren zu lassen, indem er sich ihren Erscheinungen, Gestalten und Ereignissen, gerade aus der glanzvollen Zeit des Son-
nenkönigs Ludwig XIV., mit dem unterwürfigen Bestreben
nach historischer Genauigkeit näherte?

Im Jahr 1855, fünf Jahre vor Schopenhauers Tod, zeigte
Gustave Courbet dem Publikum in Paris ein Bild, das den etwas umständlichen programmatischen Titel trug *Das Atelier
des Künstlers. Eine wirkliche Allegorie einer siebenjährigen
Phase in meinem künstlerischen (und moralischen) Leben.* Er
hatte dieses Bild zur Weltausstellung 1855 eingereicht, aber
es wurde von der Jury abgelehnt, worauf er es im »Pavillon
des Realismus« ausstellte, einem Holzbau, den er auf eigene
Kosten hatte errichten lassen. Die Idee des Bildes widersprach
Schopenhauers hehrer Kunstvorstellung. Der alte Philosoph
hatte den Anschluss an seine Zeit restlos verloren. Er war

nicht bereit, sich Tendenzen zu verschreiben, die seine Ordnung durchrüttelten. Die Welt, in der er lebte, kannte keine Revolutionen, auch wenn sie draußen auf der Straße ausbrachen. Sowenig ein Philosoph sich mit dem Volk gemeinmachen, dessen Gedanken denken und dessen Positionen vertreten durfte, so wenig durfte ein Künstler sich anmaßen, mit seinen Bildern dem Volk die Welt zu schenken. Aber genau das machte Courbet. Die großen zeitlosen Ideen lösten sich in Luft auf.

Das Bild ist sechs Meter lang und dreieinhalb Meter hoch. Es ist in zwei Hälften geteilt. In der Mitte sitzt Courbet an einer Staffelei, auf der eine große Leinwand steht. Er malt eine Landschaft. Links vor ihm hat sich ein kleiner Junge aus dem Volk hingestellt und schaut ihm zu. Neben dem Jungen spielt ein kleiner Hund. Rechts von Courbet, hinter seinem Rücken, verharrt eine junge nackte Frau in andächtiger Ruhe. Sie hat den Zipfel eines langen Tuches, das sich auf dem Boden vor ihr aufbauscht, an ihr Herz, an ihren Busen gedrückt. Der kleine Junge, der den Rücken zum Betrachter gekehrt hat, erweckt den Eindruck, als würde er voller Neugier, Bewunderung und Staunen zusehen, was der Maler da macht. Die nackte Frau dagegen hat ihren Kopf zur Seite geneigt, sie sieht so aus, als würde sie mit sanftem Wohlwollen betrachten, was der Künstler schafft, und sich mit dem Gefühl zu arrangieren versuchen, dass sie sich etwas fehl am Platz glaubt. Sie ist der einzige nackte Mensch in dem Raum, in dem viele Menschen zu sehen sind, und es liegt nicht auf der Hand, warum sie hier nackt neben dem Maler steht, der sie ignoriert. So zur Schau gestellt und gleichzeitig so überflüssig muss sie sich etwas unwohl gefühlt haben. Aber deutlich anzumerken ist ihr dieses Gefühl nicht, als würde es von der Erinnerung zurückgedrängt, dass sie in diesem Atelier einmal eine wichtige Rolle gespielt hat, die es ihr immer noch erlaubt, so nackt in unmittelbarer Nähe des Künstlers seinem Schaffen zuzusehen.

Courbet hält in der einen Hand seine Palette, in der anderen den Pinsel, den er mit ausgestrecktem Arm an die Leinwand führt. Er neigt seinen Kopf schräg wie einer, der mit kritischem Selbstbewusstsein registriert, was er hier ausführt und was ihm zu seiner Befriedigung gelingt. Der Maler grübelt nicht über ein künstlerisches Problem, er hadert nicht mit sich, er malt mit großer sicherer Geste, Ausdruck einer inneren Bewegung, die sich den Instinkten überlassen kann, sowie einer öffentlichen Selbstinszenierung, die den Zweifel nicht kennt.

Gustave Courbet, Das Atelier des Künstlers (ca. 1854/55)

In dem weiten Raum, der sich links neben der Staffelei öffnet, stehen und sitzen Menschen, in sich versunken und müde, die zusammen ein Abbild der werktätigen, berufstätigen Bevölkerung darstellen. Für diese Bevölkerungsschicht fand Schopenhauer scharfe Worte: »Der gewöhnliche Mensch, diese Fabrikwaare der Natur, wie sie solche täglich zu Tausenden hervorbringt, ist, wie gesagt, einer in jedem Sinn völlig uninteressirten Betrachtung, welches die eigentliche Beschaulichkeit ist, wenigstens durchaus nicht anhaltend fähig: er kann seine Aufmerksamkeit auf die Dinge nur insofern richten, als sie irgend eine, wenn auch nur sehr mittelbare Beziehung auf seinen Willen haben.«[44]

Niemand aus dieser Gruppe scheint ein Interesse zu haben an dem Maler und seinem Schaffen, ja, niemand scheint ein Gefühl für diesen besonderen Ort zu haben, davon, in dem Atelier eines Künstlers zu sein.

Auf der Seite dieser Menschen, unmittelbar hinter der Leinwand, vor der Courbet sitzt, taucht eine nackte männliche Gliederpuppe, wie sie in den Räumen der klassizistischen akademischen Malerei verwendet wurde, aus dem dämmerigen Licht des großen hohen Raums auf, ganz so, als bestände eine enge Beziehung zwischen ihr und dem Geschmack der Leute, die hier versammelt sind. Die Gliederpuppe hängt an einem Gestell und sieht aus wie ein Gekreuzigter. Neben dem Gestell liegt ein Totenkopf, wie auf den Vanitas-Bildern des Barock. Die Stimmung in dieser Gruppe links der Staffelei ist bedrückt. Die Menschen, die hier versammelt sind, hat der lange Tag, hat ihr anstrengendes Arbeitsleben erschöpft. Ein Musikinstrument liegt unbeachtet auf dem Boden. Keine Melodie würde diesen Menschen wieder auf die Beine helfen und ihre Müdigkeit vertreiben. Ganz hinten links lehnt eine Leinwand an der Wand, sie zeigt ihre unbemalte Rückseite. Bilder, so scheint es, werden diesen Menschen keine Freude bringen und keine Aufmunterung verschaffen. Die Kunst hat hier ihren Wert verloren, sie erreicht die Dienstboten, die Arbeiter und Handwerker, die kleinen Leute nicht.

Rechts neben der Staffelei stehen und sitzen gut gekleidete Zeitgenossen in einer Haltung, die Aufmerksamkeit und Konzentration ausdrückt, Selbstbewusstsein und Lebenskraft, als müssten sie sich nicht für eine Arbeit aufreiben, die sie nur aushöhlt und erschöpft, die ihnen nichts schenkt, was sie erfüllt und erhebt. Zu dieser Gruppe gehört der Dichter Charles Baudelaire, der versunken in einem Buch liest. Die Leinwand, an der Courbet sitzt, ist zu dieser Gruppe hingerückt, als gälte es, ihr zu zeigen, was er tut, als ginge er davon aus, dass gerade diese Menschen verstünden, um was es ihm geht, als zählte er sich mehr zu ihnen und weniger zu den Leuten auf der anderen Seite. Courbet ist jetzt 36 Jahre alt. Die Revolution von 1848 liegt sieben Jahre zurück.

Die rechte Bildseite wirkt heller als die linke, hier fällt durch die allgemeine Dunkelheit mehr konzentriertes Licht, so wie ein scharfer Gedanke, eine deutliche Wahrnehmung das dämmerige Alltagsbewusstsein blitzartig erleuchtet. Das Licht dringt von außen durch das einzige sichtbare Fenster in dem dicken Mauerwerk des Ateliers. Auf dieser Seite des Gemäldes schimmert im ahnungsvoll verschwommenen Hintergrund eine gemalte Sonne. Die Fläche des Hintergrundes gleicht einem riesigen Wandgemälde, auf dem eine klassische Landschaft und antike Säulen sich abzeichnen, als zeigte sich hier schemenhaft ein Abbild der wahren Kunst und des wahren Lebens, in denen sich einst Natur und Menschenwerk auf ideale Weise verbanden.

Die nackte Frau mag die nackte Wahrheit symbolisieren, die den Rücken des Malers stärkt. Welche Antwort gäbe dann die Bildkomposition auf die Frage nach der Bedeutung, die die nackte Wahrheit für Courbet besitzt? Der Künstler Courbet sitzt vor der Staffelei unter Menschen aller Schichten, mit ihren Nöten und Bedürfnissen, Wünschen, Begierden und Normen, mitten in der Gesellschaft seiner Zeit mit ihrer Vergangenheit und Zukunft. Er wird von einigen Zeitgenossen beobachtet und begutachtet und von vielen, die mehr mit sich und ihrem Leben beschäftigt sind, ignoriert. Am neugierigsten ist ein Kind, das sich spontan und unschuldig für das Neue interessiert, das auf der Leinwand entsteht. Courbet und der Junge stehen im gleichen Blickfeld, sie können sich jederzeit in die Augen schauen und sich zublinzeln, wie Spielkameraden, die beim Spielen die Erwachsenen vergessen haben und in ihre Welt eingetaucht sind. Der Künstler gleicht dem Kind, er scheint seinen Instinkten zu folgen, er weiß, was er tut, er ist sich seiner Sache sicher, er sieht sich nicht unsicher oder irritiert nach Bestätigung um. Er ruht in sich, ähnlich wie Kinder in ihr Spiel versunken sind. Die meiste Aufmerksamkeit kommt ihm zu von den Menschen rechts von ihm. In ihnen scheint er im weitesten Sinne Freunde, Seelenverwandte gefunden zu haben, die seiner Kunst zugewandt, ihr wohlgesinnt sind.

Auf dem Bild, an dem Courbet arbeitet, ist kein Mensch zu sehen, nur eine Landschaft, die er akkurat aus dem Gedächtnis zu malen versteht. Er muss sich für ein solches Landschaftsbild nicht in die Natur begeben, auch im Atelier kann eine realistisch anmutende Darstellung der Natur gelingen. Realismus bedeutet nicht, dass das Bild einen Gegenstand so abbildet, wie er real existiert. Realismus bedeutet hier, etwas zu malen, das aussieht, als wäre es wirklich. Das Abbild einer imaginierten Wirklichkeit ist die Wirklichkeit der Kunst. Das künstliche Bild muss sich nicht an einem realen Original messen. Realistisch zu malen heißt auch nicht, einem sozialen Realismus zu folgen und einfache Menschen bei der Arbeit abzubilden, Arbeiter, Bauern, Handwerker, so wie Courbet es selbst gemacht hat, als er 1849 Steinklopfer malte oder 1855 Kornsieberinnen. Die Menschen rechts, die sich hinter der nackten Wahrheit befinden, mögen diese Kunstansicht teilen, die sich auch in der Liebe findet, von der das Paar, das in der Fensternische steht, zu erzählen scheint. Die Frau und der Mann sind in ihr Begehren, in ihre Phantasien versunken und es sieht so aus, als hätten sie darüber die Realität, den Alltag der Liebe, das wankelmütige Glück der Beziehung, die Täuschungen des Körpers, eine schlechte Ehe, eine mögliche Abtreibung, die Aussicht auf eine Trennung vergessen.

Das Leben in seiner eigenmächtigen Lust und in seinem eigenmächtigen Drang forderte vom Künstler sein Recht. Der Künstler weiß, welche Affekte, welches Begehren und welche Gefühle ihn bewegen und durchziehen, wenn er sich seinen Vorstellungen von der Realität überlässt und sich von ihnen zur Leinwand gedrängt fühlt, zum Ausdruck seiner Empfindungen im Abbild der Dinge und Menschen seiner Welt, wie er sie sieht, wie er sie sich vorstellt. Courbet verteidigt die Empfindung und Vorstellungskraft eines Künstlers, der nicht den Anforderungen der politischen und sozialen Realität völlig nachgeben und ausschließlich ihnen dienen mochte. Er beharrte auf der Autonomie einer Sensibilität und Sinneskraft, die durch die Wirklichkeit direkt oder indirekt geweckt und gereizt wurden und den Impuls zum künstlerischen Schaffen gaben.

Der Realismus Courbets mag noch immer ein sozialer sein, in dem Sinne, dass er sich den einfachen Menschen und ihrem beschwerlichen Leben verpflichtet fühlt, die unter der Wirklichkeit zu leiden haben, er ist aber auch und vor allem ein sinnlicher Realismus, der durch unmittelbare Eindrücke und Erlebnisse geprägt wird. Courbet schien die Kunst vor dem Druck der politischen und sozialen Nöte, die in seiner Zeit der Industrialisierung verstärkt aufkamen, in Schutz nehmen und ihr jenen eigenen Raum bewahren zu wollen, in dem sie ungehindert wiedergeben und erschaffen konnte, was ihr die Wirklichkeit der Welt war, zu der viel mehr gehörte als Politik und soziale Gerechtigkeit. Lag nicht auch in dem Licht, das die Kunst von der weiten sinnlichen Welt dort draußen empfing und das die Vorstellungen erleuchtete, die der Künstler von der Wirklichkeit aufnahm und in sich bewahrte, die Hoffnung, der Fülle und den Wundern des Lebens gerecht zu werden? Jede Reizbarkeit war besser als Abgeschlagenheit, jede Aufregung besser als Dumpfheit, jede Erregung besser als Müdigkeit.

Der Künstler, der kleine Junge, der Hund und die nackte Frau bilden eine heilige Familie der Natürlichkeit, eine menschliche Keimzelle der Natur, um die herum sich die Gesellschaft in all ihren Facetten zeigt, angeordnet in der Form einer liegenden Acht, einer Schlaufe, aus der keiner entkommen kann und in der jeder Mensch einen Platz innehat. Aus der zentralen Stellung des Künstlers, in die Gustave Courbet sich auf diesem Bild rückt, spricht ein großes Selbstbewusstsein, das schon sein Gemälde *Die Begegnung – oder Bonjour, Monsieur Courbet* (zu sehen auf dem Umschlag dieses Buches) aus dem Jahr 1854 geprägt hat. Mit vollem schwarzem Haar und einem langen Spitzbart, für den Courbet in Paris bekannt war, tritt er hier seinem Mäzen Alfred Bruyas und dessen Diener in einer fast schon herausfordernden Körperhaltung gegenüber. Der Künstler im Sinne Courbets ist kein Außenseiter, wie Charles Baudelaire, der auf dem Bild *Das Atelier des Künstlers* ganz am Rande sitzt, ein Mensch, der ganz für sich ist und der nicht zu den anderen zu gehören scheint. Die bildende Kunst, anders als die Dichtung, die noch in der Wahl von Metaphern und Bildern auf blinde Wörter angewiesen ist, spricht unmittelbar aus und zu der Anschauung, sie ebnet, wenn sie realistisch, der Vorstellung der Wirklichkeit treu bleibt, einen direkten Weg zwischen Kunst und Realität, der durch die wahrhaftige Empfindung angelegt ist.

Courbet zeigte in allen seinen Bildern, dass die Welt durch sein Auge fiel und seine Wahrnehmung die Wirklichkeit erschuf, und noch ein allegorisches Gemälde wie *Das Atelier des Künstlers* konnte sich darauf verlassen, dass der Betrachter nur hinsehen musste, um zu sehen, was Courbet hatte zeigen wollen. Offen bleibt, ob der Betrachter zu verstehen versucht, was Courbet ohne Worte sagte, ob er das Bild in die richtige Bedeutung übersetzen kann, ob er die Anschauung in Begriffe verwandeln möchte. Die Welt zu sehen, wie sie ist, heißt, die Welt sehen, wie sie erscheint. Auf dieser allgemeinen Grundlage, auf der eine ganze Gesellschaft Platz fand und alle gleich waren, verstand jeder Bürger, was er sah. Der Philosoph dieser Erkenntnistheorie des Auges war ein Künstler.

In dem Gemälde geht es um mehr als um die Darstellung einer Idee. Eine Idee wurde nach Schopenhauer aus dem Leben selbst geschöpft, aus der Natur und aus der Welt. »Eben weil die Idee anschaulich ist und bleibt«, schrieb er, »ist sich der Künstler der Absicht und des Zieles seines Werkes nicht *in abstrakto* bewußt; nicht ein Begriff, sondern eine Idee schwebt ihm vor: daher kann er von seinem Thun keine Rechenschaft geben: er arbeitet, wie die Leute sich ausdrücken, aus bloßem Gefühl und unbewußt, ja instinktmäßig.«[45] Daraus zog Schopenhauer den Schluss, dass ein Kunstwerk, wenn es eine Allegorie war, nicht allein aus der Anschauung sprach, sondern einer Vermittlung bedurfte. »Durch die Allegorie soll daher immer ein Begriff bezeichnet und folglich der Geist des Beschauers von der dargestellten anschaulichen Vorstellung weg, auf eine ganz andere, abstrakte, nicht anschauliche, geleitet werden, die völlig außer dem Kunstwerk liegt: hier soll also Bild oder Statue leisten, was die Schrift, nur viel vollkommener, leistet.«[46]

War Gustave Courbet, so gesehen, mit seinem Gemälde gescheitert? Schopenhauer meinte, ein allegorisches Kunstwerk müsse nicht vollkommen sein, es reiche, wenn es den Betrachter zum Nachdenken anrege, ihm einen Begriff in die Hand spiele. In dem Moment habe es seinen Zweck erfüllt. Wenn es ein Kunstwerk sei, liege sein Wert in einer Vorstellung, die sich neben der Allegorie erhalte und durchsetze. Schopenhauer mochte hier an Gemälde wie Tizians *Allegorie der Besonnenheit* gedacht haben, auf dem drei Menschengesichter, denen drei Tierprofile zugeordnet sind, den Lauf der Lebenszeit darstellen.

Auf Courbets Gemälde aber fallen Allegorie und Vorstellung in einer Idee zusammen, die den Zusammenhang von Mensch und Kunst, Wirklichkeit und Natur betraf. Die Idee, die Courbet umtrieb, als er ein Bild malte, das als Allegorie selber ein Teil dieser Idee darstellte, war die sichtbare Einheit im vielfältigen Leben, erschaffen durch das Sehen, dessen souveräne Macht sich in dem Gemälde zeigte. Jeder Betrachter fand in diesem Atelier des Künstlers, wie in seiner Zeit, einen Platz, und sei es, dass er wie der kleine Junge neugierig die Leinwand anschaute, vor der der Maler saß.

Die philosophischen Grundlagen dieser Einheit der Menschen hatten die Linkshegelianer Ludwig Feuerbach und Karl Marx gelegt. Feuerbach hatte die Gleichheit der Menschen nicht auf die Vernunft gegründet, wie Hegel, sondern auf ihre Leiblichkeit, so, wie Marx das einheitsstiftende Band in der Arbeit sah. Anders als der Universalismus der Vernunft, der die Gleichheit nur abstrakt unterstellte und die Menschen konkret nach ihren unterschiedlichen geistigen, logischen Fähigkeiten bewertete, schloss der Universalismus der Sinnlichkeit und der Arbeit niemanden aus der postulierten Einheit aus. Mit dieser anthropologischen Definition war es möglich, Forderungen nach Gleichheit zu stellen. Die Sozialkritiker mussten mit der modernen Gesellschaft nicht radikal brechen, sie konnten die Errungenschaften der Produktion mitnehmen in eine Zukunft, in der es Arbeit für alle geben sollte. Der Universalismus der Vernunft akzeptierte Hierarchien des Wissens und der Wissensträger und konnte sein soziales Engagement darauf beschränken, Kommunikationsmöglichkeiten zu verbessern und mehr Bildungschancen zu fordern.

Schopenhauer, Kierkegaard und Nietzsche teilten die Vorstellung von einer unmittelbaren sozialen Einheit aller Menschen, wie sie auf Courbets Gemälde inszeniert wurde, ganz und gar nicht. Anders als sie nahm Gustave Courbet Partei für das Volk. Er schlug sich 1871 auf die Seite der Aufständischen der Pariser Kommune mit für ihn verheerenden Folgen. Nach der Niederlage des Aufstands wurde er zu einer Gefängnisstrafe verurteilt und zu einer horrenden Schadensersatzsumme, weil er sich starkgemacht hatte für den Sturz der Colonne Vendôme, der Vendôme-Säule, die sich Napoleon I. zwischen 1806 und 1810 hatte errichten lassen. Courbet floh vor den Schulden in die Schweiz und verfiel dem Alkohol. Er starb im Schweizer Exil. Seine Bilder wurden von der französischen Regierung beschlagnahmt.

4

Probleme mit den Frauen

Eine neue Philosophie aus dem Gefühl

In der Philosophie gab es große Unbekannte. Die Philosophen nannten sie zum Beispiel Gott, Wahrheit oder Geist. Sie haben sich nie darauf einigen können, was es mit diesen Begriffen im Tiefsten auf sich hat. Dennoch machten diese Wörter, weil sie in aller Munde waren, einen vertrauten Eindruck. Ohne sie würde die Philosophie armselig aussehen. Man hatte sich an sie gewöhnt wie an die Liebe im bürgerlichen Roman oder an die Farbkleckse auf den Bildern der Impressionisten.

Es gab noch andere Unbekannte. Obwohl die Philosophen von Müttern in die Welt gesetzt wurden und möglicherweise Schwestern und Ehefrauen hatten, kamen Frauen in der Philosophie nicht vor, so wie sie in der Geschichte des Fortschritts keinen prominenten Platz einnahmen, sondern namenlos im Hintergrund kochten, die Kinder großzogen und dem Mann in jeder Hinsicht zu Diensten sein mussten. Diese auffällige Abwesenheit, die sich mit der Ignoranz der Männer paarte, hat dazu geführt, dass in der Philosophie mit Inbrunst nur über die Taten und Ideen der Männer debattiert wird, und zwar nahezu ausschließlich von Männern. Auch die ästhetische Moderne war ein Projekt der Männer. Hier waren Frauen, denen die bürgerlichen Rechte verweigert wurden, vor allem Geliebte, Ehefrauen, Mütter, Prostituierte oder einflussreiche Kurtisanen.

Zu den repräsentativsten Bildern der Moderne gehörten Édouard Manets *Frühstück im Grünen* und *Olympia*. Sie zeigen Szenen aus der männlichen Phantasie. Die Kurtisane wurde als neue antike Göttin gehandelt, und die antike Unterwelt tauchte als Halbwelt der Prostitution wieder auf, als Demi-Monde.

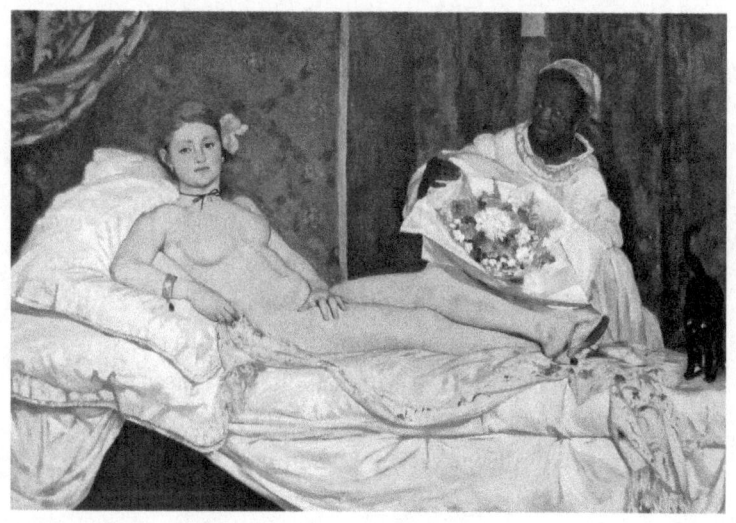

Édouard Manet, Olympia (1863)

Den Künstlern war der Schacher mit den jungen nackten Frau-
enkörpern nicht zuwider. Die Maler kalkulierten mit der Nacktheit als Provokation der guten Sitten. Die bloßgestellte Frau
verschaffte ihnen Aufmerksamkeit und Aufsehen beim Publikum und bei der Kritik. Der Geschlechtstrieb sei, schrieb
Schopenhauer, »die heftigste der Begierden, der Wunsch der
Wünsche, die Koncentration alles unseres Wollens ...«, aber er
räumte zur Rettung der Ehe sofort ein: »... und demnach die
dem individuellen, mithin auf ein bestimmtes Individuum ge-
richteten Wunsche eines Jeden genau entsprechende Befriedigung desselben der Gipfel und die Krone seines Glücks ...«[47]
Dann begann der Alltag einer Ehe, und das Unglück zog wie
eine Gewitterwolke am Horizont auf, und die Frauen saßen
fest, weil es für sie viel schwieriger war, einer Ehe zu entkommen, als für ihre Ehemänner.

In der Philosophiegeschichte stammt so gut wie keine einzige Idee von einer Frau, die als Philosophin ernst genommen

würde, mit ganz wenigen Ausnahmen seit dem 20. Jahrhundert. Die Philosophen haben den Umstand, dass sie ständig redeten und Frauen nicht zu Wort kommen ließen, nie für problematisch gehalten. Sie haben der Einfachheit halber behauptet, für alle Menschen zu sprechen, zu denen eben auch die Frauen gehörten, ohne je ein Wort über ihr Schweigen zu verlieren. Die Briefe, Tagebücher und poetischen Werke von Bettina von Arnim, der Günderrode, von Rahel Varnhagen, Katherine Mansfield, Sylvia Plath, Anne Sexton und Virginia Woolf sind Zeugnisse einer ganz eigenen, weiblichen Erfahrung und Selbstbeschreibung. Hier kam eine Welt zu Wort, die jahrhundertelang weggesperrt war, während die Männer die Innenräume mit ihren Werken lautstark besetzt hielten. Ununterbrochen redeten sie von Gott, Glaube und Erlösung, von Geist, Vernunft und Wahrheit, ähnlich wie sie seit dem 19. Jahrhundert unablässig von Profit, Investition, Konkurrenz und Rationalität sprachen. Sie gelangten zu Macht und Herrschaft, indem sie gegeneinander Krieg führten oder ihre Gegner mit dem besseren Argument schachmatt setzten.

Im 19. Jahrhundert begannen die Frauen, für ihre bürgerlichen Rechte zu kämpfen, für Gleichheit vor dem Gesetz, politisches Wahlrecht und den Zugang zu Universitäten und zur Berufsausbildung. Sie rebellierten in der alten und neuen Welt, in Europa und in Nordamerika, und eroberten für sich Tätigkeitsfelder im Bereich der Fürsorge, von der Schulerziehung bis zur Krankenpflege. Hier durften sie sich nützlich machen, ohne den Männern, aus denen Ärzte, Politiker, Richter wurden, in die Quere zu kommen.

Sarah Margaret Fuller veröffentlichte 1844 ein feministisches Manifest, ein Buch über das Recht der Frau auf Beruf und Teilnahme am öffentlichen politischen Leben. Zwei Jahre später ging sie als Auslandskorrespondentin der *New York Tribune* nach Europa.

Mit der Rolle einer Ehefrau und Hausfrau in Schweden wollte sich auch Fredrika Bremer nicht abfinden und wurde Schriftstellerin. Für eine Artikelserie besuchte sie die maßgeblichen Intellektuellen Dänemarks und hoffte, auch Kierkegaard zu sprechen, aber der Autor des *Tagebuch des Verführers* empfing sie nicht. Im Anschluss unternahm sie eine Reise durch Nordamerika, wo sie sich mit Frauenrechtlerinnen traf.

Malwida von Meysenbug, mit der Nietzsche befreundet war, hatte in Hamburg an der »Hochschule für das weibliche Geschlecht« studiert. Die Anarchistin emigrierte 1852 nach London, wo sie den russischen Revolutionär Alexander Herzen kennenlernte. Giuseppe Mazzini und Giuseppe Garibaldi, die ebenfalls als politisch Verfolgte in London Zuflucht gefunden hatten, gehörten zu ihren Bekannten. In Paris befreundete sie sich mit Richard Wagner. Dann zog sie nach Italien. Nietzsche schätzte ihre Autobiografie *Aus den Memoiren einer Idealistin*. Als er sich 1888 öffentlich von Wagner abkehrte, verlor er seine 28 Jahre ältere Freundin, die seinen Sinneswandel nicht mitvollziehen wollte. Er nahm diesen Verlust, wie viele andere, hin als Beweis des Rangunterschieds, der zwischen ihm und ihr bestand. Vom Aufbruchsbegehren der Frauen war er grundsätzlich angewidert: »Das Weib will selbständig werden: und dazu fängt es an, die Männer über das ›Weib an sich‹ aufzuklären – d a s gehört zu den schlimmsten Fortschritten der allgemeinen V e r h ä s s l i c h u n g Europa's. Denn was müssen diese plumpen Versuche der weiblichen Wissenschaftlichkeit und Selbst-Entblössung Alles an's Licht bringen! Das Weib hat so viel Grund zur Scham; im Weibe ist so viel Pedantisches, Oberflächliches, Schulmeisterliches, Kleinlich-Anmassliches, Kleinlich-Zügelloses und -Unbescheidenes versteckt – man studiere nur seinen Verkehr mit Kindern! –, das im Grunde bisher durch die F u r c h t vor dem Manne am besten zurückgedrängt und gebändigt wurde.«[48]

Die Hoffnung auf Glück war in Nordamerika in der ersten demokratischen Verfassung von 1787 zu einem individuellen Recht erhoben worden. Doch wo vom Menschen die Rede war, ging es um die Männer. Den Frauen waren die Hände gebunden bei der Gestaltung ihres Lebens. Glück war für sie nur an der Seite ihres Ehemannes vorgesehen. Der Seitensprung lag wie ein zum Bade einladender See am Rand eines langen öden Weges.

Emma Bovary, die Heldin von Flauberts Roman *Madame Bovary*, der 1857 erschien und die Gerichte wegen des Vorwurfs der Sittenwidrigkeit beschäftigte, las Romane, die von der Liebe erzählten. Die Monate und Jahre in der Provinz zogen sich hin, die Nächte an der Seite eines langweiligen Ehemannes waren einsam. Als sie dieses unerfüllte Leben nicht mehr aushielt, gab sie ihren sinnlichen Phantasien nach und warf sich dem Ehebruch erst mit dem Grundbesitzer Rudolphe, dann mit dem Kanzlisten Léon in die Arme. Das Unglück, zu dem es jetzt kommen musste, beschleunigt durch den Umstand, dass sie sich dem Luxus hingab und so hoch verschuldete, bis nur noch der Freitod einen Ausweg bot, hat der Junggeselle Schopenhauer geahnt, auch wenn er die Sexualität etwas schematisch sah. In der *Metaphysik der Geschlechtsliebe* erklärte er trocken: »Die Liebe des Mannes sinkt merklich, von dem Augenblick an, wo sie Befriedigung erhalten hat: fast jedes andere Weib reizt ihn mehr als das, welches er schon besitzt: er sehnt sich nach Abwechselung.« Emma Bovarys Liebhaber hätten diese Ansicht geteilt. »Die Liebe des Weibes hingegen steigt von eben jenem Augenblick an. Dies ist eine Folge des Zwecks der Natur, welche auf Erhaltung und daher auf möglichst starke Vermehrung der Gattung gerichtet ist.« Emma Bovary, die eine Tochter mit ihrem Ehemann hatte, sah ihre Natur anders, sie suchte eine Befriedigung, die ihr Mann, ein nüchterner, verwitweter Landarzt, ihr nicht geben konnte. »Demzufolge ist die eheliche Treue dem Manne künstlich, dem Weibe natürlich, und also Ehebruch des Weibes, wie objektiv wegen der Folgen, so auch subjektiv, wegen der Naturwidrigkeit, viel unverzeihlicher als der des Mannes.«[49] Monsieur Bovary war ein treuer Ehemann, er hätte nicht verstanden, wovon hier die Rede war. Nichts an ihm war künstlich. Dass Emma ihm treu war, hielt er für eine bürgerliche Selbstverständlichkeit und weniger für eine Frage der Natur.

Kannte Schopenhauer die Liebe? Als einundzwanzigjähriger Student hatte er sich unglücklich in die Schauspielerin und Sängerin Karoline Jagemann verliebt. Sie war elf Jahre älter als er, und sie war die Geliebte des Herzogs Carl August von Sachsen-Weimar-Eisenach, Goethes Mäzen und Freund. Zwölf Jahre später verliebte er sich in die Schauspielerin und Sängerin Caroline Meudon, die neben ihm noch andere Liebhaber hatte und Mutter von zwei Kindern war.

Die Sängerin Caroline Meudon (1802–1882)

Die Affäre zwischen den beiden hielt sich über Jahre. Aus eigener Erfahrung kannte er die bürgerliche Ehe nicht. Dass seine Mutter Johanna, die ein erfolgreiches Buch nach dem anderen veröffentlichte, in Weimar Verehrer fand, sah er nicht gern. Er führte sich auf wie ein eifersüchtiger Liebhaber. Seine Schwester blieb unverheiratet und traurig, sie lebte mit einer Freundin zusammen und machte Scherenschnitte.

Die anderen beiden philosophischen Außenseiter waren mit ihren Liebesgeschichten nicht erfolgreicher. Søren Kierkegaard hatte eine einzige große Liebe. Im September 1840 verlobte er sich mit der sehr jungen Regine Olsen, aber schon im August des nächsten Jahres löste er die Verlobung auf. Ein Jahr hatte er gebraucht, um sich zu der Entscheidung durchzuringen, dass er sie nicht heiraten konnte, nicht heiraten dürfte. Er würde sie unglücklich machen, wenn er sie zur Frau nähme, dachte er, und er machte sie unglücklich, weil er sie zurückwies. An dieser jungen Frau hing sein Herz mit schlechtem Gewissen sein Leben lang, er litt darunter, dass sie später einen anderen Mann heiratete, womit er nicht gerechnet hatte. Damit war die sehr kurze Geschichte seiner Beziehungen zu den Frauen besiegelt.

Nietzsche verliebte sich unglücklich in eine junge Russin, die ihn abwies und mit seinem Freund weiterzog. Die einzigen beiden Frauen, die ihn sein Leben lang begleiteten wie zwei Schatten, über die er nicht springen konnte, waren seine Mutter und seine Schwester.

Die Philosophiegeschichte wäre anders verlaufen, wenn Frauen darin von Anfang an das Sagen gehabt hätten, am besten schon in jenen fernen Zeiten, in denen die Männer die Religion und die himmlische Welt erfanden, um auf Erden als Machthaber aufzutrumpfen. Gottvater, Gottes Sohn und der Heilige Geist ertrugen an ihrer Seite keine Gottmutter und keine Gottes Tochter.

Der vorläufige Höhepunkt männlicher Vernunftanbetung war im deutschen Idealismus zwischen 1781, als Kants *Kritik der reinen Vernunft* erschien, und 1806 erreicht worden, als

Hegel seine *Phänomenologie des Geistes* abschloss. Nur Hegels *Wissenschaft der Logik* konnte diesen Gipfel im Jahr 1812 noch um einige Handbreit erhöhen. Danach kam es mit Schopenhauer, Kierkegaard und Nietzsche zu tiefen Einbrüchen in der Erfolgsgeschichte der modernen Rationalität. Bei der Gewinnung neuen philosophischen Landes spielten ihre Erfahrungen eine zentrale Rolle. Gefühle ließen sich nicht in Begriffen und Systemen einfrieren. Die neue Philosophie war nicht das Ergebnis eines kühlen Kopfes, der sich beim Denken aus dem Leben klinkte und sich mit zeitloser Logik dem Objekt seines Interesses zuwandte, sondern entstand aus einer Leidenschaft, die Kalkül und Distanz über den Haufen warf und den Frauen den Ball in die Hände zu spielen schien, deren Gefühlskultivierung in den Augen der Männer und Ordnungshüter gefährlich war.

»Wenn sich das Existieren nicht denken lässt«, schrieb Kierkegaard in der *Abschließenden unwissenschaftlichen Nachschrift*, »und der Existierende doch denkend ist, was will das denn besagen? Das bedeutet, er denkt momentweise, er denkt im voraus und er denkt hinterher. Die absolute Kontinuierlichkeit kann sein Denken nicht erreichen. Nur phantastisch kann ein Existierender beständig sub specie aeterni sein.«[50] Die Männer wollten das Leben mit Vernunft beherrschen und haben das Leben, ohne dass es ihnen auffiel, dadurch verpasst. Was ihnen blieb, war eine Chimäre, eine Illusion.

Die deutschen Romantiker waren die radikalsten Vorkämpfer gewesen im Gefecht gegen die rationale Prosa und die Verflachung der Existenz auf das Niveau von Beruf und Problemlösungen. Novalis und Friedrich Schlegel wollten der Systemphilosophie und deren Ordnungsvorstellungen nicht das Feld überlassen, die die Gefühle und die Poesie als Formen der Erkenntnis ausgrenzten. Die offizielle Vernunft glich einem mürrischen Zollbeamten.

Die Romantiker öffneten eine Welt voller Ahnungen über geheimnisvolle Sinnzusammenhänge und versuchten, die Natur vor den Wissenschaftlern zu retten, die aus ihr ein Materiallager machten. Sie schlugen eine Brücke zwischen Philosophie und Literatur, um dem forschenden Geist seine Vielfalt zu erhalten und auf diese Weise zum Weltganzen vorzustoßen, so, wie in der Theologie die mystische Erfahrung dem Gläubigen einen direkten Weg zu Gott finden ließ. Die scheinbaren Schwärmer waren die ersten modernen Mahner vor der Katastrophe eines umfassenden Naturverlustes.

Die drei philosophischen Außenseiter waren in ihrer Abwehr der Gegenwart Verwandte der Romantik auch darin, dass sie vom Gefühl aus dachten. Aber sie interessierten sich dafür, was es für sie bedeutete, dieser eine bestimmte Mensch zu sein. Sie nahmen sich und ihre Existenz sehr ernst. Das war der Ausgangspunkt ihrer Suche, die zu drei Philosophien über das Leben führte, drei Weisen, sich selbst in einem emphatischen, durchdringenden Sinne zu verstehen und auf diese Weise seine Identität zum Ausdruck zu bringen. Werde, der du bist, das war das Motto der Einzigartigkeit und ihrer Legitimation. Davon konnten Frauen nur träumen, deren Lebenslauf an der Seite von Männern nicht mehr in ihrer Hand lag.

Ein Gefühl stieß die drei philosophischen Konterrevolutionäre in eine unbekannte Richtung. Ihre Umsturzpläne galten der Innenwelt. Hier wollten sie jede Fremdherrschaft brechen, die durch Konventionen und Kultur, durch existentielle Nachlässigkeit und wissenschaftlichen Größenwahn, Funktionalität und Objektivität errichtet worden war. Gegen diese Feldherrn des auftrumpfenden modernen Ich, dessen Schattenseite ein tragischer Selbstverlust war, zogen sie in den Kampf. Sie waren einerseits sensibel und aufmerksam genug, sich die Entdeckungen, die auf sie warteten, nicht entgehen zu lassen. Doch konnten sie andererseits nicht verleugnen, dass auch sie Männer waren, ausgestattet mit den üblichen Attributen des stolzen Geschlechts, hochfahrend, überzeugungssüchtig, kompromisslos, wenn es um die Wahrheit ihrer Gedanken ging.

Da sie sich ernst nahmen als Individuen, die einst Kinder gewesen waren, irritiert, verletzt und verloren, initiierten sie eine kurze Revolution in der Philosophie des 19. Jahrhunderts. Unter einem enormen inneren Druck der Selbstfindung und Selbstbehauptung wurden sie zu außeruniversitären Experten der Existenz. Philosophie und Biografie fielen bei ihnen zusammen. Das eigene Leben, alles, was in seinem Gefolge mitlief, Drang, Trieb, Sexualität, Begehren, Stimmungen, trat mit diesen Selbstdenkern, die sich über ein Jahrhundert hinweg die Hand zu reichen schienen, mit raschem Schritt in den Vordergrund. Mit ihnen wirbelten am Rande der modernen Entwicklung Gefühle hoch, die in der jungen technisch-wissenschaftlichen Lebensanschauung keine Rolle spielten und von den Männern, die Geschäfte machten und Kriege führten, gerne den Frauen in den Schoß gelegt wurden. An dieser anthropologischen Arbeitsteilung hat auch die Literatur des 19. Jahrhunderts nach besten Kräften mitgewirkt.

Obwohl Schopenhauer, Kierkegaard und Nietzsche nicht besser von den Frauen redeten als die meisten ihrer Geschlechtsgenossen, spielten sie bei ihnen insofern eine wichtige Rolle, als die scheinbare weibliche Domäne des Fühlens und Erlebens in ihren Werken ihr Recht behauptete. Der Bruch, den die drei Philosophen mit der Inthronisierung des Selbstgefühls und der Leidenschaften markierten, wies deutlich genug darauf hin, dass die Geschichte der Philosophie eine Abfolge von Gedanken war, die sich Männer gemacht hatten, die zwar mit Frauen ins Bett gingen und sich von ihnen umsorgen ließen, jedoch unter sich blieben, wenn es galt, Ideen und Theorien auszutauschen und durchzusetzen.

Das Selbst, um das die Gedanken der drei Solitäre kreisten, ließ sich nicht in Vorstellungen fixieren, die gebündelt so etwas produzieren würden wie Selbsterkenntnis, ein persönliches Porträt, eine kartografierte psychische Instanz. Das Selbst in ihrem Sinne, so unterschiedlich es von ihnen wahrgenommen und beschrieben wurde, war ein Gefühl, eine Beziehung, ein Drang, es war bei Schopenhauer eine Energie, die sich in einer individuellen Form zeigte, es war bei Kierkegaard ein Verhältnis, das nur in einer Art Dauerreflexion zu sich finden konnte, und es war bei Nietzsche ein Machtanspruch, der sich ungehemmt im Leben verwirklichen wollte.

Der Gedanke liegt nahe, dass die Existenz für sie auch deshalb philosophisch bedeutsam wurde, weil sie die Erfahrungen, die sie mit ihren Gefühlen und mit den Frauen, mit Mutter, Schwester und Geliebten, gemacht hatten, ernster zu nehmen gezwungen waren als die traditionellen Philosophen. Wenn die Vernunft das letzte Wort hatte, trennten sich Gefühl und Geist, Frau und Arbeit, Lieben und Denken, Begehren und Rationalität. Die Rangordnung der Geschlechter wurde festgeschrieben. Der Einwand, dass die Geschichte der Philosophie eine Geschichte der Macht und der Herrschaft von Männern sei, hat sich seit dem Auftritt der drei Junggesellen nicht mehr von dem Tisch wischen lassen, an dem Männer über die Wahrheit, das Sein und das Nichts redeten, aber nicht über ihre Existenz und ihre Leidenschaften.

Nach dem Diktum Hegels, die Philosophie sei ihre Zeit in Gedanken erfasst, ließe sich sagen, dass die Philosophiegeschichte der Spiegel einer Geschichte ist, in der Männer die Gedanken ihrer Zeit prägten. Die Folgen sind noch heute zu spüren. Das soziale Pendant einer Vernunft, die alle Menschen auch gegen deren Willen als potenzielle Träger universalistischer Ansprüche gleichstellte, ist die Rationalisierung der Lebensbereiche. Dass Hegel die Vernunft zum Weltgeist erhob, der sich durch Träumer, Künstler und Frauen nicht aus seiner Führungsposition vertreiben ließ, war zwar philosophisch konsequent, aber eben auch ein Trauerspiel an nachgiebiger, das heißt vernünftiger Einsicht in das historisch Unabänderliche. Die Männer, die die Geschichte gemacht hatten, konnten bei ihm nachlesen, dass die Geschichte, insbesondere die Moderne, letztlich einer monströsen Vernunft folgte, deren Statthalter sie selber waren.

Karl Marx, der die Gesellschaft des Kapitals umkrempeln wollte, lernte von Hegel, dass die Geschichte dank der Widersprüche zu einem endgültigen Ziel fortschreiten würde. Die Widersprüche einer bestimmten Epoche würden sich durch die Dynamik des Fortschritts auflösen und den gesamten historischen Prozess zu einem guten Ende führen. Die ehemalige christliche Heilsgeschichte, dass am Ende der Geschichte Gott und die Erlösung vom Bösen stünden, verwandelte sich in ihrer modernen bürgerlichen Fassung in einen geraden Weg zum wissenschaftlich-technischen Sonnenstaat, in dem nicht das Böse, sondern die Natur besiegt sein würde. Dass diese Aussicht den Untergang der Welt bedeuten würde, fiel den Fortschrittsgläubigen nicht auf.

Die Natur hatte in diesem tödlichen Drama der Vernünftigen von Anfang an die Rolle der Leidtragenden gespielt. Dass Nietzsche, Schopenhauer und Kierkegaard gerade im 19. Jahrhundert, in dem die Industrialisierung sich massiv durchsetzte, der Vernunft Einhalt geboten und der Anarchie und Souveränität des Lebens zu ihrem Recht verhalfen, war kein Zufall, sondern ein indirekter Akt des existenziellen Widerstands gegen die Einebnung des Menschen in die expandierende Rationalität. Ihr Erscheinen war eine Unterbrechung der unerbittlichen Dynamik von Technik und Wissenschaften, ein kurzes Innehalten. Aber ihre Einwände gegen Rationalität und Objektivität führten nicht zur Umkehr. Der Druck der Geschichte war zu groß. Der Fortschritt rollte wie eine Lawine weiter und verwandelte Dinge in Waren, Menschen in Arbeitskräfte und die Natur in eine Ressource. Hegel starb, aber der Weltgeist blieb vernünftig und modern, die Geschäfte liefen auf internationaler Ebene. Opfer dieses Prozesses, der sich seine eigene Wirklichkeit erschuf und an ihr kleben blieb, wurden die Natur und das Selbst, wie es die drei philosophischen Außenseiter gedacht hatten.

Das geschah in der alten Welt. In der neuen ließ sich eine parallele Erscheinung beobachten. Auch hier, unter ganz anderen geschichtlichen und kulturellen Bedingungen, wurde früh im 19. Jahrhundert der Appell laut, seinem eigenen Selbst mehr zu folgen, statt dem Druck der Tradition nachzugeben, der göttlichen Natur mehr zu vertrauen statt dem kalkulierenden Geist. 1836 veröffentlichte Ralph Waldo Emerson, 33 Jahre alt, sein erstes Buch *Nature*. Die Vereinigten Staaten waren noch damit beschäftigt, den Vormarsch der Siedler zu unterstützen und die Indianer mit Gewalt zurückzudrängen. Mit der Ausgeglichenheit und Frische eines morgendlichen Spaziergängers dachte Emerson über die wahre Kultur des Geistes und den umfassenden Geist der Natur nach, was auf eine Art Siedlerphilosophie des amerikanischen Lebens und Selbstbewusstseins hinauszulaufen schien. Der Mensch war, wenn etwas Geniales in ihm steckte, ein Schöpfer von Ideen, die die Menschheit als geistige Entität bereicherten, ähnlich wie die Natur reich an Wundern, göttlichen Botschaften war.

Emersons Buch hatte das geistige Format einer poetisch-philosophischen Unabhängigkeitserklärung, sich vom Druck der europäischen Philosophie zu befreien, von den alten Lasten, die in der Neuen Welt keinen Nutzen mehr hatten und nur die Einsicht in das Neue verstellten, so, wie Schrankkoffer zum Wandern untauglich sind. Philosophie war für Emerson eine moderne Form säkularisierter religiöser Rede, die der Erhebung des Gemüts und des Herzens dienen sollte, eine Art Predigt über die eigene Freiheit, die eigenen geistigen Möglichkeiten, das unerschlossene Land eines freien Selbst. Seine Vorträge dienten dazu, die Ehrfurcht vor den Ideen der Menschheit und der menschlichen, der eigenen Größe zu wecken und das Gefühl für das eigene Selbst wachzuhalten, und dies in einem Land, das zum Paradies der Geschäftstüchtigen wurde und wo der Pragmatismus sich bald als lebensphilosophische Grundhaltung durchsetzen würde. Dennoch fand Emerson Gleichgesinnte. Walt Whitman legte 1855 eine erste Ausgabe der *Leaves of Grass* vor, die dann auf Deutsch unter dem Titel *Grashalme* erschien. Diese Dichtung war Amerikas lyrischer Gründungsakt. Der zweite Gedichtzyklus darin hieß »Song of Myself«, Gesang meiner selbst.

Nietzsche hat Emersons Philosophie der Neuen Welt gefallen. »Vier sehr seltsame und wahrhaft dichterische Menschen waren es in diesem Jahrhundert«, schrieb er 1882 in *Die fröhliche Wissenschaft*, »welche an die Meisterschaft der Prosa gereicht haben, für die sonst dies Jahrhundert nicht gemacht ist – aus Mangel an Poesie, wie angedeutet. Um von Goethe abzusehen, welchen billigerweise das Jahrhundert in Anspruch nimmt, das ihn hervorbrachte: so sehe ich nur Giacomo Leopardi, Prosper Mérimée, Ralph Waldo Emerson und Walter Savage Landor, den Verfasser der Imaginary Conversations, als würdig an, Meister der Prosa zu heißen.«[51]

Als Student in Leipzig hatte er Emersons Werk kennengelernt. In einem Brief an Carl von Gersdorff vom 7. April 1866, aus Naumburg geschickt, schwärmte er: »Lieber Freund, gelegentlich kommen Stunden jener ruhigen Betrachtung, wo man in Freude und Trauer gemischt über seinem Leben steht, ähnlich jenen schönen Sommertagen, die sich breit und behaglich über die Hügel hinlagern, wie Emerson sie so vortrefflich beschreibt: dann wird die Natur vollkommen, wie er sagt, und wir: dann sind frei wir vom Banne des immer wachenden Willens, dann sind wir reines, anschauendes, interesseloses Auge.«[52]

Hier sprach ein junger Mann, der es leid war, seine Jugend unter dem Diktat der Pflichten, unter dem Druck des Fleißes, unter einer Ethik der Leistung hinzubringen, er wollte raus an die frische Luft, weg von den staubigen Büchern. Und hier sprach ganz offensichtlich ein junger Mann, der Schopenhauer gelesen hatte. Er war 22 Jahre alt und würde noch eine Weile durchhalten müssen, bis ihm der ersehnte Ausstieg aus der bürgerlichen, der alten Welt gelang. Wie seine neue Welt aussehen würde, das wusste er nicht.

Der Ton der drei Selbstdenker ist manchmal zu laut, wie bei jemandem, der unter Argumentationsdruck steht und doch recht behalten will, ohne sich mit der Mehrheit gemeinzumachen. Das bessere Argument ist weder ein Ausweis einer eigenen Identität, noch lässt sich die eigene Identität mit besseren Argumenten behaupten. Es geht nicht nur darum, zu überzeugen. Das Überreden spielt eine große Rolle. Die Sätze der drei Außenseiter nehmen gelegentlich die Form von Spiralen an, sie gehen nicht direkt auf ihr Ziel los und schlagen lieber lange Umwege ein, auf denen es ihnen besser zu gelingen scheint, ihre Ansichten darzulegen. Denken heißt für sie auch, eine bestimmte Stimmung zu erzeugen, den Leser in einen Sog hineinzuziehen. Auf jeden Fall waren Schopenhauer und Kierkegaard große Redner, Intellektuelle, die im Gespräch zu überwältigen wussten. Der Rechthaber Schopenhauer redete sich in Rage, wie seine Mutter zu ihrem Leidwesen berichten konnte. Der Fluss der direkten Rede, der mündlichen Auseinandersetzung, prägte den schriftstellerischen Stil der beiden.

Die Angriffslust der drei Gedankenkünstler wirkt hin und wieder wie ein Anfall von Größenwahn, als würden sie von vornherein ausschließen, dass ein gleichwertiger Gegner auftauchen und sie widerlegen könnte. Wie hätte er sie auch kritisieren können, ging es doch um sie selbst. Ihr Temperament schlug zeitweilig in Hysterie um, wie es immer dort geschehen mag, wo ein Leben verzweifelt und in unauflösbarer Einsamkeit um Nähe und Erlösung kämpft. Diese Erfahrung macht jedes Kind, das bei Erwachsenen auf Unverständnis trifft, und jeder Angeklagte, der sich unschuldig weiß und den Richter nicht überzeugen kann. Nur Kafkas Josef K. lässt sich am Ende von *Der Prozess* ohne Gegenwehr von seinen Verfolgern, Handlangern eines höheren Gerichts, ermorden, als wäre Selbstbehauptung als Überlebenschance in der Welt nicht mehr vorgesehen. Wo der Kampf um die Identität aufhört, hat das System gewonnen.

Noch der Wahn erscheint wie ein ungezügelter, exzentrischer Eigensinn. Dass Nietzsche verrückt wurde, war nicht nur konsequent im Sinne einer körperlichen Disposition, die ihn kein anderes Schicksal finden ließ. Die tragische Entwicklung seiner geistigen Gesundheit entsprach einer intellektuellen Biografie, die aus dem Rahmen konventioneller Theorien fiel. Seine Ideen sprengten den Bestand von Gemeinsamkeiten, die seine Zeitgenossen teilten.

Ein Extremist war auch Søren Kierkegaard. Er kam nicht in eine Heilanstalt, aber er beharrte auf einer sehr eigenwilligen Kommunikationsform, bei der er sich als Autor hinter Pseudonymen versteckte. Er starb früh, mit 42 Jahren, in einem Alter, in dem Nietzsche sich für geistig intakt hielt, Zimmer in einfachen Pensionen mietete, als ärmlicher Gast in Cafés saß, Reisen in den Süden oder in die Berge plante, Zugfahrkarten kaufte, über den schlechten Verkauf seiner Bücher klagte und mit seinem Verleger haderte. Kierkegaard war bis zum letzten Atemzug ganz bei sich, und dies mit einer Intensität, wie sie nur wenigen Menschen eigen ist. Er wusste genau, was er tat, als er in den Kampf gegen die dänische Amtskirche zog. Dass ein Pfarrer zu seinem Sterbebett käme, lehnte der ehemalige Student der Theologie ab. Mit der Amtskirche wollte er sich auch in der letzten Stunde auf keinen Kompromiss einlassen. Er war sehr konsequent, freundlich, vor allem zu Kindern, aber auch unerbittlich ernst, wenn es um sein Leben und sein Seelenheil ging. Für das Christentum war er ein Gewinn, für die christlichen Gemeinden eine Provokation.

Schopenhauers Philosophie war, verglichen mit der Philosophie der beiden anderen Außenseiter und trotz des schwierigen Charakters ihres Schöpfers, die sanfteste, geradezu versöhnlich in ihren Intentionen, kein Gebirge, auf das nur wenige Bergsteiger es schaffen, sondern ein Fluss, in den alle Touristen auf Erden eintauchen können. Als Kierkegaard 1855 viel zu früh starb, war Schopenhauer 67 Jahre alt und saß bewegungslos da, weil Künstler sich bei ihm gemeldet hatten, die sein Porträt malen wollten. Nietzsche war elf Jahre alt, ein fleißiger Schüler, der gerade dabei war, von der Bürgerknabenschule auf das Domgymnasium in Naumburg zu wechseln.

Kierkegaards Tagebücher sind vom gleichen intellektuellen Rang wie seine Werke und von großem psychologischem Scharfsinn. Er bestand darauf, nicht alles über sich verraten zu haben, nicht einmal im Tagebuch. Er rechnete mit der Nachwelt und gab sich nicht preis, ja, er kalkulierte mit der späten Neugierde, die sich auf seine Tagebücher stürzen würde, um zu erfahren, wer und wie er wirklich gewesen war. Er verschloss die letzte Kammer seines Herzens mit jungfräulicher Entschlossenheit.

Wie Ehefrauen das Tafelsilber zum Mittagessen am Sonntag polierte Nietzsche jeden Satz. Als Briefschreiber aber zeigte er sofort und unumwunden seine seelischen Verletzungen. Die Diskrepanz zwischen dem beleidigten und verletzten Briefschreiber und dem Autor hochfahrender, umstürzlerischer Werke ist umso auffallender, als Nietzsche keine wissenschaftlichen Werke schrieb, hinter deren Objektivität sich der

Verfasser als Mann, mit seinen Schwächen und Stärken, mit seinen Wünschen und Leidenschaften, verstecken konnte, sondern eine Umwälzung der Lebenseinstellungen initiierte und einen Befreiungstanz aufführte.

Entgegen ihrer revolutionären Rolle in der Philosophie, dachten die drei einsamen Männer politisch konservativ, sie waren Traditionalisten, Gegner einer unberechenbaren Moderne, der Demokratie, der Gleichheit, als hätten sie Berührungsangst vor sozialen Kräften, die sie ihrer Unschuld und Freiheit als Privatiers berauben könnten.

Wie die politische Zukunft Europas aussehen konnte, das zeigte sich in Nordamerika. Im Auftrag der französischen Regierung fuhr im Jahr 1831 der junge französische Adelige Alexis de Tocqueville in die Vereinigten Staaten, um dort das Rechtssystem und den Strafvollzug zu studieren. Die Reise brachte folgenreiche Erkenntnisse über Freiheit und Gleichheit in der Neuen Welt. Seine Beobachtungen und Analysen fasste Tocqueville in dem Buch *Über die Demokratie in Amerika* zusammen, das 1835 erschien und 1840 um einen zweiten Band erweitert wurde. Das Buch wurde rasch zum Grundlagenwerk des Liberalismus, jener politischen Doktrin, die die Freiheit vor der Gleichheit zu schützen versuchte. Von den politischen Zuständen in der Neuen Welt hielt Schopenhauer wenig. In den *Parerga und Paralipomena* schrieb er im Kapitel »Zur Rechtslehre und Politik«, dass der Erfolg der Demokratie in Amerika sehr zu wünschen übrig lasse, »bei aller materiellen Prosperität des Landes, finden wir daselbst als herrschende Gesinnung den niedrigen Utilitarianismus, nebst seiner unausbleiblichen Gefährtin, der Unwissenheit, welche der stupiden anglikanischen Bigotterie, dem dummen Dünkel, der brutalen Rohheit, im Verein mit einfältiger Weiberveneration, den Weg gebahnt hat. Und sogar noch schlimmere Dinge sind dort an der Tagesordnung, nämlich himmelschreiende

Negersklaverei, verbunden mit äußerster Grausamkeit gegen die Sklaven, ungerechteste Unterdrückung der freien Sklaven, *lynchlaw,* häufiger und oft ungestrafter Meuchelmord ...«[53]

Mit der Souveränität von Junggesellen, die daheim allein regieren, hielten die drei philosophischen Außenseiter fest am Adel des Geistes, der sie über die Niederungen der Vereinigung erhob, und an einem alles beherrschenden Gefühl für das eigene Selbst, sie waren psychologisch und politisch Monarchisten, Anhänger von sozialen Hierarchien und geistigen Rangunterschieden, als müssten sie auf diese Weise die übliche Rolle eines ehelichen Hausvorstandes ausleben. Warum hätten sie sich auf die Seite von Karl Marx und der Arbeiterklasse schlagen sollen? Aus Einsicht in die Ungerechtigkeiten des kapitalistischen Produktionsprozesses, wie er in England auf Hochtouren lief? Aus Mitleid mit den Ausgebeuteten und Armen? Das Leben war ihrer Ansicht nach nur für Buchhalter ein Verteilungsproblem. Und gerade Buchhalter waren die drei intellektuellen Aristokraten eben nicht. Auch sie mussten mit der Last ihres Selbst und der Lücke an ihrer Seite fertigwerden.

5

Die Wahrheit ist subjektiv

Kierkegaards Glaube an den Einzelnen

Søren Kierkegaard, geboren am 5. Mai 1813 in Kopenhagen, war der jüngste Sohn des erfolgreichen Kaufmanns Michael Pedersen Kierkegaard, der sich aus ärmlichen Verhältnissen emporgearbeitet hatte und 1838 im Alter von 82 Jahren starb. Der Vater hatte zweimal geheiratet. Seine zweite Frau, Anne Sørensdatter Lund, musste er nicht lange suchen, sie hatte als Magd in seinem ersten Haushalt gearbeitet. Die übliche Abfolge christlicher Familienplanung geriet bei ihnen etwas durcheinander. Schon vier Monate nach der Trauung wurde das erste Kind geboren. Søren war das letzte von sieben Kindern, von denen fünf vor Vollendung ihres Lebensjahres starben. Anne war bei seiner Geburt 45 Jahre alt. Sie starb vier Jahre vor ihrem Ehemann. Kierkegaard soll noch als Fünfzehnjähriger an ihrem Rockzipfel gehangen haben. So berichtet es der Religionsphilosoph Hans Brøchner in seinen *Erinnerungen*.

Nach dem Gymnasium studierte Kierkegaard Theologie, das Studium schloss er 1840 ab. Seine Dissertation *Über den Begriff der Ironie mit ständiger Hinsicht auf Sokrates* legte er 1841 vor. Da war er 28 Jahre alt. Der junge Mann schätzte gute Kleidung, Tabak und gutes Essen. Er ging gerne in Restaurants. Erst nach dem Tod des Vaters hat er sich beeilt, mit dem Studium fertig zu werden. Er wurde nicht Pfarrer, was konsequent gewesen wäre und ihm Pflichten und Aufgaben beschert hätte, sondern ein philosophisch-theologischer Schriftsteller, mit viel Muße zum Schreiben, die er sich dank des väterlichen Erbes nehmen konnte. Einkünfte aus zahlreichen Schriften kamen hinzu, obwohl seine Leserschaft nicht

sehr groß gewesen sein soll. Bis zum frühen Tod 1855 veröffentlichte er in schneller Abfolge ein Buch nach dem anderen, meistens mehrere Bücher in einem Jahr. Kierkegaard
hat am Ende seines Lebens Schopenhauer gelesen, *Die Welt
als Wille und Vorstellung* und Schopenhauers Auslassungen
über eine Ethik. Obwohl ihm Schopenhauers Stil gefiel und
er mit Gefallen las, wie der Deutsche über die Universitäts-
philosophie schimpfte, hat er an ihm doch auch einiges aus-
zusetzen gehabt, was auf der Hand liegt, da Kierkegaard ja
Christ war und Schopenhauer sich der indischen Weisheitslehre nahe fühlte. Dass das Leben Leiden sei, mochte der
Däne nicht behaupten. Mit der Mitleidsethik Schopenhauers
und dem Lob der Askese konnte er nicht viel anfangen, er
fand sie widersprüchlich, so wie er ihm vorwarf, entgegen seiner hochgemuten Abkehr von den Staatsphilosophen selber
viel zu sehr nach Anerkennung gegiert zu haben, statt sich
souverän über die mittelmäßigen Geister, die sich so erhaben
dünken, hinwegzusetzen.

Kopenhagen war groß genug, um einige interessante Köpfe,
wie den ehemaligen Hegelianer Rasmus Nielsen, der später
zu Kierkegaard überschwenkte, oder Poul Martin Møller, den
geschätzten Lehrer Kierkegaards, zu beherbergen, und doch so
klein, dass Kierkegaard wegen einer aufgelösten Verlobung in
aller Munde geriet. Auf sein erstes, umfangreiches Buch, das
1843 erschien, mit dem etwas reißerischen Titel *Entweder –
Oder* hat der junge Autor sofort die Aufmerksamkeit der Öffentlichkeit gezogen. Er wurde sogar in einer Komödie für
Studenten auf die Schippe genommen. Dort tritt er als Soren
Kirk auf. Der Verfasser des Schwanks war Christian Hostrup,
der Kierkegaard bald ernster nahm, als die Komödie vermuten
lässt. Nachdem der Philosoph gestorben war, wechselte der
Komödiendichter den Beruf und wurde Pfarrer.

Søren Aabye Kierkegaard (1813–1855)

Rund ein Jahrzehnt nach der Veröffentlichung des Erstlings stand er wieder im Mittelpunkt aller, weil er sich mit der dänischen Amtskirche und deren Repräsentanten anlegte, die nach seinem Verständnis aus dem Christentum eine besinnliche Sonntagsveranstaltung machten.

Sein christliches Ideal waren die Apostel und Märtyrer, die ihr Leben für das Christentum hingaben. Sie waren im Besitz der Wahrheit und lebten unter Heiden. Konflikte mit der Umwelt waren vorprogrammiert. Ein Christ unter Christen befand sich nicht in einer Lage, aus der ihm das Recht zukam, sich für die Wahrheit des Christentums totschlagen zu lassen. In einer kleinen Studie zog er daraus die Pointe, wer jetzt darauf dränge, sich für die Wahrheit umbringen zu lassen, der handle kontraproduktiv, weil er die Mörder durch diese Tat in die Sünde ziehe. Aus Menschenliebe, um diese Sünde zu vermeiden, sei es besser, mit der Wahrheit zu leben, statt mit der Wahrheit unterzugehen. Ein Christ stieg nicht auf die Barrikaden, und er begann keinen Bürgerkrieg. Der kleine schmächtige Mann rechnete damit, durch den Angriff auf die Amtskirche den Zorn des Volkes auf sich zu ziehen. Mutwillig begab er sich nicht in Gefahr. Aber ohne Risiko ließ sich die Amtskirche nicht herausfordern. Nichts lag ihm ferner als ein Krieg. Ihm ging es um die Wahrheit.

Sein Leben lief dahin, ohne eine Frau an der Seite, ohne eigene Kinder. Eine große Liebe stürzte ihn ins Chaos. Sie hieß Regine Olsen, Tochter aus gutem Haus. Von ihr trennte er sich, nicht lange nachdem die beiden sich verlobt hatten. Die letzten Gründe für die Auflösung der Verlobung liegen im Dunkeln, wie so vieles bei dem Junggesellen. Dem Freund Emil Boesen schrieb er unmittelbar nach der Trennung: »Gott sei gelobt, dass ich das Verlöbnis nicht um meinetwillen gelöst hatte, dann hätte es mich übermannt … Um ihretwillen habe ich es gelöst. Das wurde mein Segen. Und wenn ich am allermeisten litt, wenn mir alles geschwunden war, dann rief ich laut in meiner Seele: war es nicht gut, war es nicht ein Glück des Himmels, dass es Dir gelang, das Verlöbnis zu lösen. Wäre es bestehen geblieben, wärest du nur eine lebenslängliche Plage für sie geworden.«[54]

Die Nachbarn verlobten sich und heirateten. Die Romane waren voll mit solchen erfolgreichen Geschichten. Einem schwierigen Charakter wie ihm halfen diese Vorbilder nicht. Er fühlte sich Gott verpflichtet und wollte die Mitmenschen zu besseren Christen erwecken. Die Aufgabe beanspruchte seine ganze Energie. Für eine Ehefrau und Sorgen um einen kinderreichen Haushalt blieb da kein Platz.

Die sitzen gelassene junge Frau hat erleben müssen, dass ihre traurige Verlobungsgeschichte im *Tagebuch des Verführers*, das einen Teil von *Entweder – Oder* bildet, ausgiebig geschildert wurde. Die Verführte hieß jetzt Cordelia. Ganz Kopenhagen, soweit es Bücher las, ein Ohr für den Stadtklatsch hatte und hinter dem Pseudonym des fiktiven Herausgebers Victor

Eremita, der siegreiche Einsiedler, Kierkegaard ausfindig gemacht hatte, konnte sich jetzt einreden, Bescheid zu wissen. Aber was wussten sie? Die Geschichte, die hier erzählt wurde, war kompliziert und nahm dämonische Züge an, wie in den Erzählungen der Romantiker, die Kierkegaard gefielen. Der Verführer hieß Johannes. Er observierte Cordelia wie ein Spion, der sein Opfer so lange verfolgt und aushorcht, bis er seiner Sache sicher ist und zur Tat schreitet. Er verlobte sich mit ihr, nur um die Verlobung kurz darauf wieder zu lösen, weil wahre Liebe keiner bürgerlichen Fesseln bedürfe. Dieser Johannes glich einem modernen Don Juan, einer Erscheinung, die die Phantasie der Leser erregen und ihnen ein leichtes Gruseln einjagen konnte, das sich dann wie ein schweres Gewicht auf ihre Empörung legte. Kierkegaard blieb wegen der aufgelösten Verlobung mit Regine Olsen unglücklich und von Gewissensqualen bedrückt, und als sie zwei Jahre später einen hohen Beamten heiratete, kam Eifersucht hinzu.

Regine Olsen (1822–1904)

Einige Male war er in Berlin, wo er auch kurze Zeit studierte. Im Jahr 1841 setzte er sich in Schellings Berliner Vorlesung über die Philosophie der Offenbarung. Unter den erwartungsvollen Zuhörern waren Jacob Burckhardt, Friedrich Engels, Michail Bakunin, Leopold Ranke und Alexander von Humboldt. Kierkegaard fand die Vorlesung bald langweilig und ging nicht mehr hin. Hegel, dessen Einfluss bis nach Dänemark reichte, hielt er für interessanter. Der Philosoph der Weltvernunft kommt in der *Abschließenden unwissenschaftlichen Nachschrift* auch immer wieder vor. Als Brøchner ihm eines Tages erzählte, seit Hegels *Wissenschaft der Logik* habe kein Buch seine Gedanken so angeregt wie *Entweder – Oder*, war Kierkegaard ganz offensichtlich geschmeichelt.

Abgesehen von den Aufenthalten in Berlin und Ausflügen in die ländliche Umgebung Kopenhagens, lebte er wie das schwarze Gewissen seiner Mitbürger in der dänischen Hauptstadt, wenn er auch häufig die Wohnung wechselte, weil er durch Lärm und Gerüche, die Handwerker verbreiteten, beim Arbeiten gestört wurde. Bei diesen Gelegenheiten fuhr Kopenhagens schwarzer Schatten den ganzen Tag in der Kutsche spazieren, und wenn er abends in die neue Wohnung kam, hatte sein Diener schon den Umzug besorgt und stand das Essen auf dem Tisch. Sogar die Bücher sollen geordnet in der Bibliothek gestanden haben.

Ein guter Tag ist ein normaler Tag, und Bedächtigkeit ist die kleine Schwester der Verlässlichkeit. Kopenhagen brütete vor sich hin. Bis dieser Kauz auftauchte und die Dinge aus dem Gleis gerieten. Von Weitem mochte er verträglich aussehen. Mit jedem Schritt, der ihn näher kommen ließ, nahm die Spannung derer zu, die ihm gleich begegnen würden. Es war kompliziert, mit ihm durch Kopenhagen spazieren zu gehen. Seine Beine waren ungleich lang, weshalb er keinen geraden Weg einhalten konnte, und dann fuchtelte er noch beim Reden mit den Armen um sich, sodass sein Begleiter ständig an die Seite gedrängt wurde. Reiten konnte er auch, aber er machte auf dem Pferd keine glückliche Figur. Er konnte sich dort droben auf dem Pferderücken nicht entspannen und seinen Gedanken nachhängen.

Die Suche nach dem Selbst war auch für ihn schwierig, und das Selbst dann festzuhalten war nicht weniger vertrackt. Der erste Satz der Schrift *Die Krankheit zum Tode* zeigt den Weg, den Kierkegaard dabei ging. Er schrieb: »Der Mensch ist Geist. Aber was ist Geist? Geist ist das Selbst. Aber was ist das Selbst? Das Selbst ist ein Verhältnis, das sich zu sich selbst verhält, oder ist das im Verhältnis, daß das Verhältnis sich zu sich selbst verhält; das Selbst ist nicht das Verhältnis, sondern daß das Verhältnis sich zu sich selbst verhält. Der Mensch ist eine Synthese von Unendlichkeit und Endlichkeit, von Zeitlichem und Ewigem, von Freiheiten und Notwendigkeit, kurz eine Synthese. Die Synthese ist ein Verhältnis zwischen Zweien. So betrachtet, ist der Mensch noch kein Selbst.

Im Verhältnis zwischen Zweien ist das Verhältnis das Dritte als negative Einheit, und die Zwei verhalten sich zum Verhältnis und im Verhältnis zum Verhältnis; dergestalt ist unter der Bestimmung Seele das Verhältnis zwischen Seele und Leib ein Verhältnis. Verhält sich hingegen das Verhältnis zu sich selbst, so ist dieses Verhältnis das positive Dritte, und dies ist das Selbst.«[55]

Kierkegaard war ein eminent dialektischer Kopf. Aber auch eine Jahrhunderterscheinung zaubert nicht alle Ideen aus dem Hut des Geistes wie weiße Kaninchen. Er hat seine Kindheitserlebnisse zu bewältigen, die ihn über den Tag hinaus prägten, ohne dass das Kind verstand, was da geschah und was sich hier entwickeln konnte. Die Muster eines Denkens kamen aus den Stimmungen eines Geistes.

Mehrmals hat Kierkegaard eine Szene beschrieben, in der er

als kleiner Junge und sein Vater die Hauptrollen spielten. Der Junge möchte rausgehen, der Vater möchte zu Hause bleiben. Der Junge möchte draußen etwas erleben, Menschen und Dinge sehen, der Vater möchte sich nicht unter die geschäftigen Menschen mischen und sich irgendwelche Dinge ansehen. Er nimmt deswegen den Sohn an der Hand und läuft mit ihm im Zimmer auf und ab. Er tut so, als würden sie draußen herumspazieren. Er erzählt, was es zu sehen gibt, er grüßt Menschen, und je länger und intensiver er erzählt und so tut, als würden er und der Sohn draußen herumlaufen, umso eindringlicher steht dem Sohn alles vor Augen. Wie aus dem Nichts war jetzt drinnen alles da, was er draußen zu sehen erhofft hatte. Der Junge geht an der Hand des Vaters, er ist leibhaftig anwesend, hier drinnen. Und er geht an der Hand des Vaters irgendwo draußen in den Straßen spazieren, obwohl er doch drinnen, im Zimmer ist. Draußen ist er leibhaftig nicht anwesend. Und da merkte er vielleicht in einer hellen Sekunde, die den Schein, die Täuschung kurz unterbrach, dass er zweierlei war, leibhaftig anwesend und leibhaftig nicht anwesend, dass er zwar drinnen im Haus auf und ab lief, aber es ihm so vorkam, als wäre er nicht im Haus, sondern draußen auf der Straße. Er hatte ein Verhältnis zu sich, wie er leibhaftig neben seinem Vater einherging, er hatte ein Verhältnis zu sich, wie er nichtleibhaftig draußen herumlief und doch glaubte, er würde leibhaftig draußen sein, und er hatte ein Verhältnis zu diesem Verhältnis von drinnen und draußen und zu sich selbst, er merkte genau, wie er leibhaftig drinnen war und doch nicht drinnen war, weil er leibhaftig draußen war, wo er nicht war.

Wo war er selbst in diesem Chaos, wo war sein Selbst? Es war nicht drinnen, da war sein körperliches Ich, das noch so viel Geist hatte, zu glauben, das körperliche Ich sei nicht drinnen. Das Selbst war auch nicht draußen, da war sein geistiges

Ich, das noch so viel Körper hatte, dass es ihm so vorkam, als wäre es nicht drinnen. Das Selbst war auch nicht zwischen drinnen und draußen, Körper und Geist, weil zwischen den beiden kein Platz mehr ist für etwas anderes. Und doch muss es da etwas geben, eine ganz schmale Türschwelle, so, wie eine Grenze verlaufen muss zwischen drinnen und draußen, weil es sonst den Unterschied nicht gäbe. Später wird er sagen, dass sich Begriffe, gerade weil sie gedacht würden, nicht vermitteln ließen, sowenig wie Denken und Existieren eins werden könnten. Die Vermittlung, wie sie Hegel bis zum Exzess betrieb, war der Tod.

Die Grenze ist haarfein und manchmal nicht zu sehen und zu spüren, wie der Sohn selbst erlebte, als er an der Hand seines Vaters durch das Zimmer ging und glaubte, er ginge mit ihm durch die Straßen. Die Grenze ist in ihm, wenn er sich ihrer bewusst wird und darüber nachdenkt, so wie das Selbst, als Irritation und Gefühl, als Verhältnis eines Verhältnisses, erfahren wird, wenn es in die Reflexion über ein logisch unlösbares Problem eingeht und sich dort einnistet. Kindheitserfahrungen, klug bedacht, konnten große Folgen haben. Kierkegaard muss ein großartiger Lehrer im Alltag gewesen sein, eine menschenfreundliche Autorität, die ohne Didaktik und Besserwisserei Samen ausstreute und Pflanzen zog. Auf den Straßen Kopenhagens betrieb er psychologische Studien, zu denen sich seine Mitbürger ohne ihr Wissen bereitstellten. Sein Blick soll sehr ausdrucksvoll gewesen sein, und auch sein Lächeln.

Das kurze Leben, das ihm beschieden war, hat er ganz der schriftstellerischen Arbeit gewidmet und sich dabei immer heftiger und tiefer in das Christentum hineingegraben. Das Christentum war seine platonische Höhle, und hier beanspruchte er Hoheitsrechte.

Zum Christen hat er sich nicht erziehen müssen. Die Aufgabe, ihn in den christlichen Glauben einzufädeln, hatte der strenggläubige Vater übernommen. Das Christentum ist dem Sohn insofern nie fremd gewesen. Wie die meisten Christen hätte er sich nun einfach dem Niveau des Christentums anpassen können, das er in seiner Zeit als Maßstab vorfand. Die Pfarrer standen auf der Kanzel und predigten ein bestimmtes Christentum, und die Gemeinde hörte ihnen zu und nahm ein bestimmtes Christentum mit nach Hause und versuchte, das Leben danach auszurichten. Der Ablauf funktionierte recht gut, wenn auch nicht alles so reibungslos funktionierte, wie es den Anschein haben mochte. Brøchner erzählte Kierkegaard in einem Gespräch, dass er nicht mehr in die Kirche gehe, weil es dort immer zu Störungen komme, die verhinderten, dass er in eine andächtige Stimmung gerate. Um welche Art von Störungen es sich handelte, verriet er in seinen *Erinnerungen* nicht. Kierkegaard selbst hat den Kirchenbesuch erst gemieden, als er der Kirche den Kampf offen erklärt hatte.

Der Besuch des Gottesdienstes gehörte zur christlichen Erziehung, wie der Besuch einer Schule zur bürgerlichen Erziehung. Als junger Mann hat er sich um Fragen des Glaubens in eigener Verantwortung gekümmert, er ist nicht auf einem bestimmten Stadium des Glaubens stehen geblieben und war damit wie die meisten Christen zufrieden, sondern er gab sich ständig Rechenschaft darüber, warum er glaubte und was der Glaube für ihn bedeutete. Die Aussicht, dass er nur tun müsste, was alle taten, beruhigte ihn nicht.

Einem Eigenbrötler gelingt es nicht, Beziehungen zu anderen Menschen aufzubauen. So einer war er nicht, er war auch kein Einzelgänger, der Begegnungen mied, obwohl er gerne allein war, nachdachte und schrieb. Wenn die Feder nicht über das Papier eilte, eilten die Gedanken ohne Federführung durch seinen Kopf. An diesem Zustand höchster Aufregung änderte auch ein Spaziergang nichts. Hans Brøchner sagte ihm, er sei der älteste Mann, den er kennen würde, wenn die Länge des Lebens nach dem Inhalt gemessen würde. Auch dieser Ausspruch scheint ihm gefallen zu haben.

Seit wann genau er auf dem Weg war, ein Einzelner in seinem gloriosen Sinne zu werden, lässt sich nicht sagen, vorausgesetzt, ein Einzelner zu werden ist nicht nur eine intellektuelle Entscheidung, sondern auch das Ergebnis einer individuellen Existenz. Der Einzelne war nur Gott verantwortlich, nicht der Amtskirche, der Polizei oder den Gerichten Kopenhagens, nicht den Geboten eines zivilen Zusammenlebens, nicht dem kategorischen Imperativ und nicht der Menschheit. Er stand allein auf weiter Flur, ohne moralische Stütze durch die Mehrheit, ohne Anerkennung durch die Vernunft, ohne den Zuspruch eines Kirchenamtsträgers. Um ihn herum war nur das kosmische Meer, in ihm nur das innere Meer, und nur ein Licht, Gott. Und in dieser mitmenschlichen Leere schwirrte viel später, seit dem Jahr 1922, der Satz des nationalsozialistischen Verfassungsrechtlers Carl Schmitt durch die kalte Luft, dass souverän sei, wer über den Ausnahmezustand bestimmt.

Søren Kierkegaard nahm das Christentum sehr streng, er passte darauf auf wie ein Wanderer in der Wüste auf seine Flasche mit Wasser, und er setzte es absolut, weil es nichts anderes zu trinken gab und geben würde, und da überkam ihn das Gefühl, mit dieser Strenge und Absolutheit allein in seiner Zeit zu stehen, und die Kopenhagener, die nicht wussten, wie ihnen geschah, und noch ein paar Berliner Bürger, wie der tote Hegel, verschmolzen in seinen Augen zu einer sehr kompakten Einheit und sahen jetzt aus wie ein feindliches Heer, das im flimmernden Licht Stellung bezogen hatte.

Mit diesem Phantom wollte er sich nicht verbrüdern und gemeinmachen. Dann hätte er sich verraten und seine Aufgabe, die darin bestand, herauszufinden, wie er es schaffte, ein subjektiver, nur Gott verantwortlicher Mensch zu werden und ein gläubiger Christ zu bleiben. Ein Christ nahm die Bibel als Quelle des Glaubens ernst und sah in der Kirche den Statthalter Gottes auf Erden. Wenn er Reue empfand, weil er vom richtigen Weg abgekommen war, zeigte er damit, dass der christliche Glaube für ihn wichtig war und er sich nicht von ihm abgekehrt hatte. Ohne Reue, ohne Gewissensqual eine Sünde begangen zu haben bedeutete, dass der Sünder dem christlichen Glauben abgeschworen und alle christliche Hoffnung auf Vergebung und Erlösung aufgegeben hatte.

In Kierkegaards Buch *Entweder – Oder* schreibt ein treuer und gläubiger Ehemann, der ein verantwortungsvolles Leben zu führen versucht, an einen jungen Mann, der nur genießen und seinen Stimmungen nachhängen möchte, die mahnenden Worte: »Es ist das Zeichen eines wohlgearteten Kindes, daß es die Neigung hat, um Verzeihung zu bitten, ohne allzu sehr zu überlegen, ob es recht hat oder nicht, und ebenso ist es das Zeichen eines großmütigen Menschen, einer tiefen Seele, daß er zur Reue geneigt ist, daß er nicht mit Gott ins Gericht geht, sondern bereut und Gott liebt in seiner Reue. Ohne dies ist sein Leben nichts, nur wie Schaum auf dem Wasser. Ja, ich versichre Dir, wäre mein Leben ohne eigene Schuld derart in Kummer und Leiden eingeflochten, daß ich mich selbst den größten tragischen Helden nennen, mich an meinem Schmerz ergötzen und die Welt erschrecken dürfte, indem ich ihn nenne, meine Wahl ist getroffen, ich lege das Gewand des Helden und das Pathos der Tragödie ab, ich bin nicht der Geplagte, der auf seine Leiden stolz sein darf, ich bin der Gedemütigte, der seinen Frevel fühlt, ich habe nur einen Ausdruck für das, was ich leide – Schuld, nur einen Ausdruck für meinen Schmerz – Reue, nur eine Hoffnung vor meinen Augen – Vergebung. Und fällt es mir schwer, es zu tun, o, ich habe nur ein Gebet, ich würde mich zu Boden werfen und die ewige Macht anrufen, welche die Welt regiert, um *eine* Gnade, von früh bis spät, die, daß es mir gestattet sein möge, zu bereuen; denn ich kenne nur einen Kummer, der mich zur Verzweiflung bringen und alles in sie hinabstürzen könnte – den, daß die Reue eine Täuschung wäre, eine Täuschung nicht hinsichtlich der Vergebung, die sie sucht, sondern hinsichtlich der Zurechnung, die sie voraussetzt.«[56]

Das waren die selbstbewussten Worte eines Christen, der sonntags in die Kirche ging, als Bürger seine Pflichten erfüllte und den ganzen Tag und ein Viertel der Nacht, bis der Schlaf ihn überkam, von dem Gefühl getragen wurde, rechtschaffen zu sein, viel Gutes zu tun und das Beste zu wollen. Diese Ruhe des Gerechten, der den Rahmen ausfüllte, den Kirche, Amt und Würden ihm zogen, besänftigte Kierkegaard nicht. Etwas in ihm, Gefühl, Ahnung, Wissen, versetzte ihn in große Aufregung.

Ein Zweifler mochte sich einem nicht christlichen Leben überantworten mit der Absicht, den Glauben herauszufordern und seine Stärke, seine Autonomie zu prüfen, so wie ein Abenteurer, der sich in Gefahr begab, den Überlebenswillen herausfordern und die Lebenskraft prüfen mochte. Durch eine Sünde ließ sich herausfinden, ob ein Gewissen lebendig und zur Reue fähig war, ob der Sünder willens war, zum christlichen Glauben und einem geregelten, moralisch verantwortungsvollen Leben zurückzukehren. Gebote schafften eine Ordnung der Werte, durch die ein Tag Gewicht erhielt.

Dem Schludrian, der nicht glaubte, floss das Leben dahin wie Wasser, das sich an den Hindernissen vorbeimogelte, seicht und unangreifbar, wie die leeren Stunden im Büro oder das Nichtstun am Strand, bis es sich irgendwo staute und aufschäumte, eine Liebe begann, ein besonderer Vorfall sich ereignete, nur um danach wieder den gewohnten schlängelnden Lauf aufzunehmen. Verwandelte es sich in eine Stromschnelle, kam der Genießer nicht mehr zur Besinnung und stolperte hektisch von einem Höhepunkt zum nächsten.

Dem treuen und gläubigen Ehemann aus *Entweder – Oder* war das seichte und das schwindelige Leben unerträglich. Für den Gegenspieler, der sich dem Augenblick verschrieb, stand seine Absicht, den Neigungen zu folgen, höher als Gott und die Freiheit, höher als die Pflicht, die aus dem Glauben resultierte. Das ästhetische Verlangen triumphierte über das ethische Eingedenken. Der Rausch war verführerisch, die Einsicht gebieterisch. Der gläubige Christ, der sich in Gottes Obhut fühlte, konnte Gott nicht entkommen. Gott ließ sich nicht täuschen, nicht betrügen, anders als der Genießer, der sich von der Sinnlichkeit täuschen ließ und sich verlor, sich in Eindrücken auflöste, statt sich selbst zu gewinnen.

Diese Konstruktion des Ästhetischen und Ethischen als Gegensätze sah sehr schematisch aus, als würde Kierkegaard sich aus einem Sumpf herausziehen, sich zu einer wegweisenden Entscheidung treiben müssen. Ehemalige Alkoholiker sollen keinen Tropfen Alkohol mehr trinken. Die Sucht käme sofort zurück. Sie ist stärker als der Wille. Der Eindruck drängt sich auf, als hätte der junge Mann, das christliche Gewissen Kopenhagens, vor irgendeiner Macht Angst. Und dies, obwohl er an Gott glaubte. Mit dieser Macht ließ sich nicht verhandeln. Sie war bedingungslos, eisern.

Kierkegaards Vater war gläubig, aber auch schwermütig. Über ihn schrieb der Sohn 1846 in sein Tagebuch, ohne dass er ihn beim Namen nannte: »Das Entsetzliche mit jenem Mann, der einmal als kleiner Junge, als er Schafe hütete auf der jütischen Heide, viel Schlimmes erlitt, hungerte und verkommen war, auf einer Anhöhe sich erhob und Gott fluchte – und dieser Mann war nicht imstande, dies zu vergessen, als er 82 Jahre alt war.«[57]

Das Problem mit Gott war, dass er alles sah und hörte und

ein sehr gutes Gedächtnis hatte. Das wussten die Katholiken und die Protestanten. Was half es dem Vater, wenn er etwas vergaß, das Gott nie vergessen würde? Er hätte sich selbst seine Sünde vergeben müssen. In diesem Fall hätte er Gott vergessen müssen. Auch Atheisten hätten sofort eingesehen, dass ein Christ diesen Weg nicht einschlagen konnte, um aus der Falle Gottes zu entkommen. Das Christentum war eine ernste, traurige und pessimistische Angelegenheit. Es trieb unfolgsame Kinder in die tiefste Depression.

In der Schrift *Der Gesichtspunkt für meine Wirksamkeit als Schriftsteller*, die 1851 erschien, ein Jahr nach seinem letzten großen Werk *Einübung im Christentum*, erzählte Kierkegaard, dass er durch den Vater mit Schwermut und religiösen Skrupeln infiziert worden und dadurch davon abgehalten worden sei, am normalen Leben der Altersgenossen teilzunehmen. Als Kind habe er versucht, sich die Schwermut nicht anmerken zu lassen, er habe sich hinter »scheinbarer Heiterkeit und Lebenslust« versteckt. Dieser psychische Vorgang war eine Überlebensstrategie, er glich einer Dissoziation, einer Aufspaltung der Persönlichkeit, die Kraft erforderte, ein starkes Zentrum. Das hat er selbst eingeräumt: »… dies Verhältnis (die gleich große Größe der Schwermut und der Verstellungskunst)«, sagte er, habe bedeutet, »daß ich auf mich selbst und das Gottesverhältnis angewiesen war.«[58]

Der Junge hat, um den schwermütigen Vater nicht noch mehr zu betrüben, die eigene Melancholie zu verbergen versucht. Von früh an verkroch er sich in die Reflexion, genauer gesagt, in sich selbst als das in der Not, sich verstellen zu müssen, bevorzugte Objekt der eigenen Beobachtung und intellektuellen Durchdringung. Er konnte über sich verfügen, er lief nicht vor sich weg. Nicht anders ergeht es einem Reisenden, der in einem fremden Land auftaucht und die Sprache, die dort gesprochen wird, nicht versteht und keinen Kontakt zu den Einheimischen aufbauen kann und nun sich selbst überlassen ist und anfängt, mit sich selbst zu reden, und dabei immer freundlich lächelt, um die Einheimischen nicht vor den Kopf zu stoßen und die Möglichkeit eines Gesprächs offenzuhalten.

Kierkegaards große geistige Fähigkeiten ebneten ihm den Weg in eine exzessive Selbstreflexion, die von früh an ein Schutz vor der eigenen Nachlässigkeit und dem Hang war, sich der Schwermut zu überlassen.

Die Kapazitäten seiner Reflexionskraft waren der eigenen Einschätzung nach außergewöhnlich. Keiner der Mitmenschen, meinte er, sei in der Lage gewesen, ihm intellektuell das Wasser zu reichen. Das war eine recht grandiose Vorstellung von der eigenen Souveränität, aber die Erfahrung wird ihm recht gegeben haben, er wäre sonst ins Zweifeln gekommen. Sie implizierte auch, dass keiner der Mitmenschen ihn durchschauen konnte. Er war ihnen turmhoch überlegen, wie hätten sie einen Blick in ihn hineinwerfen können. Diese Selbsteinschätzung bildete die psychologische Grundlage für seine wichtigste intellektuelle Kategorie, den Einzelnen, der nur Gott verantwortlich war, niemandem sonst, vor allem nicht der verantwortungslosen Menge. Er stand über der Menge, aber Gott stand über ihm.

Trotz des Selbstbewusstseins, für das Kopenhagen zu klein war, vermochte er die tiefe Schwermut nicht loszuwerden. Jeden Beruf, bei dem sein Kopf gefordert war, hätte er ergreifen können. Mit dem erstbesten Angebot musste er sich nicht zufriedengeben. Das väterliche psychische Erbe war für den Sohn nicht nur eine Last, sondern auch eine Chance, die er wahrnehmen konnte, weil er glücklicherweise ein begnadeter dialektischer Denker war. Jeden Begriff, jede Vorstellung vermochte er so lange zu wenden und hin und her zu drehen, bis sie mehr preisgaben, als auf den ersten, zweiten und dritten

Blick zu sehen gewesen war. Er habe, erzählte Brøchner, eine Kleinigkeit so lange durchreflektieren können, bis sie welthistorische Bedeutung annahm.

Einerseits trieb ihn die Schwermut zu der Einsicht, dass er in der Welt »zu nichts taugte«. Andererseits lehrte sie ihn, dass er die Welt täuschen konnte und dass er diese Macht der Täuschung einsetzen konnte, um Trost zu spenden, »Klarheit des Gedankens, in Sonderheit über das Christentum. Weit zurück, in meiner Erinnerung, geht der Gedanke, daß da in jeder Generation zwei oder drei sind, die für die anderen geopfert werden, dazu gebraucht, in entsetzlichen Leiden zu entdecken, was den andern zugute kommt; auf die Art verstand ich schwermütig mich selbst, daß ich dazu ausersehen sei.«[59]

Das hieß, er nahm sich schon in jungen Jahren ernst, weil er sich wegen seiner Melancholie ernst nehmen musste, lange bevor er philosophisch darüber nachdachte, welche Bedeutung der Ernst grundsätzlich für die Existenz hat.

Aus einem psychischen Leiden kam die Kraft für eine grandiose Selbstbehauptung und eine grandiose Legitimierung der eigenen Individualität. Als Autor konnte er sich hinter Figuren, Geschichten und Phantasien verstecken, er musste sich selbst nicht preisgeben und verraten, keine Farbe bekennen, durch die er kenntlich würde, er konnte mit Ideen spielen, ohne daran gemessen zu werden, ob er selbst den Charakteren glich und ihren Stimmungen unterworfen war, ob er den dargestellten Ideen anhing oder sie verwarf.

Von Anfang an war Kierkegaard ein religiöser Schriftsteller. Christentum war für ihn Innerlichkeit, und er hat aus der Innerlichkeit heraus geschrieben und nicht aus der persönlichen Kenntnis der Welt. Aufgewachsen im Geist des Christentums, in den Armen der Reflexion, habe er, bekannte er, schon als Kind und Jugendlicher die Unmittelbarkeit, das Leben nicht erfahren. »Ich habe keine Unmittelbarkeit gehabt, habe daher, schlecht und recht menschlich verstanden, nicht gelebt; ich habe alsogleich mit Reflexion begonnen, habe nicht erst in späteren Jahren ein bißchen Reflexion gesammelt, sondern ich bin eigentlich Reflexion von Anfang bis Ende.«[60]

Hätten die Kopenhagener von diesem Kinderschicksal gewusst, sie hätten Nachsicht mit dem jungen Mann gehabt, als er die Verlobung mit Regine Olsen löste. So abgesperrt von der Welt wuchsen normalerweise Wunderkinder auf, die sich aus den Zwangssystemen ihrer erfolgssüchtigen und ehrgeizigen Eltern nicht befreien konnten, wie John Stuart Mill, der von seinem Vater von Kindesbeinen an mit Wissen vollgestopft wurde. Hier aber, beim dänischen hochbegabten Jungen, handelte es sich um eine psychische Kasernierung, die traumatisch hat wirken können.

Seine Existenzform war von jetzt an der Geist. Praktisch bedeutete das, auf jeden Fall keinen Beruf zu ergreifen, der seinen Geist einzwängen würde, ein Bedürfnis, das sich erfüllen ließ dank des Geldes, das ihm der Vater hinterließ. Im Grunde blieb ihm bei diesen konstitutionellen Vorgaben nichts anderes übrig, als Schriftsteller zu werden. Keine Romane würden aus seiner Feder fließen, keine Gedichte, keine Theaterstücke. Zur Unterhaltung von Lesern mochten andere Autoren schreiben. Die Schwermut und das Christentum hingen zusammen. Dieses Problem musste mit Ernst, Radikalität und Leidenschaft angegangen werden. Ein Leben in der Reflexion der Innerlichkeit war auch ein christliches Leben. Der Weg zu sich selbst war ein Weg zu Gott.

Ein getaufter Christ wurde nicht zu einem wahren, reflektierten Christen im Sinne Kierkegaards dadurch, dass er über Fragen des Christentums nachdachte in der Weise, wie ein Professor nachdachte über Fragen der Ethik, ein Schneider über ein Schnittmuster, ein Kapitän über eine Reise, ein Tourist über einen Museumsbesuch oder ein Schlossherr über ein architektonisches Problem. Hin und wieder an einem Tag sich darüber Gedanken zu machen, wie es wäre, ein Christ zu sein, oder was es mit dem Christentum auf sich habe, ließ aus einem jungen Theologen keinen Christen werden, nicht einmal einen Christen für einen Tag. Die übliche bedächtige Art der Reflexion half hier augenscheinlich nicht weiter, anders als in der Philosophie, wo die Reflexion über die Logik, die Moral und die Ästhetik dazu diente, herauszufinden, was es mit der Logik, Moral und Ästhetik auf sich habe.

Ging es um das Christentum, darum, was es heißt, ein Christ zu sein, musste sich auch ein Pfarrer mit Leidenschaft, ganz und gar, nicht nur sonntags, in der Reflexion bewegen. Der Weg führte in das Reflektieren als Existenzweise, in die Innerlichkeit, in den Geist, so, wie jeder Bewohner Kopenhagens mit jedem Tag in ein ganz bestimmtes, in sein individuelles Leben hineingetrieben wurde.

Mit Kierkegaard ließe sich sagen, dass die eigene Identität, soll sie zum Vorschein kommen, gleichzeitig reflektiert und gelebt werden musste, sie musste als gelebte Identität reflektiert und als reflektierte Identität gelebt werden. Das sah vertrackt aus, bedeutete aber nur, konsequent bei sich zu bleiben, keine Kompromisse einzugehen, ständig aufzupassen, ob das Eigene, die dunkle Innerlichkeit, nicht von den hellen Allerweltsgedanken kolonialisiert wurde, die eigene Sprache nicht von den Formeln der allgemeinen Kommunikation verwässert, die eigenen Empfindungen nicht von den zugelassenen Mehrheitsgefühlen zerstört wurden. Die äußere Welt, die Politik, die materiellen Umstände, soziale Missstände und Annehmlichkeiten, Universalismus und Gruppenidentitäten, spielten bei diesem Unternehmen keine entscheidende Rolle.

An den Theologieprofessor Rasmus Nielsen schrieb Kierkegaard im September 1849: »Aber wie ist es zugegangen, dass

Sie krank geworden sind? Sie haben sich doch nicht überanstrengt? Sie haben sich doch nicht geärgert? Keins von beidem darf man tun. Das erste nicht zu tun, schuldet man sich selbst, das zweite schuldet man der Welt. Sie wissen ja, man soll die Welt nicht lieben, man soll die Welt hassen. Aber wenn man richtig ausdrücken will, dass man die Welt hasst, soll man nur seinlassen, sich zu ärgern; da wird die Welt wie verrückt – aus Ärger. Wie tiefsinnig – hinterlistig das Christliche immer ist. Wenn man die Welt liebt, ärgert man sich über die Welt. Wenn man, christlich, die Welt hasst, ärgert man sich nicht – und dann ärgert sich die Welt.«[61]

Die Welt, das war die Leidenschaftslosigkeit, die öde und leere Allgemeinheit, die Nachlässigkeit gegenüber sich selbst, ein Ich unter der Vormundschaft der anderen. Erst im ständigen Reflektieren darüber, was es hieß, dieses bestimmte Leben und ein individuelles Selbst zu haben, wurde aus einem getauften Christen, der sein Glaubensbekenntnis auswendig aufsagen konnte, die Bibel las und in die Kirche ging, ein wahrer Christ.

Als Schriftsteller fuhr Kierkegaard zweigleisig. Neben den pseudonymen, räsonierenden Schriften, wie *Entweder – Oder*, *Furcht und Zittern*, *Die Krankheit zum Tode*, publizierte er kontinuierlich erbauliche und christliche Reden unter seinem Namen, bis er überzeugt war, sich ganz und gar als ein religiöser Schriftsteller bekennen zu dürfen: »… man reflektiert sich nicht in das Christ Sein hinein, sondern aus Anderem heraus um Christ zu werden, sonderlich denn, wenn die Lage die Christenheit ist, in der man sich herausreflektieren muß aus dem Scheine Christ zu sein.«[62]

Es kam darauf an, zu zeigen, dass er kein Christ sein konnte wie alle anderen Bürger Kopenhagens und dass ein wahrer Christ den gängigen Vorstellungen widersprach. Ein wahrer Christ war eben ein Einzelner, unmittelbar vor Gott und unmittelbar bei sich, und nicht Mitglied einer Gemeinde, keine Zahl in einer Durchschnittsberechnung.

Søren Kierkegaard hielt Luther an der einen, Hegel an der anderen Hand. Ein gebranntes Kind des 19. Jahrhunderts, konnte er einerseits den Glauben nicht aufgeben, der gerade auch durch die historische Bibelforschung verwässert wurde, und wollte er andererseits den Herausforderungen der Philosophie nicht ausweichen, die den Menschen als Geist und moralisches Wesen für sich beanspruchte und kartografierte. Als Christ ging der gelehrte Theologe zurück zum ursprünglichen Protestantismus und dessen Unmittelbarkeit in der persönlichen Kommunikation mit Gott und als eigenständiger Denker ging er mit dieser Errungenschaft voraus zu einer existenzialistischen Theologie, die sich in seiner Kritik an Hegels Vernunftphilosophie bewährte.

Als Student hat er sich aus den religiösen Fesseln der Kindheit zu befreien versucht, er schlug über die Stränge und gab der Lust und den Launen nach. Das sah aus wie eine spätpubertäre Protestaktion gegen das Elternhaus und die bürgerlichen Erwartungen. Wie weit diese Experimente gingen, notierte er nicht. Im Tagebuch findet sich die Skizze zu einer psychologischen Betrachtung. Sie handelt von einem Mann, der eine Prostituierte aufgesucht hatte und danach glaubte, ein Kind gezeugt zu haben. Jetzt musste er mit dem Gedanken fertigwerden, dass irgendwo ein Nachkomme von ihm lebte, den er nicht kannte und um den er sich nicht kümmern konnte.

Die Erfahrungen auf den seligen Inseln der Sinne und des ästhetischen Genusses scheinen den Studenten in recht bürgerliche Abenteuer gestürzt zu haben. Oft ging er ins Theater, er kaufte sich viele Bücher, suchte den Schneider auf und aß in teuren Restaurants. Aus dem Studenten der Theologie wurde so bald kein Pfarrer. Der Vater sah dem Jüngsten die Eskapaden nach und beglich die Schulden.

In sein Tagebuch schrieb der revoltierende Jüngling 1835 im Alter von zweiundzwanzig Jahren, dass er nach einer Idee suche, die das Zentrum seiner Existenz bilden könne: »Und was nützte es mir dazu, wenn ich eine so genannte objektive Wahrheit herausfände; wenn ich mich durch die Systeme der Philosophen hindurcharbeitete und sie auf Verlangen Revue passieren lassen könnte; dass ich Inkonsequenzen innerhalb jedes einzelnen Kreises nachweisen könnte; – was nützte es mir dazu, dass ich eine Staatstheorie entwickeln könnte und aus den vielerorts herbeigeholten Einzelheiten eine Totalität kombinieren, eine Welt konstruieren könnte, in der ich nun wiederum nicht lebte, sondern die ich bloß für andere zur Schau stellte; – was nützte es mir, dass ich die Bedeutung des Christentums entwickeln könnte, viele einzelne Phänomene erklären könnte, wenn es für *mich selbst* und *mein* Leben *nicht* eine tiefere Bedeutung hätte?«[63]

Mit Leidenschaft wollte sich ein aufrührerischer Geist sein Schicksal selbst wählen, statt sich vorgegebenen Formen anzupassen und auswendig zu lernen, was in den Lehrbüchern stand.

Dieser Tagebucheintrag von 1835 widersprach den späteren Bemerkungen aus der Schrift *Der Gesichtspunkt für meine Wirksamkeit als Schriftsteller*. Dort hatte er behauptet, seine Schwermut und seine herausragenden geistigen Fähigkeiten hätten ihm den Weg vorgegeben, Schriftsteller zu werden und als Schriftsteller, nicht als Pfarrer, die Dänen zum wahren Christentum zu bekehren. Er sei, schrieb er geheimnisvoll und voller Selbstvertrauen, ein »Spion in höherem, in der Idee, Dienst«[64], die »Weltlenkung« habe ihm diese Aufgabe übertragen. Sechzehn Jahre nach dem Tagebucheintrag von 1835 verstand er die Entwicklung, die er durchlaufen hatte, als eine konsequente Abfolge, die Erfüllung eines höheren Plans. Er war Schriftsteller geworden, wie ein Apfelbaum ein Apfelbaum wurde.

Schopenhauer hätte aufgehorcht, er wäre mit dieser Erklärung ganz zufrieden gewesen. Nur von Weltlenkung hätte er nicht sprechen mögen, lieber von der eigenen Natur, der nicht entronnen werden konnte. Der Charakter war für Schopenhauer das persönliche Schicksal, aus dem rechthaberischen Kaufmannssohn aus Danzig wurde dank seiner Anlagen ein Philosoph, der zu hundert Prozent recht zu haben meinte, ähnlich wie mitten in der dänischen Hauptstadt ein etwas exzentrischer Mann in mittleren Jahren für sich in Anspruch nahm, von Gott zum Spion ausersehen worden zu sein, was ja voraussetzte, dass Gott sich ihn herangezogen hatte, damit er zu dem wurde, der er für Gottes Absichten sein sollte. Gott hätte ja, wäre sein Erziehungsmodell nicht geplant und seine Durchführung nicht sicher gewesen, abwarten müssen, was aus dem Kind eines schwermütigen Vaters einmal werden würde, ob es eines Tages dazu taugen würde, ein Spion in seinen Diensten zu sein. Eine derartige Planungsunsicherheit wäre ein betrübliches Zeugnis der Hilflosigkeit gewesen für eine Weltlenkung, die für sich höchste Souveränität in Anspruch nahm. Die Weltlenkung wäre keine Weltlenkung gewesen und Gott nur ein Spieler, der aufmerksam beobachtete, was sich auf der Erde zutrug, wie das Spiel dort unten lief, um schnell einzugreifen, eine Karte zu ziehen und auf den Tisch zu legen, wenn es ihm nützlich erschien.

Nach dieser letzten Version über seine Tätigkeit als Spion Gottes hatte sich Kierkegaard als Schriftsteller tarnen, eine Doppelrolle spielen müssen, um besser im Sinne seines Auftraggebers in Kopenhagen wirken zu können, wo der Klatsch neben dem König regierte, eine Art Doppelmonarchie. Niemand hätte ihm Vertrauen geschenkt, vorurteilsfrei seine Bücher gelesen und sich mit den Gedanken beschäftigt, die er dort auseinanderlegte, wenn herausgekommen wäre, dass er ein Spion im höheren Dienst war, und das hieß ein etwas überspannter Parteigänger. Vor anderen als Schauspieler aufzutreten und ihnen etwas vorzumachen, sodass sie guten Glaubens waren, was ihn anbelangte, diese Rolle zu spielen war er seit seiner Kindheit gewohnt.

Am 9. August 1838 war der Vater gestorben. Am 8. September 1840 hatte er sich mit Regine Olsen verlobt, und am 11. August 1841 schickte er ihr den Ring zurück. Ende September verteidigte er die Promotionsschrift über den Begriff der Ironie. Am 11. Oktober 1841 brach er endgültig mit der Verlobten. Die Bitten des potenziellen Schwiegervaters, die Verlobung ernst zu nehmen und die Tochter zu heiraten, waren an ihm abgeprallt. Regine Olsen war unglücklich. Die Lage wurde für ihn unerträglich. Am 25. Oktober floh er aus Kopenhagen nach Berlin. Seinem Freund Emil Boesen schickte er aus der preußischen Stadt einen Rat, der sich aus der Ferne gut geben ließ: »Lass die Stadt klatschen.«[65]

Im März 1842 kehrte er nach Kopenhagen zurück. Im Februar 1843 veröffentlichte er *Entweder – Oder* unter Pseudonym. Er wollte sein Handeln gegenüber der jungen Frau rechtfertigen und die Dänen zum Nachdenken über ein Problem anregen. Aber sich selbst, die Geschichte mit Regine Olsen, wollte er öffentlich aus dem Spiel lassen. Die Leser sollten dazu gebracht werden, über eine Geschichte, die insgeheim seine Geschichte war, anders nachzudenken, als sie damals über die Auflösung der Verlobung mit Regine Olsen nachgedacht hatten und vielleicht immer noch dachten. Es ging um eine Korrektur des Blickwinkels, und zwar in der Weise, als würde sich ein Unparteiischer zu Wort melden, der in der Geschichte mit Regine Olsen keine Rolle spielte und kein Interesse an einer bestimmten Interpretation der Ereignisse hatte.

Er holte weit aus, zog einen weiten Rahmen. Die Geschichte war nicht so einfach gewesen, wie sie sich einfache Gemüter vorstellten. Es ging nicht nur um einen jungen Mann, der sich

ehrlos verhielt, und eine junge Frau, die von ihm in ihren Hoffnungen betrogen wurde. Dahinter steckte, wie er jetzt in *Entweder – Oder* zeigte, viel mehr, mehr auch als zwei Lebens-
haltungen, die sich ausschlossen, eine ästhetische einerseits
und eine ethische andererseits. Ein notorischer Verführer stand
einem treuen Ehemann gegenüber, ein Suchender einem Sesshaften. Bei dieser Versuchsanordnung, die die Leser zum Kern
einer Geschichte über existenzielle Konsequenz führen und
zum Nachdenken über ihr eigenes Leben anregen sollte, wäre
jeder Hinweis auf lebende Personen kontraproduktiv gewesen.
Keiner sollte beim Lesen an ihn und Regine Olsen denken.

Jetzt, da das Buch unter Pseudonym erschienen war, stand
der Leser, der es in den Händen hielt, zwei Existenzentwürfen
gegenüber, deren Unterschiede sich nicht zur Seite wischen
ließen, auch wenn im Alltag aus Gedankenlosigkeit und Faul-
heit Kompromisse gemacht und die Differenzen sowie ihre
Folgen eingeebnet wurden. Kierkegaard hatte, als wäre er die
Weltlenkung persönlich, vorgesorgt, dass es sich niemand zu
einfach machte, er wickelte den Leser mit seinen feinen dialektischen Schlaufen und Schlingen regelrecht in seine Ideen ein.
Eine persönliche Geschichte, die niemanden wirklich betraf,
die unterhaltsam gewesen wäre wie ein Reisebericht aus der
Südsee, hätte nur die Phantasie erregt. Eine solche Reaktion
wäre zu einfach und falsch gewesen für eine existenzielle Geschichte, deren Geheimnis der Autor auch deswegen nicht lüf-
ten mochte, weil er damit die Mitbürger überfordert hätte, die
in den Augen der Nachbarn, die sie wiederum nach genau
denselben Kriterien beäugten, pflichtbewusste Kirchgänger und
brave Bürger sein wollten und leider selten mehr.

Das Geheimnis, das er ihnen nicht verraten konnte, war,
dass er Gott versprochen war und sich deswegen nicht mit
einer Frau verloben konnte, die ihn von seinem höheren Auftrag abgelenkt hätte.

Doch Kierkegaards aufwendiges Versteckspiel als Schriftsteller endete nicht etwa mit dem späten Bekenntnis, dass er als Spion Gottes in Kopenhagen Verstecken gespielt hatte. Die Geschichte war vertrackter. Schon 1843 hatte er im Tagebuch bekannt, dass er um sich herum nicht nur Pseudonyme aufgestellt, sondern jede Spur verwischt habe, durch die ihm ein später Leser auf die Schliche kommen könnte: »Nach meinem Tod soll keiner in meinen Papieren (dies ist mein Trost) eine einzige Auskunft darüber finden, was mein Leben eigentlich ausgefüllt hat; *jene* Schrift in meinem Innersten finden, die alles erklärt, und die oft das, was die Welt Bagatellen nennen würde, zu ungeheuer wichtigen Ereignissen für mich macht, und was ich als unbedeutend ansehe, wenn ich die heimliche Note wegnehme, die es erklärt.«[66]

Von niemandem erkannt zu werden, aber sich selbst und die Welt durchschaut zu haben, das waren die zwei Prämissen eines Schriftstellers, dessen Existenz mit seinem Monolog zusammenfiel, der keine andere, wichtigere Geschichte zu erzählen hatte als eine Fortsetzungsgeschichte über sich selbst und über seine Bemühungen um seine subjektive Wahrheit. Er war Schriftsteller, aber eben kein Geschichtenerzähler. Das Ästhetische, ein Leben in der Phantasie, in der Reflexion, spielte bei ihm eine existenzielle Rolle, es garantierte ihm seine Freiheit. Doch er brauchte dazu Gottes Beistand, eine höhere Notwendigkeit, eine nicht infrage zu stellende Legitimation. Hätte er sich anders der Aufgabe widmen können, sein Selbst zu finden und Gott nahe zu bleiben, wenn nicht das Selbst und Gott aneinander gebunden waren, zwei exzeptionelle Pole der Existenz? Eine Ehe hätte ihn von dieser Aufgabe abgelenkt, ihn in den Alltag eingebunden, in Beruf, Sorgen und Pflichten gegenüber anderen.

Seinem Freund Boesen bekannte er in einem Brief vom 6. Februar 1842 die vertrackte Lage, in der er sich damals befand: »Das Ästhetische ist überhaupt mein Element. Sobald sich das Ethische geltend macht, bekommt es leicht zu viel Macht über mich. Ich werde ein ganz anderer Mensch, ich kenne keine Grenzen, was meine Pflicht sein könnte usw. Da siehst du nun die Schwierigkeit, wenn ich die Verbindung um meinetwillen gelöst hätte, weil ich glaubte, dass das ästhetische Moment, das so wesentlich für jede Persönlichkeit ist, und vornehmlich für die meinige, es verlangte, weil ich fühlte, dass meine ganze geistige Bedeutung nahezu auf dem Spiel stand, etwas, was doch an sich ein höchst respectabler Grund wäre, und etwas ganz anderes, als wenn die Leute so im allgemeinen Schluss machen, weil da eine andere ist, die sie etwas lieber haben etc. – dann hätte das Ethische mich zermalmt.«[67]

In dieser Version, die nicht ganz den wahren Kern freilegte, hatte er die Verlobung gelöst, um Regine zu schützen, um ihr Glück zu bewahren, und nicht etwa, weil er lieber ein freies, ungebundenes Schriftstellerleben leben wollte, ohne Kompromisse mit dem Alltag eingehen zu müssen. Sobald er vor dem Freund hätte einräumen müssen, dass er die Verlobung um seiner selbst willen gelöst hatte, wäre er vor sich und anderen zur Rechenschaft gerufen worden, und dann hätte er in der Falle moralischer Reflexion festgesessen. Aber er hat sie auch nicht Regine Olsen zuliebe aufgelöst, der er auf keinen Fall einen besseren Mann zur Seite wünschte. Insgeheim handelte er nicht nach solchen ethischen Gesichtspunkten, die seine Berufung zum Schriftsteller beeinträchtigt hätten, wenn er ihnen gefolgt wäre, sondern er handelte in höherem Auftrag, er musste die Freiheit bewahren, um mit Gott allein zu sein und zu sich selbst zu finden.

Das Ästhetische band er unmittelbar an das Religiöse, seine Existenz als Schriftsteller an die Aufgabe, ein Spion Gottes zu sein. Damit war das Ethische, das ihn eingeschränkt hätte, für ihn suspendiert. Dem Freund gegenüber suspendierte er das

Ethische, indem er die Fürsorge für Regine zum Grund des Handelns erklärte, nicht den Willen, seiner Existenz als Schriftsteller keinen Stein in den Weg zu legen. Von einem höheren Auftrag, der ihn band, erzählte er ihm nichts.

Die Falle des Ethischen war ihm nicht geheuer, er hatte sie früh kennengelernt, als Sohn, der Rücksicht nehmen musste auf einen depressiven Vater und doch seinen eigenen Weg gehen wollte, der Theologie studierte und doch kein Pfarrer werden wollte, der wie ein Bohemien lebte und doch das Studium zu Ende bringen sollte, der in der Phantasie, in der Reflexion lebte und doch sich Gedanken um ein bürgerliches Auskommen machen musste. Woher hätte er das Recht nehmen sollen, sein Leben ganz auf sich zu stellen, wenn nicht durch die Bindung an Gott? Diese Bindung ließ sich letztendlich nicht erklären, wie eine Handlung durch ein Motiv, eine Wirkung durch eine Ursache, ein Schluss durch Prämissen, so wenig, wie sich das Selbst und das Selbstgefühl durch Eigenschaften fassen und festsetzen, sondern nur als Existenz behaupten ließen. Sie gründete auf einem souveränen Glauben, nicht auf einem vermittelnden Wissen.

Kierkegaard hat diese Lücken in der vernünftigen Kommunikation, die sich auch nicht durch eine Ethik flicken ließen, mit der Lehre von den Sprüngen zu legitimieren versucht. Kein gleitender Übergang verlief vom Ästhetischen zum Ethischen zum Religiösen, den die Vernunft in ihrem Absolutheitsanspruch hätte beschreiten können. Die drei Bereiche waren durch einen breiten Graben voneinander getrennt, sodass es nicht möglich war, mit dem einen Fuß hier und mit dem anderen dort zu stehen, ethisch und zugleich ästhetisch zu existieren, mit der subjektiven Wahrheit in Gott zu ruhen und zugleich sich auf eine Ethik zu stützen, deren Gebote auf eine Wahrheit angewiesen waren, die für alle gelten sollte.

Für einen dialektischen Kopf wie Kierkegaard fand sich ein

Ausweg aus dem Dilemma, das sich anhörte wie eine Straf-
predigt, die ein Vater dem Sohn hielt: Entweder du benimmst
dich, oder du verlässt mein Haus, oder Gott den ersten Menschen gehalten hatte: Entweder ihr glaubt mir blind, oder ihr
verlasst das Paradies.

Rettung boten die Pseudonyme. Ein Schriftsteller konnte
einerseits mit seinen Gedanken der Ästhetik, das heißt der
Subjektivität und ihren Freiheiten, folgen und andererseits ein
wahrer Christ sein, der das Selbst an Gott gebunden hatte,
wenn er seine Mitteilungen nicht unter seinem Namen veröffentlichte. Mit dieser Täuschungsaktion konnte er den Lesern
seine philosophischen und theologischen Gedanken als Ge-
dankenspiele nahebringen und nicht als Bekenntnis. Beken-
nende Worte fand er in den erbaulichen und religiösen Reden.

Schon als Schüler war Kierkegaard aufmüpfig gewesen, als
Student ließ er das Studium schleifen. Er soll als junger Mann
eine eigenartige Frisur gehabt haben, die Haare standen ihm
vorn sehr hoch zu Berge. Solche Details erzählt Brøchner auch
in seinem schmalen Buch der Erinnerungen.

Nietzsche rebellierte als junger Professor gegen das Leben,
das er als Philologe führte und das seinen tiefsten Wünschen
nicht entsprach. Er lebte im Schatten einer biederen Mutter,
der er ein guter Sohn sein wollte, so wie er umgekehrt voraussetzte, dass seine Mutter eine gute, das hieß verständnisvolle
Mutter sein sollte. Kierkegaard lebte im Schatten eines schwermütigen Vaters, dessen religiöser Strenge er auch nicht gerecht
wurde, als er ein Theologiestudium aufnahm. Nietzsches Mutter wollte nur das Beste für ihre beiden Kinder und klammerte
sich bei diesem Projekt an die bürgerlichen Regeln einer erfolgreichen Integration in die Welt der guten Sitten, der Ehre
und des Berufs. Kierkegaards Vater trug eine tragische Schuld
vor Gott mit sich herum, die er sich als Junge aufgeladen hatte,
und litt unter Gewissensqualen, weil er sich seinen Kindern

gegenüber schuldig fühlte, die Gottes Rache mit ausbaden mussten. Starben sie nicht alle in jungen Jahren, vor Vollendung des dreiunddreißigsten Lebensjahres? Auch Kierkegaard glaubte fest daran, nicht älter als 33 Jahre zu werden. Nietzsche sah den frühen Tod des Vaters mit 36 Jahren wie eine Drohung vor sich. Er war der einzige Sohn einer kleinbürgerlichen Familie. Søren Kierkegaard war der jüngste Sohn einer kinderreichen gutbürgerlichen Familie. Der ältere Bruder Peter studierte erfolgreich Theologie, trat in den Dienst der Kirche ein, machte dort Karriere und wurde sogar dänischer Kultusminister. Seine Werke umfassen sechs Bände.

Ein Blick in das Tagebuch zeigt, dass schon der junge Kierkegaard über ein großes dialektisches Talent, eine enorme Reflexionskraft und eine ausufernde Phantasie verfügte. In diesen Fähigkeiten lag genügend Kraft, um sich seiner selbst zu vergewissern. Auch er schien sich Pindars Maxime früh zu Eigen gemacht zu haben: Werde, der du bist.

Wer war er? Dass er an seine Familie dachte, wenn er nach einer Antwort auf diese Frage suchte, zeigen Einträge im Tagebuch wie jener aus dem Jahr 1843: »Ich könnte vielleicht eine Tragödie meiner Kindheit reproduzieren, die entsetzliche, geheime Erklärung des Religiösen, die mir bange Ahnungen in die Hände spielte und die meine Phantasie aushämmerte, mein Ärgernis am Religiösen in einer Novelle, die da heißt: die rätselhafte Familie. Es sollte ganz patriarchalisch idyllisch begonnen werden, so dass niemand es ahnen würde, ehe plötzlich jenes Wort darin erklingen und alles zum Entsetzen erklären würde.«[68]

Nicht alles, was er erlebte und was ihm widerfuhr, verwandelte sich in Stoff für psychologische Reflexionen, die bei ihm in philosophisch-theologische übergingen. Über die Mutter ist von ihm kein deutungsreiches, dramatisches Wort überliefert. Es findet sich auch keine Skizze, die darauf schließen ließe, dass er sich irgendwann gewünscht hätte, ein anderer Mensch zu sein. So wie Nietzsche hat auch er alles, was ihm zustieß und ihn prägte, als eine Gabe, eine Mitgift akzeptiert und reflektiert, die aus ihm den machte, der er wurde, einfach weil er so werden musste, wie er war.

Für die psychologische Selbstanalyse galt auch, was er im Tagebuch über den Anfang eines jeden philosophischen Systems geschrieben hat: »Die Dialektik des Anfangs ist abgedroschen genug, doch hat man eine Seite vergessen, dass der Anfang eine Unterbrechung sein und also eine ganze Gedankenreihe voraussetzen muss, um zum Anfangen zu kommen. So gibt es kein voraussetzungsloses Anfangen; denn wenn schon nichts anderes vorausgesetzt wird, wird doch der Akt vorausgesetzt, wodurch ich von allem abstrahiere. Aber das kann ich in keinem Augenblick machen; denn dann kann ich überhaupt nicht dazu kommen anzufangen, da ich meine Kraft brauche, um von allem zu abstrahieren.«[69]

Wo hätte er anfangen sollen auf der Suche nach sich selbst, wenn es darum gegangen wäre, herauszufinden, welcher Bedingungen Resultat, welcher Ursachen Wirkung er geworden war? Im Lichte des Tagebucheintrags über den Anfang hätte bei der Frage nach sich selbst eben die Entdeckung des Anfangs, von dem aus eine Herleitung, eine erklärende Abfolge der Lebensgeschichte möglich gewesen wäre, das Ende vorausgesetzt, mit dessen Hilfe und von dem aus ein Anfang hätte gefunden werden müssen. Erst das Ende legte die Brille bereit, mit deren Hilfe ein Anfang gesucht werden konnte. Doch wie konnte ein Anfang ein wahrer, ein wirklicher Anfang sein, wenn das Ende rückblickend mitbestimmte, was als ein Anfang infrage kam?

Kierkegaard war kein Therapeut, sondern Theologe. Ein Patient kommt zu einem Psychoanalytiker und klagt über dies und das, mangelndes Selbstvertrauen, Hassgefühle, Liebesunfähigkeit. Dann geht von diesem Ende aus die Suche nach rückwärts los, wie es zu dem Problem hat kommen können. Am Ende der Therapie weiß der Patient vielleicht, wie das Problem entstanden ist, und hofft nun, dass das Wissen ihm helfen wird, mit den Folgen des Problems besser umgehen zu können.

Die Schwermut konnte Kierkegaard nicht abwerfen wie einen schweren Sack, und er wollte sich auch nicht damit zufriedengeben, dass er sich sagte, der Sack sei schwer, und fragte, wer hat da wann etwas hineingesteckt, sondern er wollte herausfinden, wohin ihn der Sack Schwermut, den er mit sich herumtrug, führen würde, was es mit ihm auf sich hatte. Ganz umsonst schleppte er ihn ja nicht, sonst wäre er ihm nicht aufgebürdet worden. Unter dem schweren Sack beugte sich der Rücken, beugte sich der Kopf, sodass er nicht in die Welt sehen konnte, in die Unmittelbarkeit, wie er gesagt hatte, sondern nur vor sich hin und in sich hinein. Der Sack war so schwer, dass der junge Mann nicht vom Weg, den er eingeschlagen hatte, abweichen konnte, nicht mal hierhin oder dorthin konnte er gehen, er blieb sich treu und ging geradeaus, ging seinen Weg.

Die Haltung verriet einen Heroismus des Leidens, wie bei einem Märtyrer. Schopenhauer hatte gefordert, das persönliche Los bis zum bitteren Ende zu tragen. Darin steckte sein Pessimismus. Nietzsche wird den Spieß umdrehen, er möchte sein Los nicht nur bis zum bitteren Ende tragen, sondern noch einmal auf sich nehmen. Die Bitterkeit des Schicksals wird durch diesen Akt der Freiheit süß. Der Pessimismus des Leidens schlägt um in heroischen Optimismus. Keiner der drei Außenseiter findet aus der christlichen Hoffnung auf Erlösung heraus. Im Jahrhundert der sozialen Heilslehren, die alle in die Irre und in die Katastrophe führen werden, folgen sie einem privaten Heilsversprechen, das einzugehen Kraft und Konsequenz erfordert. Sie sind dabei auf sich gestellt, sie können sich nicht auf fehlende Hilfe herausreden, auf den Stand der Produktivkräfte, auf die historische Situation, auf die Weltlage, Ideologien und Systemfunktionalität. Schopenhauer hofft auf Erlösung im Strom des Willens, Kierkegaard erlöst sich selbst in Gott, und Nietzsche findet Erlösung durch Befreiung zum Leben.

Die drei Solitäre sind auf der Flucht, und sie wären obdachlos geblieben, wenn sie sich nicht ihr eigenes geistiges Wohnmobil zusammengebaut hätten. Als Gast eines Mittagstischs, als Spaziergänger, als Wanderer machen sie noch einen ganz normalen Eindruck, und es scheint möglich gewesen zu sein, sich eine Weile mit ihnen zu unterhalten. Aber kaum verschwinden sie in ihrem Wohnmobil, sind sie in große Ferne entrückt, in ihr Privatissimum, wo sie ihre Rettungsaktionen planen, für sich und für den Rest.

Brøchner erzählt, dass sich Kierkegaard nur ein Motiv aus der Wirklichkeit pickte, das er dann mit Reflexionskraft und Phantasie zu bearbeiten wusste, und zwar mithilfe der Erfahrungen, die er aus seinem reichen Seelenleben schöpfte. Er dachte mit den Affekten, mit den Gefühlen. Er wartete nicht ab, bis er die Wirklichkeit wie ein riesiges Wandgemälde abgeschritten hatte, er verliebte sich in ein Detail und malte sich den Rest mit großem Schwung selber aus. Als er in Berlin war und Schellings Vorlesung hörte, wurde er einmal von einem dänischen Landsmann in ein teures Restaurant eingeladen, und als sie es betraten, hat Kierkegaard die Männer im schwarzen Frack und weißem Hemd wie vornehme Gäste begrüßt und ist ganz verlegen geworden, als sich, kaum dass sie am Tisch saßen, herausstellte, dass es die Kellner waren.

Diese Anekdote hat Brøchner aus dritter Hand, und wahrscheinlich hat sich Christian Christens, von dem sie stammt, damals täuschen lassen und nicht gesehen, dass Kierkegaard die Kellner sofort als Kellner erkannte, aber in ihnen Menschen sah, die er nicht wie die anderen vornehmen Gäste von oben herab behandeln wollte und deswegen höflich grüßte, und dass er dann bei Tisch, als er so tat, als würde er erst jetzt erkennen, dass sie Kellner seien, mit seiner gespielten Verlegenheit das Gefälle zeigen wollte, mit der ein vornehmer Gast in seiner Hochfahrenheit einen Menschen behandelte, der sich den Unterhalt als Kellner verdiente. Sein christliches Verhalten wäre so gesehen viel moderner gewesen, als er nach seinen politischen Ansichten zu sein glaubte. Der Demokratieforscher Alexis de Tocqueville sah statt christlicher Güte, der zufolge alle Menschen gleich waren, soziale Prozesse, die alle Menschen gleich werden ließen, und vermutete, die Amerikaner seien gegenüber Kellnern deswegen höflich, weil sie davon ausgingen, sie könnten ihnen eines Tages wieder über den Weg laufen, wenn die Kellner Karriere gemacht hätten und aus ihnen Herrschaften geworden seien.

Als der junge Kierkegaard überlegte, was aus ihm werden sollte, suchte er für sein Leben ein Zentrum, einen festen Punkt, von dem er losgehen könnte. Dafür brauchte er eine Idee. Sie durfte nicht von außen an ihn herangetragen werden, sie musste aus seinem Innern kommen, aus ihm selbst. Wie konnte das geschehen? Die Idee durfte nicht etwas sein, das er in der wirklichen, objektiven Welt fand, wie Wissen, Dogma, Lehre. Sie konnte, wenn sie in einem emphatischen Sinne subjektiv, ganz sein Eigen sein sollte, nur in der ständigen Reflexion von etwas liegen, das für ihn seit jeher äußerst wichtig gewesen war. Das war er selbst. Es gab eine subjektive Wahrheit, und sie war für seine Existenz von fundamentaler Bedeutung. Die Schwermut, die er nicht bewältigen konnte, stieß ihn immer wieder in sich hinein, auf diese Einsicht.

Die Schwermut bildete einerseits den psychischen Nährboden für den Gedanken, dass die Wahrheit subjektiv sei, und sie zog andererseits der Reflexion eine Grenze. Weiter zurück als bis zu der Schwermut kam er in der Genealogie der subjektiven Wahrheit nicht. Er wurde den Sack Schwermut nicht mehr los. Hätte er ihn abgeworfen, er hätte sich selbst verloren. In dieser Lage war es am besten, den Sack mit Freude und Zuversicht zu tragen, nicht mit Widerwillen und Trauer.

Was auf den ersten Blick tautologisch aussah: Ich bin, der ich bin, war konsequent: Werde, der du bist. Leidenschaftlich interessierte er sich für die Einzigartigkeit seines Lebens, nicht für die Besonderheiten eines normalen Lebenslaufs, sondern für die Einmaligkeit seines Selbst, seiner Existenz, die mehr war als ein Lebenslauf mit Schule, Ausbildung, Beruf und Hausstand, mehr als ein Ich in seinen Funktionen und mit seinen Vorlieben. Diese Vorstellung war durch die religiöse Erziehung geweckt und gefördert worden. Ein guter Christ zu werden war eine ständige Herausforderung, eine tägliche Aufgabe. Vor Gott war jeder Mensch verantwortlich für das, was er tat und wer er war, für sein Seelenheil. Die Frage, die ihn als jungen Mann bewegte, lautete: Wie gelangte er dahin?

Durch Nachdenken und Erfahrungen. Er studierte vor allem Theologie, er sollte ja Pfarrer werden, und Philosophie. Die Studienfächer boten ihm zwei Möglichkeiten, Formen der metaphysischen Reflexion kennenzulernen. Einen dritten Weg, zu sich zu finden, schlug er ein, als er sich den Reizen des Lebens überließ, die Dogmen und Systeme der Gedanken gegen den Augenblick der Eingebungen und der intellektuellen Phantasie, die objektiven Lehren von einst gegen die subjektiven Erfahrungen im Jetzt eintauschte. Zufriedengestellt hat ihn dieser ästhetische Versuch, sich selbst kennenzulernen, nicht. Inszenierungen wie auf einem Theater hat er aber weiterhin gemocht und sich um sie gekümmert. In seinem Buch der Erinnerungen erzählt Brøchner auch, dass er einmal Kierkegaard in dessen Berliner Hotel besuchte und dort erstaunt darüber war, dass in den Zimmern, die Kierkegaard bewohnte, Möbel und Beleuchtung in einer ganz bestimmten Weise arrangiert waren, um den Bewohner in eine für dessen Arbeit günstige Stimmung zu versetzen.

In der *Abschließenden unwissenschaftlichen Nachschrift* schrieb er 1846: »Christentum ist Geist, Geist ist Innerlichkeit, Innerlichkeit ist Subjektivität, Subjektivität ist in ihrem Wesentlichen Leidenschaft, in ihrem Maximum unendliche, persönlich interessierte Leidenschaft für die eigene ewige Seligkeit.«[70] In umgekehrter Reihenfolge gelesen, zeigt der Satz, dass der Ausgangspunkt für sein Seelenheil, den er nicht wie einen beliebigen philosophischen Anfang setzte, die eigene ewige Seligkeit war, die nicht zu hinterfragende Absolutheit seines Selbstgefühls. An diese Gewissheit, dass es eine eigene ewige Seligkeit gab, die in seinem rätselhaften Selbstgefühl liegen musste, so wie der Sinn von allem auf rätselhafte Weise in der Frage nach dem Sinn von allem, konnte er seine Existenz hängen. Er würde vor Gott bestehen müssen, weil Gott für ihn eine zentrale Rolle spielte. Gott war kein Anfang, der gesetzt wurde. Gott war vor allem Anfang. Bei Schopenhauer war es der Wille, und bei Nietzsche wird es die Macht des Lebens sein.

Eine leidenschaftliche Existenz vor Gott zu leben konnte ihm nur gelingen, wenn er sich nicht an der Objektivität relativierte, an der Wirklichkeit, an der Allgemeinheit, an der Menge. Er musste sich auf die Reflexion der Innerlichkeit, auf das Selbst als Verhältnis zum eigenen Verhältnis zu Gott konzentrieren. Sich der Existenz in einer dauerhaften Reflexion zu vergewissern, ein sich ständig reflektierendes Leben zu führen bedeutete, im Geist des Christentums zu leben, ein wahres Selbst zu haben. Wenn etwas mehr als einhundert Jahre später der Psychoanalytiker Heinz Kohut vom Selbst und dessen Heilung sprechen wird, dann ist von Gott und Reflexion nicht mehr die Rede. An die Stelle Gottes wird eine Bezugsperson treten, in den meisten bürgerlichen Familien war das die Mutter gewesen, die sich ihrem Kind mit Empathie widmete, oder eben nicht. An die Stelle der dauerhaften Reflexion trat die bedingungslose Einfühlung.

Die Liebe zu Regine Olsen hat die Selbstreflexion forciert. Früh mit Vehemenz geltend gemacht, konnte die christliche Vorstellung von der Sünde, von der sündhaften Sinnlichkeit ein Kind tief prägen. Im Tagebuch heißt es 1845: »Und eine solche ›Irreführung‹ im Hinbl. darauf, was Sünde ist, kommt zuweilen wohl vor, vielleicht gerade hervorgerufen durch einen, der es gut meint. Wie wenn ein Mann, der sehr ausschweifend gewesen war, eben um seinen Sohn vor demselben recht abzuschrecken, den Geschlechtstrieb selbst als Sünde auffassen würde – und vergäße, dass es da einen Unterschied zw. ihm und dem Kind gibt, – dass das Kind unschuldig ist, und deshalb notwendigerweise missverstehen muss. Der Unglückliche, der bereits als Kind derart eingespannt wird, um durch das Leben zu ziehen und sich zu schinden.«[71]

Sprach er hier von sich und dem Vater, in einer Fallgeschichte, hinter der er sich versteckte? Eine solche Fallgeschichte würde ihm erlauben, aus einem privaten Erlebnis, das er vor der Öffentlichkeit geheim halten wollte, eine allgemeine psychologische Studie zu machen, die insgeheim eine Untersuchung der eigenen Geschichte, eine Reflexion seiner selbst wäre.

In seinem Leben gab es nur eine große Liebe, Regine Olsen. Nachdem er die Verlobung aufgelöst hatte, blieb er ihr dennoch treu, er hat sich in keine andere Frau verliebt, sondern immer über Regine und ihrer beider Geschichte nachgedacht. Noch 1849, acht Jahre nach der Trennung, schrieb er ihr einen langen Brief und schickte ihn ihr versiegelt mit einem beigelegten Anschreiben an den Ehemann, Johan Frederik Schlegel, mit der Bitte, zu entscheiden, ob er seiner Frau den Brief aushändigen und einer Aussprache der beiden, um die ihn Kierkegaard bat, zustimmen wolle.

Schlegel sandte den Brief ungeöffnet an Kierkegaard zurück, der keinen zweiten Versuch zu einer Aussprache unternahm. Regine Olsen vergaß er nicht. Sie war in sein Leben getreten, und er konnte nicht so tun, als wäre dies nicht geschehen. Für ihn hatte alles eine Bedeutung. Ein Ereignis, ein Erlebnis ging nicht einfach im Meer des Vergessens unter, es blieb lebendig als ein Zeichen, das wichtig sein musste, weil es ihm sonst nicht zuteil geworden wäre, und das er aus diesem Grund zu deuten nicht aufhören konnte. Seine Existenz verwandelte sich in Reflexion. Er muss ein sehr anstrengender Mensch gewesen sein, trotz seiner Mitmenschlichkeit und seiner Liebe zu den Kindern, die personifizierte Unruhe, der Geist des Widerstands gegen den existentiellen Schlaf, reine Präsenz, keine Sekunde dumpf, apathisch, abwesend.

Für Kierkegaard verlief der Weg zum Christentum durch die Reflexion, insofern das Christentum Geist, das hieß Reflexion der Existenz vor Gott, war. Das Leben hat er mit Nachdenken und Schreiben verbracht. Jeder privaten und beruflichen Verpflichtung, die ihn von dieser Aufgabe abgelenkt hätte, ging er aus dem Weg. Sein schriftstellerisches Werk war von Anfang an eine Art intensiver Lebensbegleitung, es diente ihm der Selbsterforschung. Bei Nietzsche wird es zu dieser Engführung von Leben, Selbst und Schreiben erneut kommen, und es gab sie auch, in einem etwas weniger exzessiven Sinne, bei Schopenhauer, der früh sein Hauptwerk vorlegte und sich dann darauf ausruhen konnte. Kierkegaard war Christ und konnte sich auf sich selbst, auf den Geist als das wahre Christentum konzentrieren. Nietzsche war Philologe und wird alles ihm Mögliche unternehmen, um sein Selbst aus dem engen Rahmen bürgerlicher Wissenschaften durch radikale Kritik, an seiner Zeit, an Ideen, Kultur und Traditionen, herauszulösen und neu zu erschaffen. Schopenhauer war Philosoph gewesen und hatte eine eigene Philosophie gefunden als Antwort auf seine Lebensfragen.

Der Kampf gegen die Amtskirche stand am Ende einer Schriftstellerexistenz, die an einen Wendepunkt geraten war. Er hatte gesagt, was er über den Ernst und die subjektive Einmaligkeit der Existenz hatte sagen wollen. Sein Werk lag vor ihm, das Schiff war gebaut und vom Stapel gelassen. Aber hatte er erreicht, was er zu erreichen gehofft hatte, das heißt, hatte er die Flagge gezeigt, unter der er segelte? Noch lebten die Bewohner Kopenhagens friedlich ein kümmerliches christliches Leben, und er fragte sich, ob er deutlich genug Zeugnis von seinem Christentum abgelegt hatte. Jetzt erst konzentrierte er sich direkt auf den Gegner, was Nietzsche schon am Beginn seiner Laufbahn machen wird. Er nannte den Gegner beim Namen und zog gegen die verlogene Amtskirche, das falsche Christentum ins Feld. Sein Bruder Peter Christian war damals Pastor von Pedersborg, und er würde 1856 noch zum Bischof von Aalborg ernannt werden.

Spätestens seit dem Erscheinen von *Entweder – Oder* im Jahr 1843 war er in den intellektuellen Kreisen Kopenhagens als Schriftsteller bekannt gewesen. Johan Ludvig Heiberg hatte das Buch, das sehr umfangreich war und ein schwerer Brocken, keine zwei Wochen nach dem Erscheinen schon rezensiert, mit einer Schnelligkeit, die vielleicht nur einem an der Hegel-Lektüre geübten und geschulten Geist möglich war. Brøchner erzählt, er habe beim Lesen von *Entweder – Oder* sofort geahnt, dass Kierkegaard der Autor sein müsste. Viele Gedanken und Bemerkungen aus ihren Gesprächen habe er in dem Buch wiedergefunden. Kierkegaard gegenüber aber tat er weiterhin so, als wüsste er von nichts, und wenn er den Autor um Aufklärung schwieriger Stellen bat, die er sich nicht erklären konnte, tat Kierkegaard immer so, als redete er von einem ihm fremden Werk, das er großartig zu erläutern verstand.

Das Buch veröffentlichte er zwar unter Pseudonym. Doch

gab es Stimmen, die ihn öffentlich als Verfasser identifizierten. Er schrieb sofort einen Zeitungsartikel, um die Leser vom Gegenteil zu überzeugen. Ob sie ihm glaubten? Das Versteckspiel hatte begonnen, aber schon in der ersten Runde sah es so aus, als würde es ihm nicht darauf ankommen, dass er ganz im Geheimen blieb, als ginge es für ihn als Autor darum, in einer indirekten existenziellen Spannung zur Öffentlichkeit zu stehen.

Die Anonymität hat er ja nicht gesucht, er hat sich hinter Pseudonymen versteckt, hinter Autoren, die sagten, was er dachte, die für jene Gedankenexperimente verantwortlich zeichneten, zu denen er, der das Ästhetische, die Freiheit der Subjektivität, so sehr schätzte und das Ethische, den Zwang des Allgemeinen, so sehr fürchtete, sich nicht bekennen wollte. Nur so konnte er sich davor bewahren, den Gedanken Taten folgen zu lassen und Pfarrer zu werden. Er suspendierte durch die Pseudonyme den praktischen Ernst, den die Gedanken für ihn hätten haben können, und blieb Schriftsteller. Das war eine grandiose Konstruktion, wie nur ein überragender Geist sie hochziehen konnte.

Er nannte sich selbst »ein Genie in einer Kleinstadt«, eine Verhältnisbestimmung, die ihm für sein Vorhaben gerade recht war. Den Mitbürgern fühlte er sich ja intellektuell weit überlegen, auch wenn er freundlich blieb. Seine Souveränität war damit gesichert. Das Versteckspiel konnte beginnen. Jeder Spielzug lag in seiner Hand. Kein Kritiker würde den Sinn dieses Vorgehens entschlüsseln, ihn auffliegen lassen, den dialektischen Finessen gewachsen sein. Die Kleinstadt hatte ihre üble Seite, durch die die erotische Spannung getrübt wurde, die zwischen ihm als Autor hinter mehreren Pseudonymen und einer neugierigen Öffentlichkeit bestand. Er habe sich, klagte er, mit Gerüchten, schlechter Nachrede, mit Klatsch herumschlagen müssen.

Nietzsche wird sich eines Tages von der Welt der Philologen absetzen und im Schweizer Gebirge verschwinden, und wenn ihm dort die Atmosphäre und die Witterung nicht mehr zusagen, wird er den Koffer packen, den Hut aufsetzen und mit dem Zug ans Mittelmeer fahren. Nach Berlin, Frankfurt oder München wird er nicht gehen. Er kehrt dem Deutschen Reich den Rücken, um aus der Distanz den Feind in seinem ganzen Ausmaß genauer sehen, studieren und besser treffen zu können. Schopenhauer saß zu viel, er saß in seiner Wohnung und bekam Depressionen, weil die Welt nicht an der Tür klingelte.

Søren Kierkegaard blieb in Kopenhagen, und mit jedem Buch, das er veröffentlichte und das ihm als Autor zugerechnet werden konnte, stieg die Verwunderung. Das Deutsche Reich und die christliche Kultur waren viel zu groß, um nicht die Geschosse ignorieren zu können, die Nietzsche in ihre Richtung schleuderte, so wie die deutsche Universitätsphilosophie und das deutsche Publikum das dicke Buch bei dessen Erscheinen nicht beachtet haben, das Schopenhauer ihnen vorsetzte. Kierkegaard schwamm auf der Welle der kleinstädtischen Neugier, die einen Leser zu einem der pseudonymen Bücher greifen ließ, weil Pseudonyme, vor allem ungewöhnliche, aber sprechende wie Victor Eremita und Johannes Climacus, ja auch ein Geheimnis versprachen.

Wie jedes treue Gemeindemitglied entzog er sich als Autor den Blicken der Mitbürger nicht völlig. Hin und wieder predigte der ausgebildete Theologe in einer Kirche. Das Christentum lag ihm am Herzen, und das durften die Kopenhagener ruhig wissen. Religion war keine Privatangelegenheit. Der Glaube forderte ein Bekenntnis, vor Gott und der Gemeinde. Gleichzeitig mit dem pseudonymen poetisch-philosophischen Rechenschaftsbericht *Entweder – Oder* veröffentlichte er deshalb unter seinem Namen erbauliche Reden. Die Doppelstrategie aus reflektierender Phantasie und christlicher Predigt, scheinbar unverbindlicher Ästhetik und religiöser Ethik verfolgte er so lange, bis er sich seiner Aufgabe sicher fühlte und sich als Spion Gottes entschließen konnte, die Pseudonyme fallen zu lassen und sich unter seinem Namen, in aller Öffentlichkeit, dem Kampf gegen die Amtskirche zu widmen. Von Anfang an hatte er keinen Zweifel daran aufkommen lassen, dass er dem Christentum dienen wollte, ähnlich wie Nietzsche von Anfang an keinen Zweifel daran aufkommen lassen wird, dass er dem Leben dienen werde, und Schopenhauer von Anfang an alles gesagt hatte, was es zu sagen gab.

An seinem Zeitalter aber ließ er kein gutes Haar. In der Schrift *Eine literarische Anzeige*, die 1846 erschien, zeichnete er ein Porträt der Gegenwart, deren mit ihr verheiratete Zeitgenossen sich geweigert hätten, darin sich wiederzuerkennen, und so reagiert hätten wie Jahre später in Paris der wütende Édouard Manet, der das Porträt seiner Frau auf dem Gemälde, das der mit ihm befreundete Maler Edgar Degas von dem Paar gemalt hat, inakzeptabel fand und deswegen seine Frau aus dem Bild schnitt.

Die Protagonisten der Gegenwart waren stolz auf das, was sie erreicht hatten, die Mehrheit schwamm auf dem Strom des Fortschritts mit. In manchen Zügen nahm er Nietzsches Kritik vorweg. Das Geld nivellierte die Dänen zu glückssuchenden Durchschnittserscheinungen und die Dinge zu austauschbaren Waren. Neid, Geschwätz und leeres Räsonnement füllten die Köpfe und die Zeitungen. Die Bürger schmolzen zusammen zu einem Brei von Meinungen, zu einem neuen sozialen Phantom, dem Publikum. Der geistige Spiegel der Mehrheit, die zur Macht drängte, war die Presse und deren Emblem der anonyme Journalist, der sich hinter der Namenlosigkeit versteckte und vor der Verantwortung drückte für das, was er geschrieben hatte.

Der Kampf richtete sich gegen einen übermächtigen Gegner, der immer mächtiger wurde und jede subjektive Eigenwilligkeit einebnete, jede Eigenmächtigkeit unterwarf, jede außergewöhnliche Selbstbehauptung eingemeindete. Die Masse, die Mehrheit war das Gesetz. Umgekehrt ließe sich sagen, dass dieser Mann von kleiner Statur in dem Maße in die Höhe und in die Einsamkeit des Himmels wuchs, in dem auf Erden, insbesondere in Kopenhagen, alle Bewohner in der Mehrheit sich auflösten.

Ein Einzelgänger hätte sich auch zurückziehen können. Der Spion Gottes musste an die Front. Psychoanalytiker hätten hier ein narzisstisches Wechselspiel vermuten können zwischen Depression und Größenwahn. Aber so einfach war es für den Spion eben nicht, weil ja Gott im Spiel war. Im Sommer 1855 hat Brøchner zum letzten Mal Kierkegaard getroffen und sich bei ihm bedankt für die Polemiken gegen die Kirche und ihm gesagt, dass er mit ihm sympathisiere und dass er viele kennen würde, die es ebenfalls täten. Er sei sehr klar und ruhig gewesen und wie immer zu Scherzen aufgelegt. Dass er mit Kierkegaards Polemik sympathisierte, bedeutete aber nicht, dass er dessen Auslegung des Christentums teilte. Brøchner gehörte zu den Anhängern einer historisch-kritischen Deutung, die Kierkegaard strikt ablehnte.

Als Schriftsteller stand er vor einer Aufgabe, die ihn unruhig machte. Anders lässt sich der Umfang des Werkes nicht erklären, das er in rascher Folge in wenigen Jahren vorlegte. Als müsste er mit jedem Atemzug eine erklärende Zeile schreiben, hat dieser gehetzte Geist sich selbst unter einen enormen Kommentardruck und Auslegungszwang gesetzt. Er war, wie er betonte, kein Wahrheitszeuge in dem Sinne, wie die Apostel im Römischen Reich es gewesen waren oder die ihnen folgenden Märtyrer, die Heiden rund um den Globus missionierten.

In den ersten Jahren besaß dieser Autor keine höhere Vollmacht, das heißt, er konnte sich nicht auf den Rathausplatz in Kopenhagen stellen und der Menge eine Wahrheit verkünden, die ihm gesandt worden wäre. Wie Sokrates musste er auf die Straße gehen und um jeden Einzelnen kämpfen, und das mit Argumenten, in deren Zentrum die Verteidigung der subjektiven Wahrheit stand, die jeder für sich finden konnte. Durfte er es wagen, sich in der Öffentlichkeit als einen wahren Christen zu bezeichnen? Und mit welchem Recht durfte er das wahre Christentum verkünden? Zweifel an der eigenen Legitimation lagen wie Steine auf dem Weg der Selbstbehauptung.

Solange er am schriftstellerischen, ästhetischen Werk arbeitete, schrieb er über sich selbst, einen exemplarischen Fall reflektierter Innerlichkeit. Kein Wort fiel über die Vorteile der Demokratie, über den notwendigen Arbeiterkampf, über fehlende Bildungschancen für das Volk und über die elende Wohnungsnot. Stattdessen schrieb der Junggeselle über die Liebe und die Ehe, schrieb der Protestant über die Angst und die Erbsünde, über Furcht und Zittern unter dem Diktat Gottes, schrieb der ehemalige Student der Theologie und Philosophie über die Verzweiflung und das Selbst sowie über das Paradox des Glaubens. Im Innern lag die Wahrheit, um die es ging. Sie lag nicht da wie ein Paket, das ihm von Professoren geschickt worden war, das er vom Postboten entgegengenommen hatte und das nun ausgepackt und dessen Inhalt studiert werden musste. So hatte Hegel sich verhalten, als er sich über die Geschichte des Geistes und die Geschichte der Welt beugte, und so verhielt sich Marx, als er sich über die Geschichte der Ökonomie und der Klassenkämpfe beugte.

Die Wahrheit war einzig und allein er selbst, ein Mensch vor Gott, ohne Talar, wie der Berliner Professor, und ohne Partei, wie der politische Emigrant in London. Die Mehrheit, ob Arbeiter und Frauen, die Objektivität, Ökonomie und Soziologie, die demokratische Vernunft, ob Gemeinwohl und soziale Gerechtigkeit, hatten von ihm nichts zu fordern. Der wahre Christ war ein Einzelner, unerreichbar, unbeirrbar. Kierkegaard stellte diese Kategorie auf wie ein Mahnmal, in der Hoffnung, dass die Kopenhagener nicht daran vorbeigehen würden. Die Kopenhagener hatten anderes zu tun, als sich um ein Mahnmal zu versammeln. Das hatte ihm auch Brøchner gesagt, dass viele der Leser ihm darin zustimmten, wie er die Einzigartigkeit des Christentums hervorzuheben wisse, aber keiner ihm folgen wolle, weil er das konkrete Leben aus dem Blick verloren habe.

Mit jedem Buch hatte er ihnen zugerufen, sie sollten für einen Augenblick stehen bleiben, sich besinnen und überlegen, wer und was sie ohne den wärmenden Mantel der Allgemeinheiten und der Konventionen waren, bevor sie weitergingen und so taten, als wären das keine drängenden existenziellen Fragen. Er erklärte ihnen, was es mit der Sorge, dem Augenblick und dem Selbst auf sich habe, alles Phänomene, die sie aus eigener Erfahrung kannten und die sie interessieren mussten. Die Sorge, die Kierkegaard ihnen zeigte, war nicht nur die Sorge um das Mittagessen, die Gesundheit der Kinder und darüber, ob das Geld für den Monat reichen würde, und der Augenblick, auf den er sie aufmerksam machte, war nicht nur der Moment, als ein Feuer ausbrach, ein Ziegel vom Dach fiel und ein Gewitter sich entlud, und das Selbst, auf das er sie hinwies, war nicht nur so etwas wie das Ich, nicht nur eine Art Kleidung für besondere Anlässe und nicht nur ein Fingerzeig in die eigene Richtung. Sorge, Augenblick und Selbst standen in einem engen Kontakt mit Gott, und wer sie tief spürte, der nahm, wenn er Kierkegaard folgte, mehr wahr, als er landläufig dabei dachte. Ein Hauch von Unendlichkeit ließ sich wahrnehmen, der das Selbst, das sich um sich sorgte, im Augenblick durchwehte, aber dieser Hauch wehte eben auch über die

Köpfe der Kopenhagener hinweg, die sich mit ganz anderen, eben den alltäglichen Problemen herumschlugen und das Selbst nur in den üblichen Verbindungen wie Selbstsucht, Selbstlosigkeit, Selbstvertrauen kannten.

Auch wenn es dem kauzigen Spaziergänger offensichtlich anders erging und er schnell alterte, dem inneren Selbst, wie er es großzog und pflegte, wuchsen keine grauen Haare, es bekam keine Falten und lief nicht eines Tages am Stock. Solange dem Selbst die Kraft des Geistes so zugeneigt war wie diesem endlos schreibenden Autor, blieb es jung, und wenn diese Kraft nicht mehr ausreichte, dann blieb es jung dank der Kraft des Glaubens, der keine dialektischen Sprünge machen musste, sondern ganz ruhig war im Gebet, wie jede wirklich fromme Seele bewies, und sich nicht aufrechterhalten musste durch historisch-kritische Jesu-Forschung.

Leben und Schreiben waren komplementäre Ereignisse, wie ein schneller Herzschlag und heftiges Atmen. Was war ein Einzelner anderes als ein bis in die äußersten existenziellen Spitzen und Tiefen hinein reflektiertes Selbstgefühl? Und dafür brauchte ein Einzelhandelslehrling Zeit und Muße und Geistesgaben.

Die Festigkeit dieses Gefühls produzierte eine Ernsthaftigkeit, die für die Bewältigung der Aufgabe, die Subjektivität zu denken und dadurch zu leben, notwendig war. Wenn er den Zusammenhang zwischen Selbstgefühl und Reflexionsdruck nicht gesehen hätte, wäre er über den psychischen Zwängen nur ins Grübeln geraten und hätte darauf wie ein Therapeut reagiert, eben psychologisch. Aus psychologischer Sicht gesehen war die Schwermut eine Missbildung, eine Abweichung vom Normalwuchs, die korrigiert werden musste. Aus existenzialistischer Sicht hingegen war sie ein Weg zu sich selbst.

Die Schwermut war kein Privatbesitz Kierkegaards. Dass ein dänischer Bürger in seinem recht menschenleeren grünen

Heimatland melancholisch werden konnte, wenn er in der Provinz zusammen mit Kühen und Bäumen lebte und am Sonntag die Dorfstraße hinauf- und hinunterwanderte und die Blumen in den Gärten grüßte und die Gespräche der letzten Woche wiederholte, verraten dänische Maler wie Christen Købke oder Johan Thomas Lundby auf ihren stimmungsvoll in Stille, Wind und Meer versinkenden Gemälden, vor denen dem Betrachter ganz anders zumute wird, und dagegen hilft auch nicht, sich mit dem Hinweis aus dem Seelentief zu reißen, dass die Lieblichkeit die kleine dänische Schwester der Verlorenheit sei.

Christen Købke, Herbstmorgen am Sortedam-See (1838)

Über seine Schwermut hat Kierkegaard nicht anders nachdenken können. Eine Alternative war für ihn ausgeschlossen. Die Schwermut war kein Krankheitsbild, dem er sich mit unterschiedlichen Untersuchungsmethoden hätte nähern können, als wäre sie ein Gedicht oder ein Gemälde, dem die wissenschaftlichen Experten, die keine Gedichte schreiben, keine Gemälde malen können, mit Methodenvielfalt zu Leibe rücken.

In der *Abschließenden unwissenschaftlichen Nachschrift*, die für ihn eine Wende in der Autorschaft einleitete, weg vom pseudonymen ästhetischen und hin zum religiösen Schriftsteller, der sich zu seiner Autorschaft und den Pseudonymen bekannte, schrieb er: »Jede Entscheidung, jede wesentliche Entscheidung liegt in der Subjektivität.«[72]

Der Satz lässt sich auf den ersten Blick so deuten, dass jeder Mann und später auch jede Frau frei über sich verfügen und ihre Entscheidung aus sich selbst heraus ziehen können wie eine Flasche Wein aus einem Lager, in dem mehrere Flaschen Wein liegen, oder wie einen Pullover aus einem Regal, in dem mehrere Pullover verstaut sind. Aber in diesem Sinne war der Satz nicht gemeint.

Subjektivität war für Søren Kierkegaard nicht nur das Gegenteil von Objektivität, sie bedeutete Leidenschaft, ein leidenschaftliches Interesse. Sollten sich also eine Frau und später vielleicht auch ein Mann für ihr Seelenheil leidenschaftlich und konsequent interessieren, dann konnten sie behaupten, sie hätten sich dafür entschieden und damit für ein Leben, das dem Seelenheil gerecht werde. Die Freiheit einer Entscheidung bewies sich darin, dass sie mit Leidenschaft ernst genommen wurde. Mochte Kierkegaard mit seiner Schwermut auch in sich selbst feststecken, er erhob sich über den psychischen Zwang, indem er dieses Gefühl mit leidenschaftlichem Ernst bestätigte. Seine Umwertung der Werte bestand darin, sich nicht von sich selbst, vom Selbstgefühl wegziehen zu lassen, sondern darauf zu beharren, dass sein Seelenheil in der Reflexion des Lebens, seines Selbst lag, und nicht woanders, in Dogma, Wissen, objektiver Erkenntnis.

In *Die Krankheit zum Tode* heißt es: »Das Gesetz der Entwicklung des Selbst in Hinblick auf Erkenntnis, so weit es wahr werden soll, daß das Selbst es selbst wird, ist, daß der steigende Grad der Erkenntnis dem Grade der Selbsterkenntnis entspricht, daß das Selbst, je mehr es erkennt, desto mehr sich selbst erkennt. Geschieht das nicht, so wird die Erkenntnis, je mehr sie steigt, desto mehr eine Art unmenschlichen Erkennens, zu dessen Zuwegebringen das Selbst des Menschen verschwendet wird, ungefähr wie Menschen zum Bau der Pyramiden verschwendet wurden ...«[73]

Die enge Bindung von Selbsterkenntnis und Erkenntnis ist auch die entscheidende Vorgabe für eine sinnvolle Lektüre der Werke der drei Außenseiter. Der Leser, der nur Wissen über sie ansammelt, verpasst den Kern, um den es ging, die Erfahrung des Selbst. In dieses tote Wissen verirrte sich damals auch ein Pubertierender, der die Liebe kennenlernen wollte und deswegen eine Liebesgeschichte las, aus der er erfuhr, wie sich zwei Liebende fühlen, wenn sie sich lieben. Sich selbst als Liebenden hatte er auf diese Weise nicht kennengelernt.

Das Selbst lag nicht fertig verpackt in einem Lehrbuch der Philosophie oder der Psychologie. Es musste entdeckt werden als eine Kraft, eine Stimmung, die nicht wegzudenken war, so, wie sich ein Erlebnis verdrängen und vergessen lässt. Sie war essenziell, nicht etwas Zufälliges und Wandelbares. Anders als Mut, Vertrauen, üble Laune, Eifersucht ließ sie sich nicht definieren, sie war umfassend und grundlegend. Jede Reflexion, die sich ihrer anzunehmen versuchte, war von ihr eingefärbt wie die Wolken am Horizont von der Abendsonne. Reflexion ohne sie, das hieß reine Reflexion, war nicht möglich, außer das Denken beschäftigte sich mit Dingen, die fern der Existenz lagen, wie Schüler mit Mathematikaufgaben. Die Pragmatiker spürten von dieser Kraft und dieser Stimmung wenig und ließen beide verkümmern vor lauter Fleiß und Anpassung.

Das Selbst im Sinne des Dänen war eine Herausforderung, eine Provokation, ein Paradox. Es war da, aber es ließ sich nicht fassen, so wenig, wie Brøchner Kierkegaard zu fassen vermochte. Das bekannte er ganz offen in seinen *Erinnerungen*. Dort sagte er, er habe sich gerne von ihm belehren lassen und es vermieden, mit ihm in eine Diskussion zu geraten, da Kierkegaard ihm haushoch überlegen gewesen sei. Wenn er mit ihm diskutiert hätte, dann wäre er von ihm überwunden, aber nicht überzeugt worden. Das war eine treffende Beschreibung für die Wirkung, die Kierkegaard hatte, er erstaunte seine Gesprächspartner und Leser, er überwältige sie, solange sie ihm still folgten, aber auf seine Seite zog er sie nicht. Irgendwie, so sah es aus, reichten dafür die Argumente nicht, die er vorbrachte. Er verlor sein Gegenüber aus dem Blick, obwohl er einen guten Blick für sein Gegenüber hatte.

Bei Schopenhauer scheiterten die Zuhörer an seiner Rechthaberei, bei Kierkegaard an seiner dialektischen Überredungskunst und bei Nietzsche an der Selbstherrlichkeit eines Verkünders. Letztendlich sind sie den Mitbürgern auf die Nerven gegangen. Dem argentinischen Schriftsteller Julio Cortázar ist es viel später ähnlich ergangen, und er hat dieses Gefühl in das Bonmot gegossen, versteckt in dem großartigen Roman *Rayuela*, Kierkegaard zu lesen bedeute, ein Papagei im Käfig Kierkegaards zu werden.

Zwei Jahre nach *Entweder – Oder* wird er die Frage: Schuldig – Nicht-schuldig? erneut behandeln, in den *Stadien auf des Lebens Weg*. Von außen gesehen, ein beliebiger junger Mann unter beliebigen Frauen und Männern, hatte er sich schuldig gemacht, als er sich verlobte und dann nach einigen Monaten die Verlobung auflöste. Von innen gesehen, als dieser besondere junge Mann, hatte er sich nicht schuldig gemacht.

Wieder schrieb er Hunderte von Seiten über diese unglückselige Geschichte, und die Vermutung drängt sich auf, dass er mit der Tragödie nicht fertigwurde, egal was er darüber aufs Papier brachte. Die ganze Dialektik, die er auffuhr, half ihm nicht aus der Gewissensnot heraus. Ein menschlicher Makel blieb haften und ließ sich nur kaschieren, wenn er sich über Kopenhagen erhob. Und wie er dort oben schwebte, ein durchdringender Geist über der kleinen dänischen Sorgenlandschaft mit ihren vielen Kirchtürmen, glich er da nicht ein wenig der absoluten Vernunft Hegels, die in seinem konkreten Fall zum Geist der Absolution mutierte? Er sprach sich selbst, im Namen des Gottes, dem er sich verpflichtet glaubte, frei.

Die *Philosophischen Brocken*, die im Sommer 1844 erschienen, waren eine Studie über Ewigkeit und Geschichte, Wahrheit und Zeit, Lehrer und Schüler, Sokrates und Jesus, über die Wahrheit, die Sokrates aus den Gesprächspartnern herausholte, indem er sie zum eigenständigen Nachdenken brachte, und über die Wahrheit, die Jesus in die Heiden hineinlegte, indem er sie aus der Endlichkeit zog. Spielten die zweitausend Jahre, die seit der Geburt Christi vergangen waren, irgendeine Rolle für den christlichen Glauben? Oder war es nicht vielmehr so, dass der Glaube die zweitausend Jahre einfach beiseiteschob, nicht wie einen Vorhang, sondern so als wären sie gar nicht gewesen? Der gläubige Christ war Zeuge eines Wunders, wie die Jünger und die Zeitgenossen damals. Er bezeugte mit seinem Glauben die Menschwerdung Gottes und erhielt dafür, als eine Art Gegengeschenk, das Paradox als Kernsubstanz des Denkens.

Für das Christentum war die Zeit das entscheidende Kriterium. Für die Aufklärung, so ließe sich ergänzen, wurde es der Raum. Die Christen vernichteten durch den Glauben die Zeit nach der Menschwerdung Gottes, nach dem Einbruch der Ewigkeit in die Endlichkeit, und harrten auf die Erlösung am Ende der Zeiten. Die Aufklärer stellten alle Europäer in den

Raum der Vernunft, begannen, miteinander zu reden, und hofften, dass sich durch mehr Wissen etwas ändern würde.

Die Studie *Der Begriff Angst*, ebenfalls aus dem Jahr 1844, handelte von der Erbsünde, die seiner Ansicht nach auf jedem Neugeborenen lastete, sobald die Seele in der Endlichkeit landete und der Geist in Versuchung geriet, ihre Herkunft zu vergessen, ihre Einzigartigkeit und Unendlichkeit. Das war der Grund der Angst, sich verdammt zu fühlen. Die Unruhe des Geistes war eine christliche Erbschaft, sie entstand aus dem Verlust der Unschuld. Die Angst kam aus dem Nichts, sie war eine blitzartige Erkenntnis, Ausdruck der Freiheit, die den Geist bedrückte, weil er sich in der Endlichkeit orientieren, sie formen, mit ihr zurechtkommen musste. Furcht entstand vor etwas Konkretem, Angst vor der Erkenntnis, zu Gutem und Bösem fähig zu sein, sich für diesen oder jenen Weg entscheiden zu müssen und entweder tiefer in die Endlichkeit hineinzugeraten oder aus ihr herauszufinden.

Die *Abschließende unwissenschaftliche Nachschrift*, im Jahr darauf veröffentlicht, behandelte die Differenz zwischen dem logischen, objektiven Denker einerseits und dem subjektiven, existenziellen Denker andererseits und stellte die Subjektivität der Wahrheit, die die toten Allgemeinheiten mit lebendigen Individuen konfrontierte, gegen die Wahrheit der Subjektivität, die in Gott gründete, und rückte damit eine Religiosität der Unruhe und Reflexion gegen eine Religiosität der Ruhe und Ergebenheit.

Kierkegaard, der sich am Ende des Buches zu den Pseudonymen bekannte, schien in eine zweite Phase seines Schaffens treten zu wollen mit dieser letzten Unterscheidung. Es sah so aus, als würde er sich als ästhetisch-religiöser, reflektierender Schriftsteller verabschieden und sich ganz der Aufgabe als religiöser Schriftsteller widmen. Doch noch für *Die Krankheit zum Tode*, die 1849, und für die *Einübung im Christentum*, die

1850 erschien, verwendete er ebenfalls ein Pseudonym, als wäre er sich seiner Sache nicht ganz sicher gewesen.

Hieß der pseudonyme Autor der *Abschließenden unwissenschaftlichen Nachschrift* Johannes Climacus, so der Autor der beiden letzten pseudonymen Schriften Anti-Climacus. Das mochten aufmerksame Leser als einen Hinweis verstehen, dass die Zeit der philosophisch-theologischen Erläuterungen und Streifzüge vorbei war und von einer prüfenden Besinnung auf den Kernbestand der christlichen Ausrüstung abgelöst wurde.

Er wartete auf einen Anlass, der den Angriff sofort rechtfertigen würde, er wartete fünf Jahre, bis Bischof Hans Lassen Martensen, ehemals Professor an der Universität in Kopenhagen, den verstorbenen Amtsvorgänger Bischof Jacob Peter Mynster einen Wahrheitszeugen nannte. Da platzte Kierkegaard der Kragen. Die beiden kannte er sehr gut. Martensens Werke hatte er studiert, der große Prediger Mynster war der Seelsorger seines Vaters gewesen, und auch sein Seelsorger, den er einst, so erzählt es Brøchner, wegen seines Vaters hoch geschätzt habe, über den er später aber, als Mynster für ihn vor allem ein weltkluger Mann war, still lächelte.

Die ganze Aktion machte den Eindruck eines etwas erweiterten Familienstreits. Anlässe hätte der verlorene Sohn überall gefunden, und dann wäre er einigermaßen friedlich aus der kleinen Kopenhagener Welt geschieden. Das war ihm offensichtlich zu billig erschienen. Er brauchte einen Riesenkrach, eine Bühne, die größer war, als jedes Theater sie bot, eine Inszenierung, die nachhallte, einen letzten Akt, einen großen Monolog, einfach, verständlich, ohne Pause. Dann konnte er abtreten. Keiner konnte ihm nachsagen, dass er die Öffentlichkeitsarbeit nicht beherrschte. Er führte einen perfekten Krieg mit Worten.

Noch war er nicht so weit. Verzweiflung konnte ihn, wie jeden Steuerzahler, packen. Darum ging es in der schmalen

Schrift *Die Krankheit zum Tode*. Die Krankheit entstand beim Herumirren in der Endlichkeit auf der Suche nach dem wahren Selbst: »Verzweiflung ist eine Krankheit im Geist, im Selbst, und kann so ein Dreifaches sein: daß der menschliche Geist in der Verzweiflung sich nicht bewußt ist, ein Selbst zu haben (uneigentliche Verzweiflung); daß er verzweifelt nicht er selbst sein will, daß er verzweifelt er selbst sein will.«[74] Der Ausweg war, wie immer, Gott.

Die Unsicherheit, die Kierkegaard davor zurückschrecken ließ, seine Pseudonyme fallen zu lassen, beherrscht den apodiktischen Ton dieses Satzes, der am Anfang der Studie steht, wie eine Mauer, die sich nicht einfach überwinden lässt. Es ging um ihn, wie immer, aber dieses Mal ging es ganz unmittelbar um das Zentrum, um das er die ganzen Jahre gekreist war, um das Selbst, eine letzte Sicherheitskontrolle, eine programmatische Erklärung in eigener Sache, verfasst für die Leser Kopenhagens, dass sie sich nicht wunderten, wenn er auf die Straße käme und die Stimme erheben und die Kirchtürme zum Einstürzen bringen würde.

Als würde ihn die kriegerische Aufmachung irritieren, schob er mit der *Einübung im Christentum* ein Buch über die christliche Lehre der Liebe nach, wie einen Nachweis, dass er Frieden bringen wolle, den Frieden und die Nächstenliebe des Evangeliums. Das war eine Botschaft, die einfach zu beherzigen war, sie brauchte nicht viele Worte, weder von Theologen noch von Philosophen, sie brauchte Taten. Das Buch wurde sehr umfangreich. Die Taten ließen auf sich warten.

Weitere fünf Jahre zog die dänische Kirche die Christen mit der Taufe unter ihre Fittiche, und wenn es Ausreißer gab, die sich von ihr abwendeten, so liefen sie friedlich in die Arme von Nikolai Frederik Severin Grundtvig und seiner Kirche der Volksfrömmigkeit, und wenn es Gläubige ab, die neben der Amtskirche noch eine festere Glaubensbindung und gottgefällige

Wegweisung suchten, dann liefen sie zu den pietistischen Ablegern des protestantischen Glaubens, wie das Kierkegaards Vater gemacht hatte, der ein Mitglied der Herrnhuter Brüdergemeinde war.

Dann spielte ihm Martensen den Ball zu. Und Kierkegaard preschte vor. Er schrieb zahlreiche Flugschriften gegen die Männer im schwarzen Rock, die sich gegenseitig Wahrheitszeugen nannten und sich mit diesem Anspruch in eine Reihe mit den Aposteln stellten. Kierkegaard bebte, und er verursachte in Kopenhagen ein kleines Beben. Er stand auf den Barrikaden. Das war seine Revolution. Ein Mann, ein Einzelner, gegen alle. Er forderte nicht mehr Demokratie, nicht mehr politische Partizipation, nicht mehr Wohlstand für alle, nicht mehr soziale Gerechtigkeit, er forderte wahres Christentum. Unter dem Volk fand der Revolutionär der Innerlichkeit stille Zustimmung, wie sich an den zahlreichen Teilnehmern an seiner Beerdigung zeigen würde. Er starb am 11. November 1855.

Auch Philosophen, wenn sie, wie Kant, Fichte, Hegel, über den Geist ein Buch verfassten, schrieben im strengen Sinne über sich selbst. Sie erzählten zwar keine Privatgeschichten, sie ließen keine fachfernen Abschweifungen in die Analyse des Geistes einfließen. Aber sie konnten von den eigenen Mitteln des Geistes, die ihnen zur Verfügung standen bei dem Versuch, über das Denken nachzudenken, nicht abstrahieren, auch wenn sie sich vornahmen, an nichts Persönliches zu denken. Sie gingen davon aus, dass sie vernünftig denken konnten, und dachten deswegen, dass sie etwas über die Vernunft sagen konnten, ohne dass sie als Individuen in irgendeiner Weise dabei eine Rolle spielten. Kierkegaard hat deswegen behauptet, Hegel würde als Philosoph im Schloss der Vernunft wohnen, darüber aber vergessen, dass er als Mensch in einer Hütte hause.

Er selbst wohnte in großen Wohnungen, saß an einem reich gedeckten Tisch, wie es seiner Ansicht nach für einen großen Geist wie ihn angemessen war, und schrieb die ganze freie Zeit über die Existenz und das Selbst und dachte in all den nächtlichen Stunden, die er von einem Zimmer ins andere lief, über sein Leben und sein Selbst nach, weil er von sich nicht abstrahieren konnte. Seiner Ansicht nach ging das nicht, außer durch einen ungeheuren Selbstbetrug. Dann löschte er die Kerzen und legte sich schlafen. Die Kerzen löschte er immer mit Vorsicht. So steht es in Brøchners *Erinnerungen*. Er war davon überzeugt, dass der Qualm gesundheitsschädlich sei.

Im Schreiben hat dieser moderne Höhlenbewohner seine Existenz nicht nur reflektiert, sondern vorgeführt und erfüllt. Es hat sein Leben nicht nur begleitet, sondern ihm sein Leben erst richtig zum Bewusstsein gebracht. Dänemarks eloquentester Melancholiker schrieb über sich und für sich. Dieser Extremismus aus einem abgründigen Selbstgefühl heraus war genial.

Nietzsche war ein Prophet, der wusste, wie die Wüste bewässert werden konnte, und der den Quell dazu in sich sprudeln fühlte, aber die Jünger mussten erst noch kommen, in deren Kreis das neue Leben sich ganz entfalten könnte, ohne durch Kritik und Kampf abgelenkt zu werden. Seine Hoffnung richtete sich auf eine bessere Zukunft, in der spätere Generationen ihn verstehen würden. Er war voller Tatendrang, er wühlte sich aus seiner Zeit und aus seinem alten Selbst heraus, nur fehlte eine Welt, die ihn, frei und erlöst, spiegeln würde.

Bei Kierkegaard waren Leben, Selbst und Schreiben nahezu identisch. Ihre Einheit war die existenzielle Reflexion. Wie diese Intensität erreicht wurde, das lässt sich unmittelbar in seinen Werken erfahren und in einem großartigen, mehrere Bände füllenden Tagebuch, das in der philosophischen Literatur einzigartig ist.

Durch wissenschaftliche Objektivität ließ sich kein Leser dazu bringen, jene Leidenschaft zu entfalten, die notwendig war, um ein existenzieller Denker zu werden. Niemand wurde durch vernünftige Ratschläge und Argumentationen dahin gebracht, subjektiv zu werden, statt objektiv zu sein.

Die Philosophen gingen davon aus, dass die Vernunft universell sei, wie Hunger, Gesundheit, Tod. Sie sprachen von ihr wie von einem gemeinsamen Dritten, dem sie und ihre Leser mit Naturnotwendigkeit folgen könnten, Wildgänsen gleich, die im Winter in den Süden fliegen, ohne vorher darüber zu debattieren, ob das eine gute Idee sei und welche Route sie einschlagen sollten. Kierkegaard zeigte einen Weg, der eine Herausforderung für den Leser war. Ob Jung oder Alt, Frau oder Mann, Däne oder Berliner, sie alle mussten zu ihrem Selbst aus eigener Kraft finden. Die Wahrheit war die Subjektivität, weil sie in der Existenz lag, im Paradox der Unendlichkeit in der Endlichkeit. Als die Wildgänse davon Wind bekamen, stoben sie in alle Richtungen.

Kierkegaard erhob Einspruch, penetrant und ausdauernd. Für seine Gedanken brauchte der Theologe, der auch ein Philosoph war, Prosa und Poesie, eine Form, die Empfindungen und Gedanken vereinte. »Die *Form* des subjektiven Denkens«, schrieb er, »die Form seiner Mitteilung ist sein *Stil*. Seine Form muß ebenso mannigfaltig sein, wie es die Gegensätze sind, die er zusammenhält. Das systematische eins-zwei-drei ist eine abstrakte Form, die daher auch, so oft sie auf das Konkrete angewendet werden soll, in Verlegenheit kommen muß. In demselben Grade wie der subjektive Denker konkret ist, in demselben Grade muß auch seine Form konkret dialektisch sein. Wie er aber selbst nicht Dichter, nicht Ethiker, nicht Dialektiker ist, so ist seine Form auch nicht direkt eine von deren Formen. Seine Form muß sich vor allen Dingen zur Existenz verhalten, und er muß in dieser Hinsicht über das Dichterische, das

Ethische, das Dialektische, das Religiöse verfügen.«[75] Aus diesen Überlegungen über Form und Existenz entstand ein exzeptionelles philosophisches Werk.

Sein beliebtester Trick bei der indirekten Mitteilung bestand darin, sich als Autor hinter einem Pseudonym zu verstecken. Manchmal tat er auch so, als wäre er nur der Herausgeber eines von einem Unbekannten geschriebenen Manuskriptes, was als ein Hinweis darauf gedeutet werden konnte, dass er die persönliche Verbindung mit dem betreffenden Buch nicht kappen wollte. Er gab sich als eine Schattenfigur im Hintergrund zu erkennen, die durch den herausgegebenen Text an Kontur gewann, da sie ja ein Interesse an dem Text haben musste.

In der 1851 verfassten Schrift über seine Wirksamkeit als Schriftsteller behauptete Kierkegaard, er habe die Pseudonyme für jene reflektierenden Werke reserviert, mit denen er seine Mitbürger zu erreichen gehofft hatte. Er sei, schrieb er, aber schon bei seinem ersten Werk, *Entweder – Oder*, ein religiöser, existentieller Schriftsteller gewesen, nicht nur ein Schriftsteller im landläufigen Sinne, der mit Geschichten die Leser zu unterhalten versuche. Wie es um ihn als Christen stand, das sollten die zeitgleich erschienenen erbaulichen Reden zeigen. »Ich begann als Schriftsteller mit einer ungeheuren Wucht: daß ich heimlich so beinahe für einen Schurken angesehen wurde – natürlich jedoch für eben darum liebenswürdig, besonders der Interessantheit und Pikantheit wegen. Das ist nötig gewesen um die ›Menge‹ von Christen ein wenig mitzubekommen. Und wäre selbst einer ein Heiliger, mit dem Heiligen anzufangen heißt von selbst: die ganze Sache aufgeben; denn im Zeitalter der Reflexion, in dem wir leben, pariert man sofort, und nicht einmal sein Tod kann etwas nützen. Nein, in der Reflexion muß alles umgekehrt herum getan werden. Auf die Art begann ich. Dazumal war ich auf meinem Gipfel im Verhältnis zur Menge der Menschen, und – da wir in der Christenheit leben, wo sie alle Christen sind – mithin im Verhältnis zur Menge der Christen, zur ungeheuren Menge der Christen, zu allen Romanlesern und -leserinnen, den ästhetisch Gebildeten, den schönen Geistern, die zugleich allesamt Christen sind.«[76]

Da die Existenz ein Werden war, konnte sein Denken nicht statisch sein wie das objektive. Das existenzielle Denken war im Fluss. Mit den wechselnden und aufeinander Bezug nehmenden Pseudonymen zeigte sich der Zusammenhang von existenziellem Werden und existenziellem Denken. Der Autor war nicht zu fassen, er war schon einen Schritt weiter oder noch einen Schritt zurück, er bewegte sich auf die Ansichten eines Pseudonyms zu, und er bewegte sich von diesen Ansichten weg.

Hinter diesem Spiel verbarg sich ein grundsätzliches Problem. In sein Tagebuch schrieb er 1843: »Es ist ganz richtig, was die Philosophie sagt, dass das Leben rückwärts verstanden werden muss. Aber darüber vergisst man den anderen Satz, dass es *vorwärts gelebt werden* muss. Welcher Satz bei genauerem Durchdenken gerade damit endet, dass das Leben in der Zeitlichkeit nie recht verständlich wird, eben weil ich in keinem Augenblick vollkommene Ruhe finden kann, um die Stellung: rückwärts einzunehmen.«[77]

Je mehr sich das Leben als Schreiben abspielte, umso größer war die Chance, dass Leben und Verstehen in eins fallen würden. Ein Schriftsteller war radikal, wenn er sich ganz seinem Werk verschrieb, das von nichts anderem handelte als von ihm selbst. Auf diese Weise würde er der Zeitlichkeit entkommen. Das Denken über die Existenz und Existieren als Denker wurde ein einziger Vorgang.

Die Aufgabe als religiöser Schriftsteller lag darin, auf den Einzelnen als religiöse Kategorie mit aller Macht aufmerksam zu machen, auf ihn hinzuweisen. Der Einzelne wurde zur Symbolfigur seines Denkens. Mochte sich der Einzelne der Menge entziehen und sein Selbst vor den Ansprüchen der Mehrheit schützen, praktisch zeichnete ihn eine Eigenschaft aus, die ihn mit allen verband, die christliche Nächstenliebe. Die Taten der Liebe waren, wenn sie dauerhaft gezeigt werden sollten, auf Frieden angewiesen, auf eine gewisse Festigkeit und Konstanz des sozialen Lebens. Im kriegerischen Chaos hätte sich die Nächstenliebe nur mit der größten Anstrengung in den feindlichen Auseinandersetzungen erhalten und beweisen können. Kierkegaard war kein Revolutionär, der für das materielle Glück der Masse eintrat und die Gesellschaft hätte umkrempeln wollen. Befreiung fiel für ihn mit Erlösung zusammen, die jeder in Gott fand. Insofern war die Kategorie des Einzelnen eine Art Kapsel, in der ein Däne durch das 19. Jahrhundert rollte, ohne sich ablenken zu lassen von den modernen politischen Forderungen und den sozialen Bewegungen.

Erst zu Beginn des 20. Jahrhunderts wurde Kierkegaard als Philosoph entdeckt. Der Theologe Kierkegaard ging im existenzialistischen Szenarium verloren. Die Idee vom Selbstgefühl und der daraus folgenden Selbsterschaffung und Selbstbehauptung der Existenz erhielt sich in der Idee der Wahl. Jean-Paul Sartre hat in einer Studie über den Dichter Charles Baudelaire erklärt, was es bedeutete zu sagen, dass der Dichter sich selbst gewählt, sich zu dem gemacht hatte, der er war. Diese Wahl, behauptete Sartre, sei tief in seinem Innern verwurzelt gewesen, in Tiefen, die unerreichbar für sein Bewusstsein gewesen seien, aber mit dem psychoanalytischen Reich des Unbewussten nichts zu tun hätten. Baudelaires Wahl sei sein besonderes, sein individuelles Bewusstsein gewesen und sie spiegelte sich deshalb wider in der Art und Weise seines Denkens, im, wie Sartre sagte, Geschmack seiner Gedanken.[78]

Kierkegaard hat diese Urwahl geahnt. Sie war ein Abbild seines in der Schwermut gewachsenen Selbstgefühls. Der flüchtige Pfarrer und Gelegenheitsprediger war der erste Philosoph, dem es gelang, die Leser mit den Nöten seines Seelenheils zu beschäftigen, ohne dass sie erfuhren, wer er wirklich war. Von ihm blieb nur der Spiegel seiner Werke. Hier hinterließ er ein Porträt von sich, von dem nicht mit Sicherheit gesagt werden kann, dass es ihm gleicht. Das Bild zeigt Kierkegaard, wie er gesehen werden wollte, ein Einzelner, der in seiner subjektiven Wahrheit letztlich nicht erkannt und verstanden werden kann.

Am 11. August 1838 trug er in sein Tagebuch ein: »Mein Vater starb am Mittwoch, den 8., nachts um 2 Uhr. Ich hatte so innig gewünscht, dass er noch ein paar Jahre leben könnte, und ich halte seinen Tod für das letzte Opfer, das er seiner Liebe zu mir brachte; denn er ist nicht von mir gestorben, sondern *für mich gestorben*, damit womöglich noch etwas aus mir werden kann. Von allem, was er mir hinterlassen hat, ist sein Gedächtnis, sein verklärtes Bild, verklärt nicht durch die Errichtungen der Phantasie (denn das braucht es nicht), sondern verklärt durch viele einzelne Züge, von denen ich nun erfahre – mir das teuerste und das, was ich am meisten vor der Welt verborgen halten will; denn ich spüre wohl, dass es in diesem Augenblick nur *einen gibt*, (E. Boesen) mit dem ich in Wahrheit über ihn sprechen kann. Er war ein ›getreuer Freund‹.«[79]

Die Aussicht, dass ein Leben und gute Gespräche nicht ausreichen, um die Nachbarn rechter Hand zu verstehen, so sympathisch sie auch sein mochten, und dass umgekehrt das Gleiche galt, dass man selbst von den Nachbarn linker Hand nicht verstanden würde, musste um ein Herz einen Ring legen, Beklemmung. Der Ring mochte sich fester zuziehen, wenn diese Einsicht die engsten Familienmitglieder betraf, Bruder und Schwester, Vater und Mutter.

Dem acht Jahre älteren Bruder Peter schrieb Søren Kierkegaard am 19. Mai 1847 einen Brief. Damals war er gerade vierunddreißig Jahre alt geworden und hatte damit jenes Alter erreicht, das zu erreichen, nach einer fixen Idee des Vaters, keinem der Geschwister vergönnt gewesen sein sollte. Sie würden nicht älter werden als Gottes Sohn. Diese verrückte Vorstellung erwähnt auch Brøchner in seinen Anekdoten. Kierkegaard hatte sich diesen Wahn zu Eigen gemacht, so wie er in anderen »sonderbaren Ideen einen Berührungspunkt« mit dem Vater hatte, der besaß, »woran man am wenigsten dachte, Phantasie, tatsächlich schwermütige Phantasie.«[80]

Von dieser fixen Idee wusste sein Bruder Peter nichts. Unmittelbar nachdem Kierkegaard seinen Geburtstag hatte begehen können, erzählte er sie ihm. Der Vater und der jüngste Sohn trugen die Bedrohung als Familiengeheimnis mit sich herum, und es sah so aus, als würde der Vater alle seine Kinder überleben, ja überleben müssen, als Strafe für eine Schuld, die irgendwo tief in seiner Vergangenheit lag. Um welche Schuld es sich handelte, haben Vater und Sohn nicht preisgegeben. Aber dass eine solche fixe Idee existierte, wirft ein grelles Licht auf die desolaten psychischen Verhältnisse, in denen Søren Kierkegaard heranwuchs. Wann immer der Vater seinen Sohn in den Verdacht eingeweiht hatte, den Druck, der auf dem Vater lastete, wird die ganze Familie in irgendeiner Weise zu spüren bekommen haben.

Nicht jedes Familiengeheimnis wiegt so schwer wie das der Kierkegaards, und nicht jedes Familiengeheimnis treibt einen Mitwisser, der mehr ahnt, als er zu verstehen vermag, ins Grübeln und in eine geheime Welt voller Gefahren und Bedrohungen, die mit dem vertrauten Alltag der Kindheit eng zusammenhängt. Jetzt lernt der Mitwisser den doppelten Boden des Daseins kennen und lernt, sich darauf zu bewegen. Dieser Balanceakt ist notwendig, um nicht ein Opfer von willkürlichen Vermutungen und, im schlimmsten Fall, von Wahnvorstellungen zu werden. Aber das Grübeln nimmt kein Ende.

Bestimmte Wahrheiten lassen sich sichtbar machen, sie lassen sich nicht gleich mit Worten einfangen, erst müssen sie gesehen werden. Die Worte schleppen den großen Nachteil mit sich, dass sie eines nach dem anderen gesetzt werden müssen, Satz für Satz, damit sich ein Sinn ergibt, wobei der Sinn, der als Gefühl und Ahnung eingefangen werden soll, sich in Worte übersetzen lassen muss, die nicht gleich zur Hand sind. Die richtigen Wörter müssen gesucht, abgewogen, vielleicht verworfen und verbessert werden, und zwar in der Absicht und in der Hoffnung, dass sie zum Ausdruck bringen können, was gemeint sei und gefühlt worden ist. Ein Bild dagegen kann der Gleichzeitigkeit, der Vielfalt und Offenheit von Eindrücken vertrauen.

Unter den Philosophen gibt es keine berühmten Maler, aber gute Maler sind in gewissem Sinne stumme Philosophen. Sie deuten die Welt auf ihre Weise. Philosophen versuchen, sie zu erklären. Sie machen Aussagen über die Welt oder über etwas, das in der Welt ist. Für die guten Maler besteht die Welt aus Zeichen. Die Zeichen, die sie selbst verwenden, um ein Bild herzustellen, sind lautlose Flächen aus Formen und Farben, die nicht Begriffen, sondern wortlosen Ahnungen und Stimmungen gleichen. Die Geschichten, die sie erzählen, konzentrieren sich auf einen einzigen Augenblick. Sie können dabei nicht lange ausholen, nicht zurück- und nicht vorausschauen, wie das jeder Schriftsteller macht, der aus der Gegenwart in die Vergangenheit und in die Zukunft abschweifen kann, und wie das jedem Filmemacher gelingt. Die Geschichten, die die Maler erzählen, stehen auf des Messers Schneide, dort, wo die Vergangenheit in die Zukunft umschlägt, auf dem haarscharfen Grad der Gegenwart, wo alles für einen Augenblick zutage liegt, nur um sofort wieder aus dem Gesichtsfeld zu verschwinden. Die Maler können einen Augenblick zeigen, was jedem Schriftsteller und jedem Philosophen verwehrt ist, die beide auf Wörter angewiesen sind, flüchtige Wesen ohne Form und Farbe, die sich vor die sichtbare Welt schieben und den Augenblick in Sätzen verdunkeln und untergehen lassen. Das Wort Baum ist kein Baum, sondern nur ein mattes willkürliches Zeichen, das hinter jedem Baum, den van Gogh gemalt hat, weit zurücksteht.

In der impressionistischen Kunst gewann der Augenblick eine überragende Bedeutung. Den Malern ging es jetzt darum, ihre Eindrücke festzuhalten, die sich beim Blick in eine neue Welt ergaben. Sie verließen sich ganz auf ihre Wahrnehmungen, auf die Sinnenreize, die in einem ungeahnten Maße angeregt wurden durch ein von der Technik beschleunigtes und zerstreutes Leben, das verwirrend war. Nicht nur waren sie starre Zeugen, sondern sie waren auch passiv Beteiligte einer Wahrnehmungsrevolution, die sie einerseits überforderte und provozierte, der sie sich aber andererseits stellten. Zu ihnen gehörte Edgar Degas.

Die Schriftsteller waren in ihren Antworten schwerfälliger. Der Lyriker Charles Baudelaire war eine große Ausnahme, er reagierte sofort auf die radikalen Umbrüche in der Geschichte der Empfindungen. Die in ihrer Kontinuität zerpflückten Erfahrungen im urbanen Raum, in dem Anonymität, Zufall und Reaktionsgeschwindigkeit regierten, fanden einen kongenialen Ausdruck in seinen Gedichten. Die Romanciers aber, Balzac, Hugo, Zola, Dickens, auch Flaubert, die sich weiterhin der gemächlichen Abfolge einer Geschichte, der Chronologie der laufenden Ereignisse unterwarfen, hielten sich jetzt fest an einem sozialen Realismus, mit dem sie, wie erste tastende Soziologen, der Gesellschaft einen Spiegel meinten vorhalten zu können. Die Malerei wurde auf ihrem eigenen Gebiet durch die Fotografie herausgefordert. Die Erzählung musste auf ihren Herausforderer, den Film, noch warten. Der deutschen Literatur wird der Abschied vom Realismus erst 1910 mit Rilkes einzigem Roman, *Die Aufzeichnungen des Malte Laurids*

Brigge, gelingen. Da war Nietzsche schon zehn Jahre tot, und die Soziologie hatte mit Georg Simmel, Émile Durkheim und Max Weber die Beobachtung und Deutung der Gesellschaft unter ihr Protektorat gestellt.

Degas kam aus einem sehr wohlhabenden Haus. Er wurde 1834 als Sohn eines neapolitanischen Bankiers in Paris geboren. Im Jahr 1856 unternahm er eine lange Reise nach Italien, wo er unter anderem in Florenz bei den Verwandten Bellelli wohnte, von denen er ein Bild malte. Auf diesem Gemälde ist die Familie, die offensichtlich wohlhabend ist, in einem ihrer Zimmer zu sehen. Der Vater sitzt an einem Tisch ganz in der Nähe eines Kamins. Der Betrachter sieht ihn von hinten. Er wendet seinen Kopf seiner Frau und seinen zwei Mädchen zu, die links neben ihm sind. Die Frau und eine der Töchter stehen, die andere Tochter sitzt auf einem Stuhl.

Edgar Degas, Die Familie Bellelli (ca. 1860)

Die Menschen auf dem Bild sehen einander nicht an, es gibt zwischen ihnen keinen Blickkontakt. Die Mutter schaut etwas traurig und doch auch stolz aus dem Bild heraus, die eine Tochter, die vor ihr steht, blickt den Betrachter des Bildes an, die Tochter, die auf dem Stuhl sitzt, die jüngere der beiden Schwestern, sieht in die Richtung des Vaters, doch sie schaut an ihm vorbei, obwohl er den Blick auf sie gerichtet hat. Die Mutter ist ganz in Schwarz gekleidet, die Kinder in Schwarz und Weiß. Ihre Gesichter sind blass, und ihre Blicke wirken wie verloren. Bei Kindern kommt das oft vor. Sie haben noch keine Stellung in der Welt eingenommen. Ihr Blick ist rein und unschuldig, und auf einen Betrachter, der an die weltlichen Blicke der Erwachsenen gewöhnt ist, wirkt er deshalb verwirrend und, wie gesagt, verloren.

Der Vater trägt braune Kleidung und eine Brille, sein Blick ist forschend, er schaut nicht nur in die Welt, sondern er will etwas von ihr, er erwartet, sucht etwas. Gerade scheint er Briefe gelesen zu haben, die neben ihm auf dem Tisch liegen. Über dem Kamin hängt ein großer Spiegel, der das Bild öffnet, so, wie ein Fenster es öffnen würde, aber ein Fenster ist nicht zu sehen. Der Vater sitzt in einem schweren dunklen Sessel. Die Tapete ist blaugrau, die Rahmen des Spiegels und zweier kleiner Bilder sind golden, der Fußboden ist mit einem hellen Teppich belegt. Es sieht so aus, als wäre dieses Zimmer das Arbeitszimmer des Vaters, in dem die Mutter und die beiden Töchter Aufstellung bezogen haben. Sie stehen und sitzen da, als wären sie hinbestellt worden und hätten eine Positur angenommen wie zu einer fotografischen Aufnahme oder um eine Nachricht zur Kenntnis zu nehmen, die ihnen der Vater nicht vorenthalten mochte. Es sieht nicht so aus, als wären sie in diesem Zimmer zu viert zusammengekommen, um irgendetwas gemeinsam zu bereden, ja auch nur, um sich zu sehen.

Die Szene wäre ganz nach Kierkegaards Geschmack gewesen, ein Interieur, ein Bild der Innerlichkeit. Vier Menschen, und sie alle scheinen in sich versunken, wie festgesteckt, ohne dass sie deswegen sagen könnten, wo sie sich in diesem Fall genau befinden. So, wie die Figuren dastehen, scheint jedes Familienmitglied ein Gefühl für sich selbst und für die eigene Existenz zu haben, sie spüren, dass sie Existierende sind und sie ahnen in unterschiedlichem Maße, dass sie sich als einzelne Wesen nicht mit den anderen Familienmitgliedern zu einer abstrakten Objektivität vermitteln können, so als gäbe es nur die Familie und nicht vier Menschen, Mutter, Vater, Schwestern, die eine Familie bilden.

Eine solche Erfahrung der Familie als umschließende Einheit, so würden Psychoanalytiker später sagen, sei ein Hinweis darauf, dass die frühkindliche Symbiose sich nicht aufgelöst habe. Wie viel die vier auch miteinander reden mögen, es bleibt immer ein Rest, der sich nicht sagen lässt, Gefühle, die sich nicht aussprechen lassen, und dieser Rest schiebt sich in das diffuse Familiengefühl hinein und lässt feine Risse entstehen. Kein Kind, kein Erwachsener lässt sich nicht in Worte, in Kommunikation verwandeln, sie lassen sich nicht in Wissenschaft auflösen, wie immer sich Psychologie, Soziologie, Anthropologie, Philosophie darum bemühen mögen, Klarheit über sie zu gewinnen.

»Die Wissenschaft«, schrieb Kierkegaard in der *Abschließenden unwissenschaftlichen Nachschrift*, »ordnet die Momente der Subjektivität in ein Wissen von ihnen ein, und dieses Wissen ist das Höchste, und alles Wissen ein Aufheben, ein Herausnehmen aus der Existenz. In der Existenz gilt das nicht. Mag das Denken die Phantasie verachten, die Phantasie verachtet dafür das Denken, und ebenso ist es mit dem Gefühl. Die Aufgabe ist nicht, das eine auf Kosten des anderen aufzuheben, sondern die Aufgabe ist die Gleichmäßigkeit, die

Gleichzeitigkeit, und das Medium, in dem sie vereinigt werden, ist *im* Existieren.«[81]

Die Gleichzeitigkeit von Denken und Fühlen zu zeigen, den Augenblick einer Existenz, kann einem guten Maler gelingen. Edgar Degas war ein sehr guter Maler.

Bei den Dargestellten handelt es sich um den Baron und die Baronin Bellelli, Degas' Tante, die Schwester des Vaters von Edgar Degas, und ihren Mann Gennaro Bellelli. Als italienischer Liberaler hatte er im neapolitanischen Parlament von 1848 gesessen, dann musste er vor seinen politischen Gegnern, den Bourbonen, fliehen und ging 1851 nach London ins Exil. 1853 lebte er mit seiner Familie in Florenz. Erst 1860 konnte er mit Frau und Kindern in die Heimat nach Neapel zurückkehren. Giovanna heißt die ältere Tochter, Giulia die jüngere.

Das Schicksal der Familie ist symptomatisch für ein Jahrhundert der Revolutionen, der politischen Kämpfe und des Exils, der Entwurzelung und der Verbannung. In Paris und London trafen politisch Verfolgte ein, die ihre Heimat verloren hatten und sich in der Fremde einzurichten versuchten, wo sie sich mit Gleichgesinnten zusammentaten oder die Gemeinschaft von Angehörigen ihrer Nation suchten, wie die Deutschen in Paris. Die Sehnsucht nach Freiheit, Demokratie und Gerechtigkeit schien keine Grenzen zu kennen, so wenig wie die Not des Hungers und der Verfolgung, die ins Ausland trieb. Die Lage der Bellellis war von europäischem Format, aber kein Betrachter des Bildes, auch wenn er in irgendeiner Weise in die politischen Zeitläufte verstrickt war, wird hier eine Familie im Exil gesehen haben. Der Maler wollte offensichtlich etwas anderes zeigen.

Die Aufteilung des Bildes trennt eine Männerwelt von einer Frauenwelt, in der die Mutter ganz nahe bei ihren Töchtern ist. Die drei weiblichen Figuren bilden eine Einheit, ein Dreieck, von dem der Vater, wie eine Gerade, die in einer gewissen

Entfernung daran vorbeiführt, ausgeschlossen ist. Die Frauen bilden das Zentrum des Gemäldes. Die Mutter hat Gesichtszüge, die an Degas erinnern, ganz offensichtlich gehört sie zu seiner direkten Verwandtschaft. Jeder, der ihn kennt und nicht weiß, um wen es sich bei dieser Frau hier handelt, kann es sehen.

Der Vater Bellelli kommt woandersher. Er wirkt sehr ruhig und gefasst, neugierig, als wollte er herausfinden und verstehen, wer die drei weiblichen Wesen im Raum sind, als spürte er instinktiv, dass er von ihnen ausgeschlossen, dass er durch irgendetwas von ihnen getrennt ist. Er ist Teil einer Wirklichkeit, die erst außerhalb der eigenen vier Wände zu beginnen scheint. Ein Fenster ist nicht zu sehen, durch das die Welt eindringen könnte, aber ein Spiegel über dem Kamin weist, wie ein Sonnenfleck an der Wand, auf eine Öffnung nach draußen hin, in die Welt der Männer, der Politik, der Wirtschaft, der Kriege, auch wenn sich im Spiegel kein Abbild dieser Welt zeigt. Frauen, Männer, Kinder entkommen der Wirklichkeit nicht, mögen sie sich auch zurückziehen und die Fenster und Türen schließen, damit kein Laut mehr eindringt. Die Mutter und die Töchter gehören ganz dem Heim, dem Zuhause, dem weltfremden Ambiente an, das sich letztlich nicht vor der Wirklichkeit schützen kann. Die Politik dringt überall ein, und sei es als Nachricht, als Brief, der mit der Post kommt. Sobald ein Mann im Raum ist, so legt das Bild nahe, hat der Raum eine Lücke, ist die Geschlossenheit der vier Wände aufgehoben und die zarte, filigrane Seele sieht sich in ihren Träumereien von der robusten Realität bedroht. Zwei Prinzipien scheinen sich gegenüberzustehen, Krieg und Frieden, Wirklichkeit und Innerlichkeit, Widerspruch und Harmonie, und wenn sie sich berühren, lösen sie auf der einen Seite Starre, Trauer und Schrecken aus und auf der anderen Seite Unbehagen, Nachsicht und Mitleid.

Die Tochter, die unmittelbar vor ihrer Mutter steht, hat größere Ähnlichkeiten mit ihrer Mutter als die Schwester, die näher am Vater auf einem Stuhl sitzt und ihm ähnelt. Auf sie fällt der Blick des Vaters, als würde das Vertrauen, das die physiognomische Nähe zwischen den beiden herstellt, die Hoffnung stärken, einen Zugang zu den drei Frauen zu finden, die verborgenen Stimmen zu hören, die stummen Reaktionen zu verstehen, die auf den Gesichtern der drei sich abzeichnen.

Diese Tochter bildet den energetischen Mittelpunkt des Bildes, von ihr geht die meiste Bewegung aus. Das Mädchen scheint auf einem Bein zu sitzen, und ihre Hände hat sie sehr tatkräftig in die Hüften gestemmt, als wäre sie zu einer Handlung bereit. Ihre Schwester hat ihre Hände vor ihrem Bauch gefaltet, ein Zeichen der Passivität, der Zurückhaltung. Auf ihrer Schulter liegt die Hand der Mutter. Der Blick dieses Mädchens, der auf den Betrachter gerichtet ist, verrät, dass sie sich, allen gegenteiligen zarten Anzeichen und Schwingungen zum Trotz, geborgen fühlt und mit ihrer Rolle als brave Tochter zufrieden zu sein scheint. Ihre Schwester, die in eine ungewisse innere Ferne schaut, macht den Eindruck, als würde sie in der unmittelbaren Gegenwart des Erlebens nicht zur Ruhe kommen, als suche sie etwas. Ihr Gesichtsausdruck, eine Mischung aus Stolz und Stoizismus, ihr Profil und ihre Kopfhaltung rücken sie der Mutter nahe, so wie die Anmutung des Gesichts eine Nähe zwischen ihrer Schwester und dem Vater schafft. Berührung und Ferne, familiäre Verwandtschaft und individuelle Eigenständigkeit bilden ein Kraftfeld, das im Dunkeln liegt, ein Geheimnis, das Anziehung und Verwunderung, Einverständnis und Distanz zur Folge hat.

Das Bild zeigt insofern nicht nur die Bellellis, eine bestimmte Familie, sondern allgemeine Familienbeziehungen, es dokumentiert nicht nur individuelle Züge bestimmter Personen, sondern Kräfte und Konstellationen, die in Familien wirken und die Familienmitglieder prägen. Hier ist keiner allein, auch wenn er sich alleine fühlt, jedem ist der andere vertraut, auch wenn sie einander nicht so gut kennen, dass sie unter allen Umständen wüssten, was in den anderen vorgeht. Im besten Fall lieben sie einander und sorgen füreinander, aber sie können nicht sicher sein, ob ihnen das immer gelingt und wie sie auf die anderen wirken, so, wie sie nicht wissen, wie die anderen sie wahrnehmen und was die anderen über sie denken, mit welchen Gefühlen sie ihnen begegnen. Bei aller Nähe und bei aller Vertrautheit über die Jahre des Zusammenlebens hinweg bleiben Ungewissheiten, die den Eindruck bestärken können, einsam in der eigenen Familie zu sein. Unter Fremden ist dieses Gefühl der Einsamkeit besser zu ertragen als dort, wo sie umso mehr schmerzt, da sie hier nicht vermutet wird. Wenn sie in der Familie auftaucht, verstärkt sie das Gefühl, sie sei unbesiegbar und gehöre zum Leben dazu. Eine Erfahrung, die einen Menschen in jungen Jahren rascher älter werden lässt.

Im Brief an seinen Bruder Peter vom 19. Mai 1847 schrieb Kierkegaard: »In gewissem Sinne weisst Du wohl nicht viel von meinem Leben, seiner Absicht und seinem Zweck, aber Du weisst doch, dass es sehr schwer ist, was Dir vielleicht in gewissem Sinne nicht so erscheint – vielleicht doch weil du es nicht kennst. In Ansehung meines Lebens bedarf es der Verschwiegenheit, und gerade durch die Verschwiegenheit empfängt es seine Kraft. Selbst wenn ich reden wollte, wäre doch das, was mir das Wesentlichste ist und was mein Leben zutiefst bestimmt, gerade das, was ich verschweigen müsste. Daraus entsteht ein Missverhältnis jedem gegenüber, der ein Recht zu näherer Vertraulichkeit hat, oder dem ich es zuzugestehen wünschte. Ich habe deswegen nie den Anschein erwecken wollen, als stünde ich in einem vertraulichen Verhältnis zu irgendeinem Menschen, gerade weil ich wusste, dass ich das Missverhältnis erkennen würde, selbst wenn er es nicht entdeckte. Was die paar Menschen angeht, mit denen ich engeren Umgang hatte (denn im weiteren Verstande hatte ich Umgang mit Unzähligen), so habe ich sie selbst einmal darauf aufmerksam gemacht, dass in unserem Verhältnis ein Missverhältnis obwalte, und hinzugefügt, dass das Verhältnis mir lieb sei, so wie ich es zu ihnen hätte, aber das mir eine wirkliche Vertraulichkeit unmöglich sei.

So nun auch im Verhältnis zu Dir.«[82]

Dass Vertraulichkeit unter Familienmitgliedern fehlt, ist nichts Ungewöhnliches. Es wird in vielen Familien so sein, dass sie beisammensitzen und eine wirkliche Vertraulichkeit unter den Familienmitgliedern nicht da ist und jeder mehr oder weniger für sich allein ist, auch wenn alle miteinander reden und lachen und es für einen Beobachter so aussieht, als würden sich alle gut verstehen. Sie wissen voneinander zu wenig, und sie können oder wollen einander ihre Gefühle und Gedanken, die sie im Innersten bewegen, nicht mitteilen. Diese Differenz zwischen Schein und Wirklichkeit macht die Lage, in der die Familienmitglieder stecken, noch tragischer, und sie lässt sich vielleicht nur aushalten, wenn der Beobachter und jedes Familienmitglied mit Kierkegaard sagen kann, »daß die Innerlichkeit der Wahrheit nicht die kameradschaftliche Innerlichkeit ist, mit der zwei Busenfreunde Arm in Arm gehen, sondern die Innerlichkeit der Trennung, in der jeder für sich selbst im Wahren existierend ist«.[83]

Von den vier Figuren auf diesem Bild geht eine große Stille aus, als hätte die Zeit ihren Lauf für einen Moment angehalten und hätte sie in ihrer jeweiligen typischen Lebensstimmung erwischt, ein Moment, den festzuhalten nur einem guten Maler gelingt, der in den Gesten und in der Mimik, die durch ihre Wiederholungen alltäglich geworden sind und dadurch unbeachtet bleiben, den Kern einer Persönlichkeit erkennt. Der

Vater und die Tochter, die neben ihm sitzt, machen den Eindruck, als würden sie gleich wieder ihre Beschäftigung aufnehmen und sich ihrer Welt zuwenden, als wäre die Bewegung ihnen wesentlicher als die Ruhe und als wären sie nur für diesen Augenblick aus der Bewegung und ihrer Welt herausgerissen und zur Ruhe gebracht worden. Die Mutter und die ihr nahestehende Tochter sehen dagegen so aus, als könnten sie noch eine Weile so stehen bleiben, als wäre diese Haltung mehr als eine Erscheinung des Augenblicks, als wären das Statische, die Ruhe, die Ergebenheit, die sich in der weich gebogenen linken Hand der Mutter wie in einem Symbol der stolzen Demut ausspricht, ein wesentlicher Teil ihrer selbst.

Das graue Braun der Jacke, die der Vater angezogen hat, nimmt die Farbe der Arbeit, der Politik, der Wirklichkeit auf. Die Mutter in Schwarz scheint Trauer zu tragen, und doch ist dieses Schwarz vielleicht auch die Farbe eines ganzen Lebensabschnitts. Der Vater der Baronin war 1858 gestorben, ihr einziger Sohn 1860, in dem Jahr, in dem Degas das Bild fertigstellte. Ihre beiden Töchter tragen ein schwarzes Unterkleid und ein weißes Überkleid. Weiß ist die Farbe der jungfräulichen Unschuld, und das Schwarz, das sich bei den Töchtern in ihrem Leben als Frauen noch durchsetzen und das Weiß verdrängen wird, scheint die Farbe der Frauen zu sein, die ihre Kinder bekommen und dann nur noch die Pflichten einer Ehefrau und Mutter zu erfüllen haben und sich mit selbstloser Genügsamkeit in dieses Schicksal gefügt haben. Die Lebensbahnen der Töchter scheinen, farblich gesehen, besiegelt. Sie werden aus dem Taubenschlag einer Ehe mit Mann und Kindern, auf den das Taubenblau der Tapete anspielt, nicht herausfinden. Die Familie unterliegt nicht nur Kräften, die sie selbst generiert, sondern auch Kräften, die von außen kommen, als Kultur und Tradition. Die Mutter macht den Eindruck, als wüsste sie, dass sie die Folgen dieser Vorgaben und

Konstellationen mit der würdevollen Demut einer Einsichtigen zu tragen habe, mit der selbstbewussten Selbstlosigkeit derer, die sich in schicksalhafte konventionelle Zusammenhänge einzufügen wissen. Ihre eine Tochter ahmt sie in gewisser Weise schon nach, die andere scheint sich mehr als dieses Los zu wünschen. Schaut der Vater nicht auf sie mit der Sorge eines Mannes, der weiß, dass es schwer oder unmöglich sein wird für Frauen, sich Wünsche zu erfüllen, die der Kultur und Tradition widersprechen? Waren sie nicht eingeschnürt in einer Welt, in der überall tätig zu sein ein Vorrecht der Männer war und in der die Arbeit und die Geschäfte jedem Mann einen Stempel aufdrückten, wie wichtig er sich selbst und wie wichtig ihn die anderen zu nehmen hätten?

Kierkegaard spendete seinem Vetter Hans Peter, den ein körperliches Handicap zum Außenseiter machte, in einem Brief aus dem Jahr 1848 mit den Worten Trost: »Sollte ich Dir einen Rat im Leben geben, oder, besonders Deine Lage bedenkend, Dir eine Regel fürs Leben anpreisen: da würde ich sagen: Vergiss vor allem nicht die Pflicht, Dich selbst zu lieben, lass es, dass Du in gewisser Weise außerhalb des Lebens stehst, verhindert, wirkend in es einzugreifen, lass es, dass Du in den törigen Augen einer geschäftigen Welt überflüssig bist, lass es Dir um alles nicht das Gefühl Deiner selbst rauben, als hätte für die liebenden Augen einer allweisen Vorsehung Dein Leben, wenn es in Innerlichkeit geführt wird, nicht genau so viel Bedeutung und Gültigkeit wie das jedes anderen Menschen, und bedeutend mehr als der Geschäftigkeit geschäftige, geschäftigere, allergeschäftigste Hetze – das Leben zu vergeuden und sich selbst zu verlieren.«[84]

In das Interieur fällt keine Ansicht von draußen, es ist in sich abgeschlossen, auch der Spiegel über dem Kamin gibt nur eine Aussicht wieder auf die gegenüberliegende Wand des Zimmers. Die Familie ist ein kleiner Kosmos für sich, und die

Kräfte der Kultur und der Tradition, die hier eine Rolle spielen, sind keine bestimmten personifizierten Erscheinungen, sie sind einfach da wie die Gegenstände, zu denen diese Menschen auf ihre Weise auch gehören. Die vier sind keine Fremden, keine Besucher, sondern sie sind die Bewohner einer Welt, die zu ihnen passt und der sie sich nicht einfach entziehen können.

Die Melancholie des Bildes entsteht aus dieser Eingebundenheit, die Freiheit nur als Sehnsucht kennt, so wie die Verfolgten und Vertriebenen, die ins Exil gehen mussten, sich nach ihrer Heimat sehnen. Aber dieses Gefühl entsteht auch dort, wo die Heimat selbst durch Kultur und Sitte Zwänge auferlegt. Sich in unvermeidliche Vorgaben fügen bedeutet mehr, als einem Druck nachzugeben. Das Atmen fällt schwer, und das Herz verkümmert. Hilfreich, um in solchen Verhältnissen zu bestehen, mag dann eine gewisse Eleganz der Demut sein, eine Haltung, die sich zur eigenen passiven Verteidigung wie ein Schutzschild aufrechterhalten lässt.

Den Eindruck von Harmonie mit dem Schicksal scheint das Bild durch Aufbau und Farbkomposition nahezulegen. Fern der Wörter, mit denen in der Literatur auch die feinen Widersprüche, die der Welt und die der Seele durchziehen, hervorgehoben werden können, zeigt das Gemälde der Familie Bellelli eine grundsätzliche Verbundenheit, eine Einheit, die aus einem Gefühl für die Wirkungen langen Zusammenseins, aus einer Art Mimikry durch Gewohnheit herrühren mag, wenn nicht nur kompositorische Überlegungen des Künstlers eine Rolle spielten. Die Familie Bellelli, diese Ansicht legt das Bild nahe, war in eine Familientradition eingebunden, die weit über den Tag und ihr Leben hinausreichte.

Die Bellellis waren durch das politische Handeln des Barons eng mit den historischen Strömungen ihrer Zeit verwoben, was dazu führte, dass ihr Schicksal von der Politik in entscheidendem Maße geprägt wurde. Als sie in Florenz wohnten, wo Degas sie besuchte, lebten sie im strengen Sinne im Exil, auch wenn sie Italien nicht hatten verlassen müssen. Aus politischen Gründen durften sie nicht dort wohnen, wo sie sich gern aufgehalten hätten. Die Blicke der vier Figuren wirken etwas zeitenthoben, die Kinder sind mit ihren Wünschen, Sorgen, Ängsten und Nöten beschäftigt, mit ihrem biologischen Erbe, mit Temperament, Stimmung, Befinden. Auch die Eltern sind von ihren Hoffnungen und Niederlagen, Erwartungen und Enttäuschungen gezeichnet und in ihrer Lebensstimmung, in ihrer Grundbefindlichkeit befangen, in der sich Einflüsse und Erlebnisse mischen und die sie zu Persönlichkeiten machen.

Der Betrachter des Bildes rätselt, was mit dieser Familie los ist, wie es Mutter, Vater, den Töchtern geht, und er wird rasch das Gefühl haben, dass er ihnen nicht helfen kann. Sie wirken verschlossen, eingekapselt in ihre Geschichte, von der sie ihm nicht viel verraten. Ratlos steht er vor den Schicksalen, die sich ihm hier zeigen und die ein Spiegel der eigenen Verschlossenheit, der eigenen Individualisierung ist.

Die Traurigkeit des Gemäldes geht über den unmittelbaren Anlass der Trauer hinaus, den Tod der beiden engen Verwandten. In einem weiten Sinne ist diese Traurigkeit existenziell, sie scheint sich auf das zukünftige Leben der Familie zu richten, wie es sich in ihren Augen als Fortführung und Resultat ihrer Lebenserfahrung und Selbsterfahrung ergeben wird. Diese Aussicht läuft auf die Ahnung oder Einsicht hinaus, dass das Leben alleine durchgestanden werden muss, auch wenn andere helfen können. Schon als Kinder, die die Einsamkeit nicht in ihrem ganzen Umfang kennen, aber etwas davon zu spüren scheinen, sind sie in einem tiefen Sinne allein; und auf jeden Fall die Erwachsenen, die wissen, was es bedeutet, allein zu sein. Darüber nicht zu sprechen oder nicht sprechen zu können und

Erwachsene und Kinder ihre Trauer selbst tragen zu lassen, weil ein Gespräch darüber nichts ändern würde oder ihnen nicht möglich ist, scheint das Geheimnis dieser Familie zu sein. Es geht nicht um eine besondere Tat, die vertuscht werden soll, die in Schweigen gehüllt wird, sondern um eine existenzielle Erfahrung, die in einem Augenblick offen dalag.

Kierkegaard schrieb Tausende von Seiten. Er trieb sich immer weiter in die Innerlichkeit hinein, in eine Reflexion ohne Ende. Er war ständig in Bewegung, es ging um seine Existenz. Degas malte ein Bild, einen Augenblick. Beide drückten auf ihre Weise, mit Worten der eine, mit Figuren und Farben der andere, etwas aus, was sowohl in der Philosophie als auch in der Malerei neu war, die Suche nach jenem Grund und Halt, den die Erfahrung des eigenen Selbst, das Selbstgefühl bot. Das Selbst war da, tief in einem Menschen drinnen. »Es ist die Aufgabe des subjektiven Denkens«, sagt Søren Kierkegaard, »*sich selbst in Existenz zu verstehen.*«[85]

6

Eine Psychologie der Identität

Das Ich und sein neues Selbst

Der Psychiater Heinz Hartmann entwickelte in den Dreißigerjahren des letzten Jahrhunderts die Ich-Psychologie, in der ein Selbst als eine Instanz eingeführt wurde, durch die das Ich sich der Einheit aller seiner Vorstellungen vergewisserte, die es über sich hatte. Damit war eine Art gemeinsamer seelischer Nenner geschaffen, der die Brüche, in die ein Ich durch Triebe, Erwartungen und Funktionen zerfiel, zu einem Ergebnis zusammenfassen ließ, das Befriedigung und ein Gefühl für psychische Identität verschaffte. Dieses Selbst entsprach dem Selbstverständnis moderner Organisationen, deren Mitarbeiter, die in unterschiedlichen Bereichen arbeiteten, ihren Zusammenhalt in der Vorstellung einer funktionierenden Firma fanden, nicht anders als in der modernen Gesellschaft der Wettbewerb der politischen und sozialen Kräfte die Idee einer funktionierenden Demokratie bestätigte.

Nach dem Zweiten Weltkrieg ging der Psychoanalytiker Heinz Kohut einen entscheidenden Schritt weiter, ganz so, als wollte er aus den funktionierenden Mitgliedern der modernen Gesellschaft und ihrer funktionalen Identität wieder Menschen mit einem Recht auf Persönlichkeit machen. Er entwarf eine Psychologie des Selbst und erklärte das Selbst zum Kern des Menschen. Erkennen ließ es sich nur in seinen Manifestationen, nicht in seinem Wesen, das heißt nur in der Art und Weise, wie es sich ausdrückte, nicht in seiner Substanz, so wie die Substanz des Geistes geheimnisvoll blieb, auch wenn er sich in Gedanken zeigte. Empathie war der einzige Weg, das Selbst zu verstehen und dessen Individualität, sein Eigenempfinden vor fremden, musterhaften Deutungen zu schützen. Identität war

Authentizität, ein Selbstwert, der sich nicht in Funktionen beweisen, sich nicht rechtfertigen und nicht infrage stellen lassen musste.

Kohut unterschied eine gesunde von einer kranken Entwicklung des Selbst. Eine gesunde Entwicklung gelang in Verhältnissen und Bindungen, in denen das Selbst von Bezugspersonen mit einfühlsamem Verständnis begleitet wurde. Fehlte diese Zuwendung, konnte es zu Konflikten kommen zwischen den forcierten Versuchen zur Selbstdarstellung und der Erfahrung gescheiterter Selbstfindung. Es gab ein wahres Selbst und ein falsches, das heißt narzisstisches Selbst, dem ein ausgewogenes, realistisches Erleben seiner selbst nicht möglich war. Eine narzisstische Störung konnte entstehen, wenn ein Kind sein Selbstempfinden an den Werten seiner Eltern ausrichtete, die es idealisierte, und sich gleichzeitig weigerte, diese Werte zu akzeptieren, oder wenn das Ideal, wie es sich selbst sehen wollte, auf die Angst traf, dass es anders gesehen werden könnte.

Zum Krankheitsbild des falschen Selbst zählte Kohut die starken psychischen Schwankungen zwischen der Sucht, sich die eigene Grandiosität von anderen Menschen bestätigen zu lassen, und einer fatalen inneren Leere, zwischen Allmachtsphantasien einerseits und Depressionen andererseits. Das gelungene Selbst, das Kohut vorschwebte, war das Pendant einer Gesellschaft, die verstärkt auf Kreativität und Innovation setzte, auf berufliche Flexibilität, die von einem psychisch stabilen Kern getragen werden musste, und Modelle alternativer Lebensweisen integrierte, die auf Selbstfindung setzten wie die Jugendkultur der siebziger Jahre des 20. Jahrhunderts.

Schopenhauers Bemerkung in *Die Welt als Wille und Vorstellung*, dass der Wille dem Ich zugrunde liege, hat die zentrale Rolle, die das Selbst in psychologischen Theorien spielen wird, vorweggenommen: »Kants Satz: ›das ICH DENKE muß alle meine Vorstellung begleiten‹, ist unzureichend: denn das Ich ist eine unbekannte Größe, d. h. sich selber ein Geheimnis. – Das, was dem Bewußtseyn Einheit und Zusammenhang gibt, indem es, durchgehend durch dessen sämtliche Vorstellungen, seine Unterlage, sein bleibender Träger ist, kann nicht selbst durch das Bewußtseyn bedingt sein, mithin keine Vorstellung seyn: vielmehr muß es das *Prius* des Bewußtseyns und die Wurzel des Baumes seyn, davon jenes die Frucht ist. Dieses, sage ich, ist der WILLE: er allein ist wandelbar und schlechthin identisch, und hat, zu seinen Zwecken, das Bewußtseyn hervorgebracht ... Er ist es, welcher alle Gedanken und Vorstellungen als Mittel zu seinen Zwecken, zusammenhält, sie mit der Farbe seines Charakters, seiner Stimmung und seines Interesses tangiert, die Aufmerksamkeit beherrscht und den Faden der Motive, deren Einfluß auch Gedächtniß und Ideenassociation zuletzt in Tätigkeit setzt, in der Hand hält: von ihm ist im Grund die Rede, so oft ›Ich‹ in einem Urteil vorkommt.«[86]

Schopenhauer hat keine Theorie über den Einfluss von Bezugsperson und Umwelt auf die Entwicklung des Ich und des Selbst aufgestellt. Für den Philosophen war das Selbst, der innere Kern eines Menschen, ein philosophisches, für Therapeuten ist es ein psychologisches Problem, Teil einer substantiellen Lebensanschauung und nicht Auswuchs eines Menschenbildes, das Psychoanalytiker vor dem Hintergrund ihrer wissenschaftlichen Tradition und ihrer Erfahrungen mit Patienten und Krankheitsbildern konstruierten und modifizierten. Seine Metaphysik des Menschen ließ sich nicht in eine Theorie emotionaler und sozialer Beziehungen zwischen einem Kind und seinen Bezugspersonen übersetzen. Die Identität des Selbst war für ihn eine Frage der forschenden Wahrhaftigkeit gegenüber dem eigenen Erleben und der philosophischen Reflexion des Zusammenhangs von Mensch und Welt, und nicht, wie bei Kohut, eine Frage der Empathie, der Einfühlung in fremde Seelen vor dem erläuternden Hintergrund psychischer Entwicklungsmuster.

Mit den neuen psychologischen Sprachen ließen sich auch Antworten auf existentielle Probleme geben, die bislang die Philosophie zu lösen versucht hatte. Alfred Adler schrieb ein Buch über den Sinn des Lebens, und Viktor Frankl entwickelte eine Logotherapie, in der die Suche nach Sinn zentral war. Philosophische Grundannahmen wurden durch psychologische ergänzt oder ersetzt. Das Bedürfnis nach letzter Sicherheit zum Beispiel, das Fichte im Ich gesucht hatte, Kant in einer Kritik der reinen Vernunft, resultierte nach Erik H. Erikson aus einem fehlenden Urvertrauen, das in der frühen Kindheit nicht herausgebildet worden war. Die eigene Wahrheit bestand nach den Theorien der Ich-Psychologen in der persönlichen Form der Selbstverwirklichung und nicht, wie traditionell in der Philosophie, in der universellen Selbstformierung des Geistes nach Maßgabe der Vernunft. Gut und Böse waren für C. G. Jung, anders als in der christlichen Kultur und der ihr entwachsenen Philosophie, keine entgegengesetzten metaphysischen, sondern komplementäre psychische Kräfte, und da das Böse verdrängt wurde, sank es als Bodensatz in den Brunnen der Seele nieder.

Am Anfang der Philosophie der drei Außenseiter stand das Selbstgefühl als Ahnung und Stimmung von etwas, hinter das sich gedanklich nicht kommen ließ. Baudelaire sah in der Stimmung, in Innerlichkeit, Intimität, Spiritualität, in der seelischen Farbgebung ein Kennzeichen der Romantik, und das hieß für ihn der Moderne, die sich dadurch abhob von der Klarheit und Nüchternheit der aufklärerischen Vernunft. Das Gefühl für das eigene Selbst, für den grenzenlosen Innenraum war da, bevor die Reflexion begann, diesen Innenraum mit Konstrukten wie Wahrnehmung, Vorstellung und Begriff zu füllen. Das Selbst ließ sich nicht fassen in dem Satz: Ich bin, der ich bin, im Sinne einer souveränen Setzung durch das Bewusstsein. Sein Sinnspruch war: Werde, der du bist, und er wurde damit an das Leben als das Medium gebunden, in dem es sich entfalten würde.

Margaret Mahler, Donald W. Winnicott und Daniel Stern haben die Entwicklung des Selbst an die Symbiose von Kind und Mutter geknüpft, die schon mit der Schwangerschaft begann. Die drei Philosophen der Selbsterkundung waren auf ihre eigenen Kindheitserlebnisse angewiesen, aber sie haben das Selbst nicht zu einem Resultat von Beziehungsprozessen gemacht.

Die philosophische Tradition und das Christentum haben die Metaphysik, das metaphysische Staunen, noch im 19. Jahrhundert lebendig gehalten. Für die drei philosophischen Außenseiter war der Himmel über ihrem Bild von Welt und Mensch offen, bei Schopenhauer durch den kosmischen Willen, bei Kierkegaard durch Gott und bei Nietzsche durch die Idee von der ewigen Wiederkehr des Gleichen. Psychologische Engführungen, die Kinder und Erwachsene zum Produkt erklärten von sozialen Umständen und seelischen Koordinaten, hätten sie abgelehnt.

Der entscheidende Anstoß für ein neues, psychologisches Konzept des Selbst war das Auftauchen der modernen Gesellschaft als eines Akteurs, der das Leben der Bürger stark beeinflusste, wie Schiffe auf dem Meer, die segeln konnten, wohin sie segeln wollten, dem Wind, Sturm und Flaute, ausgesetzt waren. Die neue Wissenschaft der Soziologie, die sich im 19. Jahrhundert mit Auguste Comte entwickelte, hat versucht, diese unbekannte Macht zu beschreiben. Das abstrakte, universalistische Ich der Philosophie löste sich auf in das konkrete, soziale Ich der Soziologie, die Gesetze der Logik, die von den Philosophen erklärt wurden, sahen sich von den Gesetzmäßigkeiten der Psyche bedrängt, die von den Psychologen aufgestellt wurden. Das Individuum als Träger einer allseits gültigen Vernunft, als verantwortlich handelnde Monade wurde von der Gesellschaft in ihren unterschiedlichen Manifestationen, Familie, Schicht, Gemeinschaft, aufgesogen.

In dem Aufsatz »Der Einzelne«, den er seiner Schrift *Der Gesichtspunkt meiner Wirksamkeit als Schriftsteller* aus dem Jahr 1849 hinzufügte, beschrieb Kierkegaard den Bruch, der sich vollzog mit dem Aufkommen der neuen Gesellschaft: »Und jeden einzelnen Menschen ehren, unbedingt jeden Menschen, das ist die Wahrheit und die Gottesfurcht und ›Nächstenliebe‹; aber ›Menge‹ ethisch-religiös als Instanz in Beziehung auf ›Wahrheit‹ anerkennen, heißt Gott leugnen und kann darum auch unmöglich ›Nächstenliebe‹ sein. Und der ›Nächste‹, das ist der schlechthin wahre Ausdruck für echt menschliche Gleichheit; wofern ein jeder seinen Nächsten liebte als sich selbst, so wäre vollkommene menschliche Gleichheit schlechthin erreicht; jeder, der in Wahrheit seinen Nächsten liebt, drückt unbedingt menschliche Gleichheit aus; und ob er auch, gleich mir, gestehe, daß sein Streben schwach und unvollkommen sei, jeder, der darauf aufmerksam ist, daß es Aufgabe ist den Nächsten zu lieben, der ist auch darauf aufmerksam, was menschliche Gleichheit ist. Jedoch niemals hab ich in der heiligen Schrift das Gebot gelesen: du sollst die Menge lieben, erst recht nicht: du sollst in der Menge, ethisch-religiös, die Instanz in Beziehung auf Wahrheit erkennen. Doch es versteht sich, seinen Nächsten lieben ist Selbstverleugnung, die Menge lieben oder so tun als ob man sie liebte, sie zur Instanz für ›die Wahrheit‹ machen, es ist der Weg im Sinnfälligen zur Macht zu kommen, der Weg zu allerlei zeitlichem und weltlichem Vorteil – zugleich ist es die Unwahrheit; denn Menge ist die Unwahrheit.«[87]

Das Selbst, das die Psychologen entwarfen, war eine Antwort auf eine immer mächtiger werdende Gesellschaft, der nicht zu entkommen war. Integration garantierte sozialen Frieden und individuelle Zufriedenheit. Schon der Alltagsverstand hatte behauptet, es sei möglich und nötig, Kinder zur Vernunft zu bringen. Gemeint war damit, sie zur Ordnung der Konventionen zu rufen, sie nach einem bestimmten Verhaltenskodex zu erziehen, durch Ermahnung, Einsicht und Strafe. Die Ordnungen hatten sich die Erwachsenen ausgedacht. Wenn die Kinder größer wurden, wies die Bildung, der sie sich unterziehen sollten, den Weg zur Vernunft. Der ausgebildete Geist beherrschte die Prüfung und Akkumulation von Wissen, er war kritisch und agierte philologisch. Hegel hat diesen rationalen Bildungsdrang der bürgerlichen Welt, der der Naturbeherrschung diente, als Grundbewegung in seine Philosophie aufgenommen. Die Moderne ließ neue Widersprüche entstehen, sie war ein Zuwachs an Wissen, an Rationalität, dank der sich die Widersprüche eines Tages würden aufheben lassen. Die Vernunft stand nach Hegel nicht still, sie knetete die Wirklichkeit nach ihrem Ebenbild und mit ihr das Ich. Nach der Vernunft der Philosophen übernahm die Gesellschaft der Soziologen diese Aufgabe. Das Selbstgefühl, der unergründliche Grund des Ich, wo Zeit und Raum nicht waren, weil hier der Augenblick regierte, schien zum Untergang verurteilt zu sein.

In *Ecce homo*, in einem Abschnitt mit der Überschrift: »Warum ich ein Schicksal bin«, geschrieben in den Monaten von Oktober 1888 bis zu seinem Zusammenbruch Anfang 1889, hatte Nietzsche die Entwicklung zum müden sozialisierten Ich als Folge einer gravierenden Instinktlosigkeit, einer verheerenden sozialen und psychischen Schwäche verurteilt: »Dass man die allerersten Instinkte des Leben(s) verachten lehrte; dass man eine ›Seele‹, einen ›Geist‹ e r l o g, um den Leib zu Schanden zu machen; dass man in der Voraussetzung des Lebens, in der Geschlechtlichkeit, etwas Unreines empfinden lehrte; dass man in der tiefsten Notwendigkeit zum Gedeihen, in der

s t r e n g e n Selbstzucht (– das Wort schon ist verleumde-
risch! –) das böse Prinzip sucht; dass man umgekehrt in dem
typischen Abzeichen des Niedergangs und der Instinct-Wider-
sprüchlichkeit, im ›Selbstlosen‹, im Verlust an Schwergewicht,
in der ›Entpersönlichung‹ und ›Nächstenliebe‹ (-Nächsten-
s u c h t!) den h ö h e r e n Werth, was sage ich! den Werth a n
s i c h sieht! … Wie! Wäre die Menschheit selber in décadence?
War sie es immer? – Was feststeht, ist, dass ihr nur Décadence-
Werthe als oberste Werte g e l e h r t worden sind. Die Entselbstungs-Moral ist die Niedergangs-Moral par excellence,
die Thatsache ›ich gehe zu Grunde‹ in den Imperativ übersetzt:
›ihr s o l l t alle zu Grunde gehn‹ – und n i c h t n u r in den Imperativ! … Diese einzige Moral, die bisher gelehrt worden ist,
die Entselbstungs-Moral, verrät einen Willen zum Ende, sie
v e r n e i n t im untersten Grunde das Leben.«[88]

Die Abkehr vom Selbst als dem individuellen Lebensgrund
war ein Zeichen des Niedergangs oder, anders gesagt, ein Beleg
für den unaufhaltsamen Aufstieg der Gesellschaft. Vom souveränen Selbst und seiner Identität absehen hieß, sich zu integrieren und ein sozialisiertes Selbst, eine integrierte Identität
anzunehmen.

Die Aufforderung: Werde, der du bist, zielte auf ein Geheimnis, das alle betraf, weil alle dieses Geheimnis in sich trugen,
auch wenn sie es nicht wussten oder nichts davon wissen wollten. Dieses Geheimnis kreiste um ihre Einmaligkeit, die mehr
war, als sich in einem Ich unterbringen ließ, und deren Spiegel
das abgründige Selbstgefühl war.

Aus der Perspektive der drei Außenseiter gesehen, lebte das
alltägliche Bewusstsein die meiste Zeit dahin in einem diffu-
sen Zustand zwischen nächtlicher Dämmerung und Morgen-
röte, zwischen Reiz und Reaktion. Nur stundenweise, wenn Interessen durchgesetzt, Zwecke verfolgt, Urteile gefällt, Schlüsse
gezogen wurden, behauptete es sein Recht auf eine gewisse

Autonomie. Es wachte auf und fädelte sich ein in das Gespräch, das Nachbarn und Politiker miteinander führten, um sich als Teil einer Gemeinschaft zu orientieren und den Alltag zu bestehen, und es ergoss sich in vielfältige Handlungen, die das Überleben sicherten. Künstler, die in Farben, Musiker, die in Tönen, Schriftsteller und Dichter, die in Geschichten und Bildern dachten, hielten sich abseits von diesem strukturierten Alltag, sobald es darum ging, zu malen, zu komponieren, zu erzählen und zu dichten. Die Einfälle kamen, wie und wann es ihnen gefiel, und sie kamen aus Regionen, die niemand kannte. Das Handwerk, das dazu nötig war, sie zu locken und festzuhalten, entstand aus Erfahrung. Beim Beten überkam den Kirchgänger ein eigentümliches Gefühl, er verwendete eine nicht alltägliche, fremde Sprachform. Die Ängstlichen, Verzweifelten und die von Sehnsucht Getriebenen bemerkten eine ähnliche Absonderung von der Gemeinschaft derer, die weniger ängstlich, verzweifelt und weniger von Sehnsucht getrieben waren. Gefühle individualisieren. Vernunft und Logik waren Gesetzeshüter, die auf eine allgemein gültige Wahrheit pochten. Sie definieren Wirklichkeit. Sollte ein Däne, ein Deutscher, ein Europäer, Menschen, die etwas auf sich hielten, damit zufrieden sein, sich in die Reihe logischer Sätze stellen zu lassen wie ein Einmachglas in ein Regal, und sich dabei noch glücklich schätzen, weil sie auf diese Weise Anschluss an die Wirklichkeit gefunden hätten?

Der objektive Mensch, den Nietzsche auftauchen sah, war die Voraussetzung für eine reibungslose Kommunikation innerhalb der modernen Gesellschaft. Wie Kierkegaard registrierte er ein Verkümmern der Leidenschaften, an deren Stelle die Mittelmäßigkeit trat. Das geistlose Selbstbewusstsein des Deutschen Reiches, geschmiedet aus dem Erz und Eisen des Militärapparats, fand seine ganze Verachtung. An den deutschen Universitäten zeigte sich der Niedergang des selbstbewussten Hochgefühls in eklatanter Weise. In der *Götzen-Dämmerung*, deren Titel noch einen Nachsatz hat, der jedes kollegiale Methodenbewusstsein vermissen ließ: *oder Wie man mit dem Hammer philosophiert*, schrieb er: »Im Grunde ist es etwas ganz anderes, das mich erschreckt: wie es immer mehr mit dem deutschen Ernste, der deutschen Tiefe, der deutschen L e i d e n s c h a f t in geistigen Dingen abwärts geht. Das Pathos hat sich verändert, nicht bloss die Intellektualität. – Ich berühre hier und da deutsche Universitäten: was für eine Luft herrscht unter deren Gelehrten, welche öde, welche genügsam und lau gewordne Geistigkeit! Es wäre ein tiefes Missverständnis, wenn man mir hier die deutsche Wissenschaft einwenden wollte – und ausserdem ein Beweis dafür, dass man nicht ein Wort von mir gelesen hat. Ich bin seit siebzehn Jahren nicht müde geworden, den e n t g e i s t i g e n d e n Einfluss unsres jetzigen Wissenschafts-Betriebs ans Licht zu stellen. Das harte Helotentum, zu dem der ungeheure Umfang der Wissenschaften heute jeden einzelnen verurteilt, ist ein Hauptgrund dafür, dass voller, reicher, t i e f e r angelegte Naturen keine ihnen gemässe Erziehung u n d E r z i e h e r mehr vorfinden. Unsre Cultur leidet an nichts m e h r, als an dem Überfluss anmaasslicher Eckensteher und Bruchstück-Humanitäten; unsre Universitäten sind, w i d e r Willen, die eigentlichen Treibhäuser für diese Art Instinkt-Verkümmerung des Geistes. Und ganz Europa hat bereits einen Begriff davon – die grosse Politik täuscht Niemanden ... Deutschland gilt immer mehr als Europa's F l a c h l a n d.«[89]

Sorgen über Europa und den europäischen Geist, über den herrschenden Typus Mensch, hatte sich schon Jahrzehnte früher Henrik Ibsen gemacht. Als künstlerischer Leiter des Theaters in Bergen war er 1852 nach Kopenhagen und Dresden gereist, um sich von den dortigen Theaterzuständen ein Bild zu machen. In Kopenhagen hatte er sich mit dem Ästhetik-

Professor Adam Oehlenschläger und dem Literaturkritiker und Hegelianer Johan Ludvig Heiberg getroffen, der 1849 zum Direktor des Königlichen Theaters in Kopenhagen ernannt worden war. Er war mit der Schauspielerin Johanne Luise Heiberg verheiratet, die von Kierkegaard geschätzt wurde. Auch dem Philosophen hätte Ibsen bei seinem Besuch in Kopenhagen persönlich über den Weg laufen können, so, wie dessen Ideen durch Ibsens Stücke zu laufen schienen. Der Held des Dramas *Brandt*, das 1866 erschien, sah aus wie eine Karikatur Kierkegaards, ein junger Vikar, der bedingungslos seinem zürnenden und rachsüchtigen Gott folgte und seine Mitmenschen verachtete, weil sie nicht so radikal waren wie er. Ibsen verwahrte sich gegen diese Deutung, erschuf aber mit *Peer Gynt* 1867 erneut ein Drama, in dem sich Anspielungen auf Kierkegaard hätten wiederfinden lassen. Dass sie auch an Nietzsche erinnern, belegt nur, wie eng die beiden Außenseiter miteinander verwandt waren, obwohl der eine ein radikaler Christ und der andere ein radikaler Antichrist war.

Ibsen kehrte seiner Heimat im Jahr 1864 den Rücken und ging ins Ausland, zuerst nach Rom, wo er viele Jahre blieb, dann nach Dresden und München. Nach Hause zog es ihn nicht. Er blieb 27 Jahre weg. Fern der Heimat entstanden die Dramen, die ihn berühmt machten, wie *Stützen der Gesellschaft* 1877, *Nora oder Ein Puppenheim* 1879 und *Gespenster* 1881.

Peer Gynt hieß ein junger größenwahnsinniger Mann, der sich und die Welt mit Lügengeschichten betrog, seine nordische Heimat verließ und sich auf eine Odyssee begab. Er war die Verkörperung des maßlosen, selbstbezogenen europäischen Geistes des 19. Jahrhunderts, er war, in seinen Worten, ein Weltbürger von Gemüt. Amerika fühlte er sich allgemein zu Dank verpflichtet, in deutschen Bücherregalen hatte er Erbauung gefunden, von Frankreich hatte er sich einkleiden und mit Geist und Schliff ausstatten lassen, aus England nahm er den

Geschäftssinn und den Blick für den eigenen Vorteil mit, aus Schweden Stahl und aus Italien die Liebe fürs gute Leben. Am Ende einer langen Reise, die ihn bis nach Marokko führte und auf der er Geschäfte großen Stils machte, ja sogar nahe daran war, eine Religion zu stiften, flatterte ihm eine flüchtige Einsicht über sich selbst zu, folgenlos wie ein rascher, unaufmerksamer Blick in einen Spiegel, dass er einer Zwiebel gleichen könnte, die sich Haut für Haut schälen ließ, aber keinen Kern preisgab. Er hatte ganz offensichtlich kein Selbst, er war nur Wille, Tatendrang, Lebenslust, Illusion, ein Gefäß, angefüllt mit Ich-Funktionen. Er war der Prototyp des egoistischen und, in einem fatalen Sinne, selbstlosen Menschen, der mit seinem selbstbetrügerischen Wahn die Welt eroberte. Der selbstlose Mensch, der sich hier zu größenwahnsinnigen Dimensionen auswuchs, war nicht nur ein funktionierender Automat, der Aufgaben blind und reibungslos erledigte, sondern der Motor des global agierenden Geldes, ein menschliches Tauschmittel, das sich überall einnistete, Kulturen schluckte, fremde Länder überrannte und die Erde mit Geschäftigkeit überschwemmte.

Nietzsches Schwester Elisabeth war ein kleiner Bestandteil im Zug der europäischen Welteroberungen gewesen. Im Jahr 1886 zog sie mit ihrem antisemitischen Ehemann nach Paraguay und gründete dort die deutsche Kolonie Nueva Germania. Das Projekt scheiterte, ihr Ehemann brachte sich um, und die Schwester fuhr 1893, nach Jahren in Übersee, wieder nach Deutschland zurück, um sich dort um ihren verrückten Bruder und seinen Ruhm zu kümmern.

7

Das Leben ist nicht demokratisch

Nietzsches Wille zur Macht

Friedrich Nietzsche, geboren am 15. Oktober 1844 in Röcken in Sachsen, war der Sohn des Pfarrers Carl Ludwig Nietzsche, der im Alter von 36 Jahren an einer Gehirnerkrankung starb. Er ließ eine Frau, einen Sohn und eine Tochter zurück, die zwei Jahre jünger als der Bruder war. Die Familie zog 1849 nach Naumburg. Der Sohn kam nach der Grundschule und einigen Jahren auf dem örtlichen Domgymnasium 1858 auf ein Internat in Pforta. Er studierte danach zuerst, weil seine Mutter es sich wünschte, vor allem Theologie, dann aber, was ihm viel mehr lag, klassische Philologie in Bonn und Leipzig. Im Jahr 1869 hatte er erreicht, wovon seine Kommilitonen träumten. Er wurde, ohne Promotion, zum Professor in Basel ernannt. Der soziale Aufstieg des Jungen aus kleinbürgerlichen Verhältnissen in die angesehenen höheren Bildungsschichten tat Mutter und Schwester gut.

In dieser Zeit einer fleißigen Gelehrtenexistenz besuchte er öfter den Komponisten Richard Wagner auf dessen Anwesen in Tribschen am Vierwaldstätter See. Wagners Kunst und gelebtes Künstlertum sowie dessen Ehefrau Cosima beeindruckten den jungen Professor und Junggesellen sehr. So selbstbewusst und im Selbstausdruck exzessiv konnte ein Mann leben, der ein Künstler war.

Nach zehn Jahren gab Nietzsche die Professur in Basel aus gesundheitlichen Gründen auf. Sein Leben lang litt er unter chronischen Kopfschmerzen und schlechten Augen. Im Deutsch-Französischen Krieg 1870/71 hatte er freiwillig als Sanitäter gedient, eine kurze, traumatische Zeit, die seine Gesundheit weiter ruinierte. Bis 1889 pendelte er rastlos zwischen Sils

Maria, Nizza und Genua, er wohnte kurz in Venedig und schließlich in Turin, lebte in Hotels, Pensionen und privaten Unterkünften. Seine Bücher, die in den Schweizer Bergen und an den Küsten des Mittelmeers entstanden, wie *Menschliches, Allzumenschliches, Die fröhliche Wissenschaft, Zarathustra, Jenseits von Gut und Böse, Zur Genealogie der Moral,* verkauften sich schlecht. Gegen Ende seiner erfolglosen Karriere als Schriftsteller musste er den Druck seiner Schriften selbst bezahlen. Verglichen mit den bürgerlichen Glanzzeiten in Basel, war dieses Schicksal zum Verzweifeln. Er hielt durch.

Bei den Frauen hatte er wenig Glück. Er lebte allein, dauerhafte Liebschaften gelangen ihm nicht. Die junge Russin Lou Salomé, in die er sich unglücklich verliebte, fand seine Gedanken aufregend, wies ihn als Mann ab und schrieb ein Buch über ihn, das gegen Ende des Jahrhunderts erschien. Sein Leben und Werk verstand sie als ein psychisches und intellektuelles Drama, jene Lücke zu füllen, die mit dem Tod Gottes, vom Pfarrerssohn selbst ausgerufen, entstanden war.

Der Kontakt zur Mutter und Schwester brach nie ab, auch wenn das Verhältnis zu den beiden schwierig und anstrengend war, insbesondere der Antisemitismus seiner Schwester Nietzsche zuwider war. In den letzten Monaten in Turin verlor er die Wirklichkeit der anderen Menschen, die seiner Selbsteinschätzung und seiner Weltwahrnehmung ein Korrektiv hätten sein können, völlig aus den Augen. Im Januar 1889 brach er auf einer Straße in Turin zusammen. Darauf wurde er in die Psychiatrische Universitätsklinik nach Jena gebracht. Von 1890 bis zu seinem Tod am 25. August 1900 lebte er zuerst bei der Mutter und dann bei seiner Schwester Elisabeth, die ihn nicht nur betreute und pflegte, sondern den Nachlass verwaltete und das Nietzsche-Archiv in Weimar gründete.

Viereinhalb Jahre alt war Friedrich Nietzsche gewesen, als

der Vater 1849 starb. Er sei, heißt es in einem der frühen Lebensläufe des Sohnes, einer Gehirnerweichung erlegen. Wenig später, 1850, wurde der Junge von einer Erfahrung heimgesucht, die ihn von der Existenz einer unheimlichen Macht überzeugen und sein Gefühl für die Wirklichkeit irritieren musste. Er träumte, sein Vater würde aus dem Grab steigen und den kleinen Bruder, der zwei Jahre alt war und tatsächlich krank im Bett lag, zu sich holen. Was beim Erwachen nur ein Traum zu sein schien, stellte sich als ein Blick in die nahe Zukunft heraus. Am nächsten Tag, berichtet Nietzsche, sei sein Bruder gestorben. Was blieb ihm von diesen Ereignissen und Erfahrungen? Ein Schrecken, Trauer und ein einsturzgefährdeter Boden, unter dem Kräfte rumorten und Einfluss nahmen auf das Geschehen an der Oberfläche.

In den Lebensläufen, die er in jungen Jahren verfasste, erwähnt er ein weiteres Ereignis, das einen Schatten warf, den auf den Tod des Vaters erfolgenden Umzug, weg aus dem sächsischen Dorf Röcken in die Stadt Naumburg. In Röcken lebte der Junge in einer ländlichen Idylle, wie sie beschaulicher in seinen Erinnerungen nicht sein konnte. Von früh auf war er gewohnt, in der Natur umherzustreifen. Wenn er später sich bemühte, dort zu leben, wo er stundenlang durch die Gegend wandern konnte, dann hat er sich diese Nähe zur Landschaft nicht erarbeiten müssen. Er streifte umher mit den guten Erfahrungen der Kindheit im Gepäck. Dass Kindheitserlebnisse prägen, daran hat er geglaubt. Aber er hat sich mit dieser Mitgift nicht abfinden wollen.

Eine Herausforderung für seine empfindsame Seele war der Eintritt in ein Internat, das in Bildungskreisen geschätzt wurde, eine Einrichtung in Pforta, wo der Tag für die Schüler morgens um fünf Uhr begann und einem Uhrwerk glich. Dort blieb er bis zum Abitur. Gute Lehrer haben seine Liebe für die Philologie geweckt, die ihn in Bonn zielstrebig das Studienfach wechseln ließ, weg von der Theologie, wo die Mutter ihn am liebsten sah, hin zu den antiken Klassikern.

Schon als Kind hatte er begonnen, Gedichte zu schreiben, Klavier zu spielen und zu komponieren. Durch den musizierenden Vater eines Freundes lernte er früh Richard Wagners *Tristan und Isolde* kennen, eine folgenreiche Bekanntschaft. Im Internat litt der Schüler unter Heimweh und freute sich, in den Ferien nach Hause fahren zu dürfen oder am Wochenende sich mit der Mutter oder anderen Verwandten treffen zu können. Der Junge war ein Familienmensch, der Tanten und Onkel gerne besuchte und es mochte, wenn die Stimmung und Atmosphäre familiär und gemütlich war.

Mutter und Schwester ließ er aus dem Internat detaillierte Bitten zukommen, was sie ihm nach Pforta schicken sollten, Nüsse, Weintrauben, Schokoladenpulver, Tinte, Pomade, Waschlappen, Schlittschuhe, und welche Bücher oder Partituren er sich von ihnen zu Weihnachten und zum Geburtstag wünschte. Wochen vor dem Fest redete noch der Pubertierende von Weihnachten voller Aufregung. Die Weihnachtstage waren für ihn die schönsten Tage des Jahres, die Erfüllung eines lang ersehnten Glücks, wenn die Familie festlich gestimmt am Weihnachtsbaum saß und Geschenke für ihn bereitlagen. Über Kopfschmerzen und Leibschmerzen klagte der von Heimweh Geplagte in Briefen an die Mutter vom Frühjahr 1859 an.

Klassische Philologie studierte der offenbar rundum angepasste Kleinbürgerspross schon in Bonn, wo er sich einer Burschenschaft anschloss, eine für ihn letztlich ernüchternde Erfahrung, und in Leipzig. Dorthin folgte er dem berühmten Bonner Professor Friedrich Ritschl, der von den philologischen Fähigkeiten des jungen Studenten sehr angetan war. Auf Ritschls Anraten gründete Nietzsche am neuen Studienort mit Freunden einen philologischen Verein, wo er Vorträge über Fachthemen hielt. Sie lassen sich in den fünf Bänden der Ausgabe seiner frühen Schriften aus Jugend, Studienzeit und aus den ersten Jahren in Basel nachlesen, ebenso wie die Gedichte, die er schrieb, die Leselisten, die er führte, und Gedanken über Themen, die ihn beschäftigten, wie griechische Dichter und Philosophen, das Fatum und der freie Wille, Schopenhauer und Kant, Musik und die Mängel der Philologie. Die teilweise in Latein abgefassten Aufsätze aus diesen Jahren des Studiums und der Universitätslehre zeigen einen in seinem Fach sehr belesenen jungen Mann, dessen gelehrte Statur die späteren, geschliffen formulierten, polemisch pointierten und sofort zugänglichen Werke nicht vermuten lässt.

Mit vierundzwanzig Jahren wurde der Ritschl-Schüler, ohne die übliche Promotion vorgelegt zu haben, Professor für klassische Philologie an der Universität in Basel, ein Kollege des Historikers Jacob Burckhardt, mit dem er sich anfreunden wird. Obwohl er sich durch seine Karriere darin bestätigt hätte fühlen können, die richtige berufliche Laufbahn eingeschlagen zu haben, war er früh davon überzeugt, nicht zu jenen Philologen zu gehören, die aus Leidenschaft zum Fach gekommen waren. Seinen Weg beschrieb er in einem unvollständigen Lebenslauf mit den ernüchternden Worten: »Vielleicht gehöre ich überhaupt nicht zu den spezifischen Philologen, denen die Natur mit ehernem Griffel auf die Stirn zeichnet: das ist ein Philolog, und die in vollster Ungebrochenheit, mit der Naivität eines Kindes den ihnen vorgezeichneten Weg gehn. An solchen philologischen Halbgöttern kommt man hier und da einmal vorüber und merkt dann, wie grundverschieden alles, was der Instinkt und die Gewalt der Natur schafft, von dem ist, das durch Bildung Reflexion, vielleicht gar durch Resignation hervorgebracht wird.

Ich will nicht gerade sagen, daß ich zu diesen Resignationsphilologen ganz und völlig gehöre: aber wenn ich so zurücksehe, wie ich von der Kunst zur Philosophie, von der Philosophie zur Wissenschaft und hier wieder in ein immer engeres Bereich geraten bin: so sieht dies fast aus, wie eine bewußte Entsagung.«[90]

Das schrieb er im letzten Jahr in Leipzig, bevor er 1868 nach Basel ging. Der Versuch eines Lebenslaufs geht mit einem beklemmenden, ahnungsvollen Bekenntnis weiter: »Ich sollte denken, daß ein Mensch mit vierundzwanzig Jahren das Wichtigste seines Lebens bereits hinter sich hat: mag er auch später erst zu Tage bringen, was sein Leben lebenswerth macht. Ungefähr nämlich bis in diesen Zeitraum faßt die junge Seele aus alle(n) Ereignisse(n) und Erfahrungen, die sie im Leben als im Denken macht noch das Typische heraus: und aus der Welt dieser Typen wird sie nie und nimmermehr herauskommen. Wenn später dieser idealisirende Blick des Auges erloschen ist: stehn wir im Banne jener Welt von Typen, die wir als Vermächtniß unserer Jugend überkommen.«[91]

Wie kam er darauf, dass mit vierundzwanzig Jahren ein Schlussstrich unter eine Lebensentwicklung gezogen wurde? Dass sich danach nichts mehr ereignen würde, wodurch er in eine andere Richtung hätte getrieben werden können? Was war das Typische, aus dessen Bann keine Flucht mehr möglich sein sollte? Bei der Annahme, dass es eine Welt von Typen gebe, musste er von sich selbst ausgegangen sein, wie er sich sah und verstand. Als Entwicklungsgesetz formuliert, gehörte die Hypothese selber in die Klasse der Typen, das heißt, so zu denken war Ausdruck eines bestimmten geistigen Typus. Der Blick für das Typische mochte eine Folge von Erfahrungen sein, die mit der philologischen Bildung einhergingen, zu der die methodische Ausrichtung des Verstandes gehörte, nach grammatischen Formen und einer durch sie geformten Bedeutung zu suchen. Auch die Musik mag das Gespür für Stadien des Lebens geprägt haben, den Sinn dafür, Tonfolgen und ihre harmonischen Gesetzmäßigkeiten zu erkennen.

Das Bekenntnis, einer Welt der Typen anzugehören, verweist auch auf die Disziplin und Mühe bei der Aneignung von Wissen, ohne die die Schulung seines Geistes nicht erfolgreich gewesen wäre. Aus demselben Jahr findet sich von ihm die Notiz: »Das viele Lesen der Philologen: daher die Armut an originellen Gedanken.«[92] Die Lektüre, das heißt die Unterwerfung des eigenen unter einen fremden Sinn, unter eine fremde geistige Macht, war der Weg, auf dem sich das Typische als ein Grundelement des Wissens einpflanzen ließ. Dagegen verriet die Annahme von originellen Gedanken, eines eigenen Sinns, einer eigenen geistigen Macht, die Hoffnung, aus dem Typischen herauszufinden und zu sich selbst zu kommen.

Sein Streben und Bemühen ging später dahin, alles Typische in sich zu finden und aufzulösen, mit dem Ziel, das Leben zu befreien. Bei dieser Selbstanalyse ging er den Weg der ersten vierundzwanzig Jahre zurück. Aus dem Philologen, dem Hüter von methodischer Bildung, machte er einen Philosophen, einen Kritiker von objektiven Begriffen, und aus dem Philosophen eine Art Künstler, einen Verkünder des originellen Lebens, der Subjektivität. In der späten Schrift *Ecce homo* wird er sein Augenleiden loben, weil es ihn erlöste von einer frühen Qual und aus einer früh begonnenen Deformierung: »Meine Augen allein machten ein Ende mit aller Bücherwürmerei, auf deutsch: Philologie: ich war vom ›Buch‹ erlöst, ich las jahrelang Nichts mehr – die g r ö s s t e Wohlthat, die ich mir je erwiesen habe! – Jenes unterste Selbst, gleichsam verschüttet, gleichsam still geworden unter einem beständigen Hören-Müssen auf andere Selbst (– und das heisst ja lesen!) erwachte langsam, schüchtern, zweifelhaft, – aber endlich r e d e t e e s w i e d e r .«[93]

Die Fragen, die ihn bei der Befreiung vom Typischen trafen, bezogen sich auf die Entsagung und die Disziplin, denen er sich als Schüler und Student unterworfen hatte, ohne aufzubegehren. Die Rebellion scheint er als psychosomatische Reaktion dem Körper überlassen zu haben. Wem oder was hatte er entsagt und woher war die Kraft zur Entsagung gekommen? Die damit aufgeworfenen psychologischen Probleme waren von einer Tiefe, die erst bei Sigmund Freud wieder auftauchen sollte. Der Weg, der für ihn zu einer Lösung dieser Fragen führen sollte, lief durch die entscheidenden Komplexe seiner Sozialisation: das Christentum, die Ideen von Gut und Böse, die Disziplinierung des Begehrens und eine Genealogie der Moral als Ausdruck von Stärke und Schwäche.

In Basel entdeckte er als Student, so hat er später erzählt, in einer Buchhandlung *Die Welt als Wille und Vorstellung*. Schopenhauers Werk schenkte ihm eine grandiose Ausflucht aus den Zwängen des bürgerlichen und universitären Fortschrittsoptimismus und bot eine Hymne auf die Kunst, durch die es gelingen sollte, der geistigen Enge für Stunden zu entkommen. Bei Schopenhauer fand der junge Philologe eine kompakte metaphysische Weltanschauung, die ihm sofort zusagte. Sie richtete sich gegen die borniert religiöse und wissenschaftliche Zuversicht in die Stabilität von Ordnungen, die auch in den bürgerlichen Basler Kreisen, in denen er später als Professor verkehrte, dominieren sollte. Schopenhauers Lob der Musik, die einen Vorgeschmack auf den Rausch des bewegten Seins, auf das Meer von Werden und Vergehen erlaubte, in dem die individuelle Existenz sich auflösen würde, erhob das Herz des ordentlich gekleideten und frisierten Hobbykomponisten und Klavierspielers. Aus eigener Erfahrung konnte er sich vorstellen, was Schopenhauer meinte.

Dass das Begehren unmittelbar das Denken, dass das Geschlecht direkt den Geist beeinflussen würde, hat der junge Nietzsche hier lesen können, und er hat diesen Zusammenhang selbst mit Vehemenz verteidigt. Welche sexuellen Wünsche seine Gedanken prägten, darüber verriet er in den Briefen und Schriften nichts. Die Schwester und die Mutter waren die Frauen, die immer an seiner Seite blieben, die ihn umsorgten und an denen er als Junge, als Jugendlicher und als junger Mann sehr hing. Später wird er sich in Briefentwürfen und noch im *Ecce homo* aus dem Jahr 1888 wundern, dass er mit ihnen verwandt sei. Seine Schwester Elisabeth wird er mit Hohn und Verachtung überschütten. In einem Briefentwurf an die Mutter vom Januar, Februar 1884, geschrieben in Nizza, hieß es: »Ich kenn erst recht, und von Kindheit an, die moralische Distanz, die mich und Euch trennt, und habe alle meine Milde, Geduld und Stillschweigen nöthig gehabt, um Sie Euch nicht allzu fühlbar zu machen. Begreift Ihr denn Nichts von dem Widerwillen, den ich zu überwinden habe, mit solchen Menschen, wie Ihr seid, so nahe verwandt zu sein! Was bringt mich denn zum Erbrechen, wenn ich Briefe meiner Schwester lese und diese Mischung von Blödsinn und Dreistigkeit, die sich gar noch moralisch aufputzt, hinunterschlucken muß?«[94]

Damals war er fast vierzig Jahre alt, sehr laut, sehr selbstbewusst, wenn er mit Worten für die Freiheit der Starken focht, selbst gewählte Feinde und Schwächlinge, einen nach dem anderen, zur Strecke brachte, Ideenburgen mit Gebrüll im Sturm überrannte, lebensfeindliche Gedanken wie Hühner in der Luft zerfetzte und von einem Schlachtfeld zum nächsten galoppierte, bis Naumburg, bis Mutter und Schwester am Horizont auftauchen und der Reiter der geistigen Artillerie vom Pferd sprang, sich den Staub der Jahrhundertgefechte von der Uniform der freien Geister und Genies klopfte und sich an den Kaffeetisch setzte.

Als er sich 1882 in Lou Salomé verliebte, redete er sich und allen anderen ein, es sei ein Verhältnis wie zwischen einem Lehrer und einer Schülerin, und er behauptete, sie sei der einzige Mensch, der ihm im Innersten verwandt sei und ihn instinktiv verstehe. Er verlor die junge belesene Frau, die in

Zürich Vorlesungen über Philosophie und Theologie gehört hatte, an seinen Freund Paul Rée, der von Anfang an mit von der Partie gewesen war. Paul Rée kannte er schon seit der Zeit in Basel. Er schätzte ihn sehr als Autor einer ganz dem utilitaristischen Geist verpflichteten Studie über den *Ursprung der moralischen Empfindungen*, die 1877 erschien und der sein Buch *Menschliches, Allzumenschliches* aus dem Jahr 1878 viel verdankte. Rée ließ 1885 eine Studie über *Die Entstehung des Gewissens* folgen, bevor er, da die Habilitation in Philosophie scheiterte, Medizin zu studieren begann und Arzt wurde.

Zu dritt, so hatte sich der etwas weltunerfahrene Bürgerschreck mit dem buschigen Bart ihre gemeinsame Geschichte ausgemalt, bevor die Realität andere Wege einschlug, würden sie in Paris leben, der Hauptstadt der freien Liebe. Die Empörung, die diese Beziehung und seine Bewunderung für die Russin bei Verwandten und Bekannten weckte, führte zum Zerwürfnis mit den moralischen Kleinkrämern. Nietzsche wusch seine Hände in Unschuld, tat so, als ginge es bei dieser Dreiecksbeziehung nur um eine Vereinigung von Geistern, um ein Verlangen in einem höheren Sinne, und brach mit allen, die ihm niedrige, sexuelle Motive unterstellten oder das Objekt der Begierde beleidigten, wie seine machtlüsterne und intrigante Schwester, deren Antisemitismus für seine Ohren schon entsetzlich genug war. Als der Junggeselle sich eingestehen musste, dass er keine Chancen bei der jungen Frau hatte, und Gerüchte zu ihm drangen über das, was sie über ihn gesagt haben soll, goss er, in einer Mischung aus Verzweiflung, Ekel, Hochmut und Stolz, seine Verachtung auf die Angebetete und rückte wieder in Reih und Glied mit seinen sittenstrengen Verwandten und Bekannten. Die unglückliche Affäre, bei der sich nicht mit Sicherheit sagen lässt, bis zu welchen glücklichen Höhepunkten sie führte, blieb dem einsamen Mann in schmerzvoller Erinnerung.

Lou Andreas-Salomé
(1861–1937)

In der Zeit des rastlosen Wanderlebens zog Nietzsche einige
Bewunderinnen an, darunter eine Schweizer Doktorandin, die
ihn als Autor verwirrender und provokanter Werke kannten.
Gelegentlich saß er in Hotels mit älteren Damen zusammen
bei Tisch und speiste, in Nizza, wie er stolz seiner Mutter
schrieb, auch mit adeligen Russinnen. Mit Malwida von Meysenbug, der ehemaligen Anarchistin, die er in Italien besuchte,
erwog er, welche reiche Erbin ihn heiraten könnte. Einer Frau,
die er kaum kannte, machte er überstürzt einen Heiratsantrag,
den er gleich zurückzog. Bei den Festspielen in Bayreuth lernte
er eine junge Mutter kennen, die in Paris lebte und die er
attraktiv fand. Aber sonst? Der Bücherwurm, der nach dem
Weggang von Basel ein Buch nach dem anderen schrieb, hatte
keine Freundin, keine Geliebte, kein Wort in den überlieferten
Briefen lässt darauf schließen. Die einzigen Frauen, die an seiner Seite verharrten, versuchte er vergeblich loszuwerden. Die
Befreiung gelang ihm nicht. Er unterwarf sich ihnen. Die eine

war seine zielstrebige Schwester, die später die Werke des berühmten Bruders erfolgreich vermarktete. Die andere war seine Mutter, die es auf beklemmende Weise gut mit ihm meinte. Die Familie Nietzsche war, wie so viele, wie die Kierkegaards, ein Fall für die Familientherapie, die es damals nicht gab. Stattdessen wurde gebetet, im Stillen gegrübelt und getobt, wurden die Servietten gefaltet und Autoritäten gehuldigt, Gott, König, Bildung, Vaterland.

Früh geriet der vaterlose Muttersohn in die laute, raue Welt der Knaben und Lehrkräfte im Internat, danach lernte er die laute, raue Welt der jungen Männer auf der Universität und beim Militär kennen. Als aus ihm ein Wanderer geworden war, der keiner festen Gruppe oder Institution angehörte, hatte er nur wenige Freunde. Der Basler Professor für Theologie, Franz Overbeck, behielt Nietzsches Pensionsgelder im Blick, der Komponist Heinrich Köselitz, dem Nietzsche den Namen Peter Gast gab, schrieb die Manuskripte des halb blinden Philosophen ins Reine, korrigierte sie und bereitete sie für den Druck vor.

Fünf Jahre lang wohnte Overbeck im selben Haus wie Nietzsche. Im Jahr 1870 hatte er den Lehrstuhl für Kirchengeschichte und Exegese des neuen Testaments in Basel angenommen, wo er bis zu seinem Tod leben wird. Drei Jahre später veröffentlichte er die Schrift *Über die Christlichkeit unserer heutigen Theologie*, mit der er sich unter den Fachkollegen diskreditierte, so, wie Kierkegaard den Bogen überspannt hatte mit den Flugschriften gegen die dänische Amtskirche. Overbeck wollte auf den Ernst des Christentums hinweisen, und nicht, wie der dänische Philosoph, auch auf den Ernst der eigenen Existenz. Die zeitgenössischen Theologen machten in seinen Augen aus dem Christentum eine bürgerliche Humanitätsreligion, die mit der Religion des Urchristentums nichts gemeinhatte. Die Anstrengungen der modernen liberalen

Theologie, sich des historischen Christentums durch Quellen-kritik zu vergewissern, waren für ihn vergebliche Versuche, Wissen und Glauben zu verbinden. Zwischen beiden verlief ein Graben, für Kierkegaard nur durch einen Sprung zu über-winden. Die Protestanten wurden durch die Philosophie und die Philologie zu gymnastischen Übungen herausgefordert, von denen die Katholiken im Gehäuse des Vatikans nicht ein-mal träumen mussten.

Den kommenden deutschen Kunstgott Richard Wagner hat Nietzsche als Student in Leipzig kennengelernt, seine Musik hatte er schon als Jugendlicher bewundert und auf dem Kla-vier nachgespielt. Als er Professor in Basel war, verbachte er viele aufregende Tage in der Villa in Tribschen im Kreis der Familie Wagner, im Bann des vor Selbstbewusstsein und Sen-dungswillen überquellenden Objekts seiner Bewunderung und zu Füßen Cosima Wagners, die vierunddreißig Jahre jün-ger als ihr Ehemann war. Der Komponist erblickte in dem jun-gen Philologen, der insgeheim ein Künstler sein wollte, ein großartiges Sprachrohr für seine ausufernden Ambitionen, für die er auch König Ludwig II. von Bayern einzuspannen wusste. Er brauchte Geld für ein Festspielhaus, das der Aufführung sei-ner Werke gewidmet war. Nietzsche sah sich am Beginn einer neuen Kunstreligion. Ohne höhere Welt, in der Genies regier-ten, schlief auch ein fahnenflüchtiger Sohn Luthers schlecht. Bei Wagner fühlte er sich in seinen innersten Regungen und Ahnungen bestätigt, die ihn aus der knöchernen Philologie und aus einem engstirnigen Kulturbetrieb in die Gefilde der befreienden Musik trieben.

Aber nur Sprachrohr eines Erlösers sein, Kammerdiener eines Helden der Kunst, diese Rolle war für ihn dann doch zu klein. Der Bruch mit Wagner 1876 war eine Befreiung, ein Schritt in die Selbstständigkeit. Die Oper *Parsifal* enttäuschte den ehemaligen Jünger, die christliche Hoffnung auf eine

Erlösung im Jenseits, die sich hier zeigte, war ihm, der auf Erlösung im Diesseits hoffte, so zuwider wie der Kunstbetrieb in Bayreuth, wo er in den Scharen von Bewunderern und Neugierigen, darunter die umtriebige Schwester, wie ein Schaf in der Herde unterzugehen drohte. Der abtrünnige Philologe wandte sich von seinem einstigen Idol künstlerischer Selbstbehauptung und Selbsterschaffung ab. In dieser Zeit der Neuorientierung, als er der Metaphysik und dem Geniekult für eine Weile den Rücken zukehrte, fand er Hilfe bei Paul Rée und dessen historischer Analyse moralischer Empfindungen, wie Egoismus und Selbstlosigkeit. Nietzsche war begeistert von dieser antimetaphysischen Nüchternheit und wurde ein feuriger Positivist, ein Detektiv aus der Schule Voltaires und Humes, der hinter den hochgehaltenen Gefühlen und Werten nach den schnöden Vorteilen suchte, die sie versprachen.

Die Enttäuschung über Wagner wuchs sich später zu einer wütenden Empörung aus, als er erfuhr, dass Wagner 1877 Nietzsches Arzt mitgeteilt haben soll, die Ehelosigkeit und das auffällige Temperament des verwilderten Philosophen seien eine Folge ungezügelter Onanie. Auch Wagners Antisemitismus trieb die beiden Männer auseinander.

Nietzsche war kein Schwächling, sondern ein trainierter Wanderer, der einen ganzen Tag durch die Gegend laufen konnte, was er ausgiebig machte. Beim Militär war er zum Reiter der Artillerie ausgebildet worden und hatte sich dort bei einem Reitunfall eine schwere Brustverletzung zugezogen. Als Junge plagten ihn Augenschmerzen und Kopfschmerzen. Später kamen tagelanges Erbrechen hinzu und Leibschmerzen. Nach seinen Berechnungen wurde er bis zu zweihundert Tage im Jahr von körperlichen Leiden belagert und gequält. Gesundheit war ein hohes Gut, ein guter war auch ein schmerzfreier Tag, an dem er von der Macht des angegriffenen Körpers nicht niedergedrückt und in seinem Denken und in seiner Bewegungsfreiheit nicht eingeschränkt wurde. Seine Sehkraft ließ im Laufe der Jahre nach, schließlich konnte er nur noch wenige Stunden lesen und schreiben, womit er der Mutter, wenn sie auf einen Brief von ihm wartete, sein Schweigen begründete.

Friedrich Nietzsche in seiner Schulzeit in Pforta

Auch um der Langeweile in den Zimmern, die er bezog und in denen er unter den einfachsten, oft widrigen Umständen wohnte, zu entkommen, ging er die meiste Zeit spazieren, mit Notizbüchern ausgestattet, in die er seine Gedanken kritzelte. Philosophische Systeme lassen sich auf diese unstete Weise nicht bauen. Kierkegaard war ebenfalls ein großer Spaziergänger gewesen, und da er sesshaft war und große Wohnungen bewohnte, lief er nicht nur durch Kopenhagen, sondern durch seine vielen Zimmer von einem Stehpult zum anderen, um die Gedanken niederzuschreiben, mehrere eng beschriebene Bogen täglich.

Aus Sorge um die angeschlagene Gesundheit erfand Nietzsche für sich wechselnde Diäten. Der Verkünder des freien Geistes konsultierte Ärzte und unterzog sich mehreren Kuren. Von den Lichtverhältnissen in den Gegenden, wo er sich aufhielt, war der Freiluftfanatiker extrem abhängig. Er war sich sicher, dass die elektromagnetischen Strömungen, die von einem bewölkten Himmel ausgingen, sein körperliches Befinden auf entscheidende Weise beeinflussten. Nach beiden Gesichtspunkten und reiflichen Überlegungen wählte er die Aufenthaltsorte, im Frühjahr und Sommer war er in Sils Maria in der Schweiz, im Herbst und im Winter vor allem in Nizza oder Genua, unter den für ihn förderlichen klimatischen Bedingungen der Mittelmeerküste. Venedig und Rom kannte er von längeren Aufenthalten. In den letzten Jahren entdeckte er Turin und war von der Stadt und ihren für geschützte Spaziergänge gut geeigneten Kolonnaden begeistert. In *Ecce homo* erklärte er: »… Ernährung, Ort, Clima, Erholung, die ganze Kasuistik der Selbstsucht – sind über alle Begriffe hinaus wichtiger als Alles, was man bisher wichtig nahm. Hier gerade muss mann anfangen, u m z u l e r n e n.«[95] Der Geist suchte für den Körper ein besonderes Kräftefeld, wenn er so klug war, den Körper und die Abhängigkeit, in der er sich zu ihm befand, ernst zu nehmen. Er bemühte sich, die individuellen Bedürfnisse des Leibes zu verstehen. Das Kräftefeld sollte dem Körper und damit dem Geist guttun. In der Suche nach dem richtigen Ort erfüllte sich die Freiheit von Nomaden. Die Sesshaften mussten sich mit den Gegebenheiten ihres Wohnsitzes abfinden.

Nachdem er im Januar 1889 in Turin auf der Straße zusammengebrochen war, wurde er in eine Nervenheilanstalt in Jena eingeliefert und für verrückt erklärt. Die letzten Jahre verbrachte er zuerst bei seiner Mutter in Naumburg, dann bei der Schwester in Weimar. Für einen Mann, der sich die Frage nicht beantworten konnte, wie ein Geist seines Ranges eine solch mediokre Verwandtschaft haben konnte, war dieses Los beklagenswert. Dass er von der Mutter zu Hause gepflegt wurde, statt in einer Irrenanstalt das restliche Leben verbringen zu müssen, war andererseits für ihn ein Glück. Ein makabrer Schicksalsschlag aber blieb der Umstand, dass der Künder von der ewigen Wiederkehr des Gleichen am Ende dort landete, von wo er vor Jahrzehnten in die Welt der Bildung aufgebrochen war und wohin er später, als er intellektuell alle Brücken in die geistigen Provinzen, aus denen er kam, meinte abgebrochen zu haben, mit dem Vorsatz schaute, nie mehr dorthin zurückzukehren.

Die Briefe zeigen, dass in den letzten Jahren die Kluft zwischen der Selbsteinschätzung darüber, von welchem Rang sein Denken war, und der fehlenden Anerkennung seiner Gedanken durch Intellektuelle immer größer geworden war. Die Erfahrung radikaler Einsamkeit, in die er sich in einem verrückten Ausmaß hineinredete, war bedrückend. Bitter war der Verlust von Freunden, die seiner Ansicht nach intellektuell auf der Strecke blieben, die zu gehen nur einem Genie möglich war. Die Hoffnung auf geistige und seelische Nähe zu anderen musste er wohl oder übel aufgeben.

In Turin hat der arme ehemalige Professor die zuvorkommende Behandlung durch Dritte genossen, in der er mehr sah als die konventionelle Freundlichkeit von Kellnern und Bediensteten. In solchen Alltagssituationen fühlte er sich endlich seinem geistigen Rang entsprechend behandelt und konnte unter diesen Zeichen der Achtung vergessen, was ihm unter den reichen Gästen in Nizza bewusst geblieben war, dass er wenig Geld besaß und nicht seinen Ambitionen und Allüren gemäß auftreten und leben konnte. Der Erfinder des Übermenschen wollte erkannt und respektiert werden.

Dass er in den letzten Tagen in Turin seine Briefe mit

Dionysos und Der Gekreuzigte unterschrieb, war nur konsequent. Seiner Ansicht nach hatte er der Welt die wahre Philosophie des Lebens geschenkt und sich selbst für diese Religion der Erlösung im Diesseits zum Opfer gebracht. Sein Wahnsinn fiel nicht vom Himmel, sondern wuchs auf einem Boden heran, den er die ganze Zeit beackert hatte. Der Abenteurer ohne festen Wohnsitz hatte ein Werk vorgelegt, das seiner Überzeugung nach erst um 1900 oder noch später eine revolutionäre Wirkung entfalten würde. Freimütig und selbstbewusst bekannte er, dass er seiner Zeit weit voraus sei. Niemand unter den Lebenden hatte ihm in seiner radikalen Kritik des gegenwärtigen Zeitalters und der Traditionen des Glaubens und Denkens folgen können, das war seine Version des Scheiterns als Schriftsteller, oder folgen wollen, das war die Version derer, die sein Werk, mit all den halsbrecherischen Ausfällen und wahnwitzigen Umsturzorgien, mit Kopfschütteln zur Kenntnis nahmen.

Im strengen Sinne, abgesehen von Spekulationen, dass ihn die Syphilis dahingerafft habe, ließe sich sagen, dass er nicht verrückt wurde, sondern sich verrückt gemacht hat, Schritt für Schritt. Begonnen hatte die Abkehr von den intellektuellen Konventionen unerwartet 1872, als er noch Professor in Basel war. Zu seiner Verwunderung und zu seinem Erschrecken wurde das Buch *Die Geburt der griechischen Tragödie aus dem Geiste der Musik* von der philologischen Zunft, auch vom verehrten Lehrer Friedrich Ritschl, der ihm die Professur in Basel verschafft hatte, mit Unverständnis und Ablehnung aufgenommen. Auf knapp hundert Seiten demontierte Nietzsche das klassische Bild eines besonnenen und heiteren Griechenlands und stellte dagegen eine griechische Welt, die vom Kampf zwischen dem Dionysischen, Rauschhaften, zu dem er auch die Musik zählte, und dem Apollinischen, dem Maßvollen und Harmonischen geprägt war. Empörend musste für die Kollegen nicht nur sein, was er sagte, sondern auch, wie er es sagte. Hier trat ein junger Mann an die Öffentlichkeit, der sich fatal in seinem Auftritt verschätzte. Er hielt sich für einen schlauen Revolutionär, dem die Kollegen des Fachs ihre Bewunderung nicht verweigern durften. Aber kaum dass das Buch aufgeschlagen wurde, entpuppte der Autor sich in den Augen der akademischen Leser als ein Angeber, der sich im Ton vergriff, in seiner Wirkung verkalkuliert hatte. Der junge Wissenschaftler hielt sich für befugt und fähig, die Fachwelt, an deren Staub und Zwängen er litt, zu kritisieren und sie auf den Kopf zu stellen.

Mit Fleiß und Ausdauer hatte sich der Pforta-Schüler einem sehr kleinteiligen, disziplinierenden Studium unterworfen. Als er am Schreibtisch über seinem ersten Buch saß, platzten ihm offenbar die Nähte des Korsetts, und er zog alle Register einer ungewohnten Freiheit, zu denken und zu schreiben, wie es ihm gefiel. Mit breitem Pinsel malte er eine kurze Geschichte von Mythos und Vernunft und stilisierte sich selbst zum Verkünder einer neuen deutschen Ästhetik und Kultur, in der die Musik die Hauptrolle spielen würde. Sokrates wurde in dieser Geschichte zum ersten Propagandisten des rationalen Wissens, mit dessen unerbittlicher Suche nach Wahrheit eine neue Zeit begann, die keine Mythen mehr kennen würde. Das 19. Jahrhundert vom Wahn der Wissenschaften zu befreien, die die Mächte des Chaos, des Todes und der Triebe aus den Augen verloren hatten, mochte offenbar Richard Wagner aus Leipzig berufen sein. Das Leben, erklärte Nietzsche mit Schopenhauer, war grausamer und wilder als jeder theologische, historische und moralische Sinn, mit dem Rationalisten es zu bändigen und in eine trügerische Ordnung zu zwingen versuchten. Nur Künstler waren dem Chaos gewachsen. Im schöpferischen Rausch erhoben sie sich aus dem Strom des Werdens und Vergehens und schufen Welten voller Ahnungen und Sensationen, Erkenntnissen und Mythen. Wenn Nietzsche dasaß und Wagners Musik hörte, dann saß er in seiner Phantasie dort, wo im zukünftigen Theater der neue Zuschauer sitzen würde. Der neue oder, wie er ihn nannte, der ästhetische Zuschauer war in der Lage, anders als der alte, kritische Zuschauer, den Aufstieg eines neuen Mythos zu spüren und zu fördern. Kunst und Erleben, Künstler und Zuhörer bildeten eine produktive Einheit. Nietzsche lauschte Wagners Musik, verstand, was hier auf einer geschichtsphilosophischen Ebene vor sich ging, und geriet in lauten Überschwang. Wagner war der Erlöser, und der junge Philologe war der Zeuge einer Wahrheit, der darauf verkündete, was hier geschah. Der Apostel einer Lehre war er nicht.

Dieses ästhetische Stadium der Weltauslegung und Selbstfindung hat er bald hinter sich gelassen. In Kierkegaards Philosophie folgten auf das ästhetische Stadium eines Individualisten, der nur an den Genuss des Augenblicks dachte, das ethische eines Bürgers, der sich einer Gemeinschaft verpflichtet fühlte, und das religiöse des Einzelnen, der nur Gott zugewandt war. In Nietzsches Biografie folgte auf das bewunderte ästhetische Stadium des Künstlers, der neue Mythen des Lebens erschuf, das von ihm ausgefüllte positivistische eines Kritikers, der Illusionen über Gott und die geistige Welt abschaffte, und schließlich das von ihm endlich erreichte ästhetische Stadium eines Verkünders, der das ungehemmte Leben und dessen Schönheit pries.

Mit den Arbeiten an einem Werk, das sich der Umwertung aller Werte widmen sollte und von dem *Der Antichrist* und *Ecce homo. Wie man wird, der man ist* als Manuskripte fertig wurden, war der Bruch besiegelt. Seine Schriften bilden, trotz der Einschnitte in seiner intellektuellen Entwicklung, eine Einheit, in der die Gedanken eine letztendlich fatale Dynamik entfalteten. Die Werte mochte er umwerten, aber sich selbst konnte er nicht, trotz aller Anstrengungen um gute klimatische Bedingungen, auf einen sicheren Boden stellen. Durch seinen Furor wurde er weggerissen von dem großen Tisch, an dem gegessen und gearbeitet wurde, in Naumburg, Basel, Paris und anderswo.

Zu den weitreichenden Folgen von Nietzsches Philosophie gehörte der Sturz der Wahrheit vom Thron des Geistes und die Inthronisierung des Lebens als Wille zur radikalen Selbstbehauptung. Wenn alles im Leben, und dazu zählten Wahrheit, Geist, Moral, Wert, Sinn, Vernunft, ein Kampf der Ansprüche auf Macht und Selbstbehauptung war, wenn das Leben nur ein Ausdruck von Stärke oder Schwäche, wenn es der Durchsetzung des Triebs zum eigenen Selbst und Sein unterworfen war, dann gab es keine reine, allgemein zu akzeptierende Instanz mehr, vor der sich unter anderen die raffgierigen Belgier, Deutschen, Engländer und Franzosen auf der Berliner Kongokonferenz 1884/85 rechtfertigen mussten. Gott existierte nicht mehr, er war, wie Nietzsche behauptete, tot. Dostojewski, den Nietzsche, der einsame Menschenkenner, als einen der größten Psychologen schätzte, hat diese Annahme zur Hypothese des Romans *Schuld und Sühne* gemacht.

Kierkegaard lebte vor Gott in existenzieller Unruhe. Aber immerhin, Gott war da, und insofern stand der Däne auf gutem Posten. Schopenhauer war Atheist, aber er hatte Gott durch den großen Willen ersetzt. Mit dieser Lösung kam er gut zurecht. Nietzsche erklärte Gott für tot, starrte in das Loch im Himmel und verfiel in Hektik. Er versuchte, es mit allem, was er in sich fand, mit Kunst, Metaphysik, Genie, Wissen, Ideen, Gefühlen, mit seinem ganzen Selbst zu stopfen. Zum Schluss fiel ihm der Übermensch als Deckel ein.

Der kranke Professor für klassische Philologie, der seine Jugend bei den antiken Griechen verbracht hatte, zerstörte den mehr als alltagstauglichen Universalismus, dem auch die

Berliner Konferenzteilnehmer, die geschäftstüchtigen Europäer huldigten. Sie hielten sich für potenziell vernünftig und standen vor der Vernunft als dem letzten objektiven Gericht unter Gleichen, kommunikativ, argumentativ, verhandlungsfähig. Nietzsche ersetzte den in nicht aller Unschuld weiß gestrichenen Universalismus durch einen Relativismus der Lebenskonzepte und Kulturen, durch einen Perspektivismus oder, anders gesagt, durch einen Subjektivismus des Lebens. Die vernünftigen Europäer waren sich einig und mächtig, sie teilten ganz Afrika unter sich auf, sie zogen gerade Grenzen quer durch den Kontinent, ohne Rücksicht auf die lokalen Bevölkerungen und deren Lebensräume.

Eines der großen psychologischen Experimente, die Nietzsche machte, bestand darin, die Idee von der ewigen Wiederkehr des Gleichen auf sich selbst anzuwenden. Dieser Idee zufolge liegt die Welt in einer endlosen Wiederholungsschleife. Bei Schopenhauer ging alles Individuelle unter, löste sich im Strom des Willens auf und wurde in neuer Form wiedergeboren. Vor dem Schlund dieser kosmischen Vernichtungsmaschine konnte ein Betrachter, auch wenn er ansonsten guter Dinge war, pessimistisch werden.

Im Pessimismus wehte ein Hauch von christlicher Erlösung. Sich mit dem eigenen Schicksal noch zu Lebzeiten zu versöhnen, es ohne Einschränkungen zu lieben, gelang nur, wenn es keinen Hoffnungsfunken auf Auflösung wo auch immer gab. Nietzsches Optimismus war radikal. Was einmal geschehen war, würde sich auf genau dieselbe Weise immer wieder zutragen. Diese Vorstellung war eine ungeheure Zumutung. Auch Arme, Leidende, Elende sollten ihr Leben nicht nur hinnehmen, sondern lieben lernen. Was passiert war, konnte nicht rückgängig gemacht, vergessen, gelindert, geheilt werden, es war da, und es würde immer wieder passieren. Die Welt war ein in sich geschlossenes System. Die Kette der Notwendigkeit, in die sich jeder Zufall verwandelte, ließ sich nicht zerreißen. Das individuelle Leben wiederholte sich. Es hatte keinen Sinn, sich dagegen zu sträuben. Im Gegenteil, sein eigenes Leben zu lieben bedeutete, es in allen Augenblicken wiederholen zu wollen. Noch das Opfer eines Gewaltverbrechens hatte, wenn es sich mit der Notwendigkeit der Tat versöhnte, die Freiheit gewonnen, sein Leben zu bejahen.

Für den ehemaligen klassischen Philologen, der in den Schweizer Bergen und an der Mittelmeerküste herumwanderte, mochte dieser Gedanke eine beruhigende, befreiende Wirkung haben. Dem Sohn, der zum geistigen Aufstand rief, aber aus den Familienbanden nicht herauskam, war er ein Rettungsanker. Ohne die Familie in Naumburg, so konnte er sich jetzt sagen, wäre er nicht zu dem geworden, der er war. Seine Chance für eine bürgerliche Karriere hatte er gehabt, und er zog immer noch Vorteile aus der angehäuften Bildung. Im Internat in Pforta, beim Studium in Bonn und Leipzig hatte er die Taschen mit Wissen gefüllt, aus denen er Ideen schöpfte. Die Arbeiter aber hätten den Verkünder der ewigen Wiederkehr des Gleichen aus der Fabrik, die Bauern vom Feld, die Kranken aus den Krankenlagern, die Soldaten vom Schlachtfeld gejagt.

Sobald er in der Lage war, der Vorstellung zuzustimmen, dass sich seine Biografie wiederholen sollte, war der Fremde unter adeligen Touristen und Einheimischen endlich Herr seines Lebens geworden, er akzeptierte alle Ereignisse, die vorgefallen, und alle Erfahrungen, die er gemacht hatte, als notwendig und erhob sich zum Beherrscher seines Schicksals und der Umstände, die ihn formten. Auf den eigenartigen Gast, der in seinem Zimmer kalte Wintertage verbrachte, wirkte die Idee von der ewigen Wiederkunft des Gleichen wie ein Befreiungsschlag. Dass er Dynamit sei, war eine Beschreibung seiner Wirkung, die er aus einer Rezension seines Buches *Jenseits von Gut und Böse* übernahm und sich zu Eigen machte. Wenn er sein Schicksal willkommen hieß, wenn er bereit war, es zu wiederholen, nahm er dem Schicksal die Macht, die es über ihn hatte.

Mit der Idee, Fremdherrschaft in Autonomie zu verwandeln, hatte er ein therapeutisches Ziel formuliert. Er würde sich mit dem eigenen Leben versöhnen, wenn er dessen dunkle Kräfte verstand. Wie aber hätte ihm das gelingen sollen vor Freuds Entdeckung der kindlichen Sexualität und der Familienkonstellation? So blieb als Behandlungsmethode nur die Sprengung durch die ewige Wiederkehr des Gleichen, mit der das Schicksal, in welche Familie, Kultur und Tradition er geboren worden war, welche Umstände die Biografie prägten, seine Herrschaft verlor. Am Ende des Lebens sagte Nietzsche folgerichtig, er sei Gott, der Schöpfer der Welt. Mit dieser Behauptung hatte er insofern recht, als er sich selbst erschuf, indem er sich selbst noch einmal so wollte, wie er geworden war.

Psychologisch fiel er auf Hegels erkenntnistheoretisches Diktum zurück, dass Freiheit Einsicht in die Notwendigkeit sei. Kierkegaard hatte Hegel vorgeworfen, er würde schummeln, wenn er großspurig behaupte, Denken und Existenz gleichsetzen zu können, da doch die Gleichsetzung nur im Denken geschehe und die Existenz unterdessen damit beschäftigt sei, zu existieren. Vor dem Problem fand sich jetzt auch Nietzsche wieder mit seiner göttlichen Befreiungsidee, die so groß und schwer und übermenschlich war, dass sie nicht in sein Leben passen wollte. Schon in der *Fröhlichen Wissenschaft* aus dem Jahr 1882 hieß es: »D a s   g r ö s s t e   S c h w e r g e w i c h t. – Wie, wenn dir eines Tages oder Nachts, ein Dämon in deine einsamste Einsamkeit nachschliche und dir sagte: ›Dieses Leben, wie du es jetzt lebst und gelebt hast, wirst du noch einmal und noch unzählige Male leben müssen; und es wird nichts Neues daran sein, sondern jeder Schmerz und jede Lust und jeder Gedanke und Seufzer und alles unsäglich Kleine und Grosse deines Lebens muß dir wiederkommen, und alles in derselben Reihe und Folge – und ebenso diese Spinne und dieses Mondlicht zwischen den Bäumen, und ebenso dieser Augenblick und ich selber. Die ewige Sanduhr des Daseins wird immer wieder umgedreht – und du mit ihr, Stäubchen vom Staube!‹ – Würdest du dich nicht niederwerfen und mit den Zähnen knirschen und den Dämon verfluchen, der so redete? Oder hast du einmal einen ungeheuren Augenblick erlebt, wo du ihm antworten würdest: ›du bist ein Gott und nie hörte ich Göttlicheres!‹ Wenn jener Gedanke über dich Gewalt bekäme, er würde dich, wie du bist, verwandeln und vielleicht zermalmen; die Frage bei Allem und Jedem: ›willst du diess noch einmal und noch unzählige Male?‹ würde als das grösste Schwergewicht auf deinem Handeln liegen! Oder wie müsstest du dir selber und dem Leben gut werden, um nach Nichts m e h r z u v e r l a n g e n als nach dieser letzten ewigen Bestätigung und Besiegelung?«[96]

Die Idee von der ewigen Wiederkehr des Gleichen war ein Versuch der Selbstbehauptung. In die Praxis umsetzen, mit Wille und Macht durchsetzen, ließ sie sich nicht. Sie hätte ihn ja emotional völlig durchdringen müssen, wie bei einer Erweckung, einer göttlichen Erscheinung, durch die aus einem Saulus ein Paulus wurde, der darauf die Christen in Ruhe ließ, loszog und den Heiden von der Erlösung im Himmelreich predigte. Revolutionärer Gedanke und konservatives Gefühl klafften bei Gottes Alleinerben auseinander, der wie gewohnt mit Kopfschmerzen und Übelkeit im Bett lag und jetzt in der Ecke des traurigen Zimmers die Fahne eines radikalen optimistischen Fatalismus, eines gigantischen Ja zum eigenen Leben, stehen sah. Und kein Sprung half von der einen zur anderen Seite.

Unter diesem Rückschlag brach Nietzsche zusammen. Das Ende war eine Niederlage auf ganzer Ebene. Kein Philosoph war jemals so katastrophal mit seinen Ansichten gescheitert wie er, und umgekehrt hatte kein Philosoph jemals so radikal mit der Tradition, aus der er kam, gebrochen. Welche wichtigen Gedanken er auch hinterlassen hat, ihr Ziel, die Erschaffung und Expansion des Lebens aus dem Willen zum eigenen Selbst, hat er nicht erreicht. Auch Kierkegaard starb, unmittelbar nachdem er sich in Kopenhagen ohne die Schutzmauern der Autorschaft, der Pseudonyme und des Räsonnements exponiert und den kurzen Kampf gegen die Kirche aufgenommen hatte.

Ein ganzes Jahrhundert setzte auf Integration, und Schopenhauer, Kierkegaard und Nietzsche rückten ins Abseits der Revolte. Ein ganzes Jahrhundert grub sich ins Diesseits ein und setzte auf Eigeninitiative, Reformen und Revolutionen, und die drei Außenseiter stellten sich an den Rand des Abgrunds und atmeten die kalte Luft der Erlösung, im kosmischen Willen, in Gott, im *Amor fati*.

Der Wanderer hatte die Ebenen der alltagstauglichen Werte, der Konventionen und Vorbehalte, der Moral, des Christentums, der Wissenschaften, des Herkommens, die ganze soziale Wärmelehre hinter sich gelassen, und jetzt stürzte er in seiner Maßlosigkeit vom Gipfel. Für das traditionell richtige, gute, gerechte Leben hat er sich nie interessiert. Das eigene Leben wollte er gelingen lassen und vollenden durch die Kraft eines Gedankens, aus einem falschen Selbst ein wahres schälen. Ein anderer Mensch zu werden hat er nie gewollt, so wenig wie Schopenhauer und Kierkegaard. Sie waren, in einem radikaleren Sinne als ihre Nachbarn in Kopenhagen, Frankfurt und Basel, mit sich einig. Wie hätte es bei den drei gebildeten Überfliegern, die zu wissen meinten, in welchen Höhen sie über ihren Nachbarn schwebten, anders sein können.

Nietzsche war der radikalste Kritiker des 19. Jahrhunderts, radikaler als Marx, der die sozialen und ökonomischen Probleme lösen wollte und dafür ein Parteiprogramm brauchte, eine Bibliothek und die Arbeiterklasse. Vielleicht kann in dem Sohn aus Sachsen-Anhalt der Initiator einer *Cancel Culture* gesehen werden, einer Befreiungsaktion, die der Lebensentfaltung diente gegen alle Einschränkungen durch Religion, Tradition und Kultur, was immer dann aus diesem Impuls im 21. Jahrhundert wurde, wo aus dem Partisan der Freiheiten ein Polizist der Gesinnungen zu werden droht.

Im März 1871, am Ende des Deutsch-Französischen Krieges, den Frankreich verlor, wurde in Paris, im Quartier Latin, die Commune errichtet. Arbeiter und Kleinbürger hatten für 72 Tage die Macht übernommen. Dann wurden die Kommunarden von Regierungstruppen niedergemacht. In jenen Tagen des Bürgerkriegs in Frankreich gingen viele Gebäude in Flammen auf, darunter die Bibliothek des Louvre. Nietzsche war entsetzt, aber den Stab über Schuldige brach er nicht. Eine ganze Kultur schien sich überlebt zu haben und beschwor ihre eigene Vernichtung herauf: »Über den Kampf der Nationen hinaus«, schrieb er am 21. Juni 1871 an seinen Freund Carl von Gersdorff, »hat uns jener internationale Hydrakopf erschreckt, der plötzlich so furchtbar zum Vorschein kam, als Anzeiger ganz anderer Zukunftskämpfe. Wenn wir uns einmal persönlich aussprechen könnten, so würden wir übereinkommen, wie gerade in jener Erscheinung unser modernes Leben, ja eigentlich das ganze alte christliche Europa und sein Staat, vor allem aber die jetzt überall herrschende romanische ›Civilisation‹ den ungeheuren Schaden verrät, der unserer Welt anhaftet: wie wir alle, mit aller unserer Vergangenheit, s c h u l d s i n d an solchen zutage tretenden Schrecken: so daß wir ferne davon sein müssen, mit hohem Selbstgefühl das Verbrechen eines Kampfes gegen die Cultur nur jenen Unglücklichen zu imputieren. Ich weiß, was es sagen will: der Kampf gegen die Cultur. Als ich von dem Pariser Brande vernahm, so war ich für einige Tage völlig vernichtet und aufgelöst in Thränen und Zweifeln: die ganze wissenschaftliche und philosophisch-künstlerische Existenz erschien mir als eine Absurdität, wenn ein einzelner Tag die herrlichsten Kunstwerke, ja ganze Perioden der Kunst austilgen konnte; ich klammerte mich mit ernster Überzeugung an den metaphysischen Wert der Kunst, die der armen Menschen wegen nicht da sein kann, sondern höhere Missionen zu erfüllen hat. Aber auch bei meinem höchsten Schmerz war ich nicht imstande, einen Stein auf jene Frevler zu werfen, die mir nur Träger einer allgemeinen Schuld waren, über die viel zu denken ist!«[97]

In den Augen des klassischen Philologen tobte in Frankreich kein Klassenkampf. Der Riss ging tiefer. Hier offenbarte eine Kultur ein tragisches Gesetz, das sie selbst zur Auflösung trieb. Wer immer einen Stein warf, er übersetzte damit nur ein grundlegendes Zerwürfnis zwischen epochalen Kräften in kurzsichtige politische Aktion, war Handlanger einer höheren Macht, die ihre Souveränität und Legitimation zu verlieren schien, weil Schuld auf ihr lastete, oder, anders gesagt, ein Konflikt sie zerrieb zwischen Wert und Ware, Individuum und Integration.

Der Rebell aus den Erziehungsanstalten, der über seine Ernährung wachte mit der Gewissenhaftigkeit eines Verwaltungsbeamten, ging lange davon aus, dass er etwas aussprechen würde, was in der Luft lag. Als er einsehen musste, dass er kaum Leser fand, korrigierte er nicht etwa seine Ansichten, sondern richtete die Hoffnung auf die Zukunft. Der Zerstörer und Verkünder war sich seiner Sache sehr gewiss, oder, anders gesagt, er konnte den Weg nicht mehr verlassen, den er eingeschlagen hatte. Auch dieses Gefühl musste ihn unruhig werden lassen, dass er sich selbst ausgeliefert war, dass es kein Zurück mehr gab. War der Gegenstand der Kritik einmal benannt, einmal verbal vernichtet, was blieb dann?

Sofort, bei seinem ersten Auftreten, war Nietzsches Stil großes philosophisches Feuilleton, wie es danach nicht mehr geschrieben wurde. Dass er damit bei den nüchternen Wissenschaftlern hinter der Fußnotenhecke Staunen und Ablehnung auslöste, verwundert nicht. Der junge Draufgänger hätte es wissen müssen. Er verlor Hörer und gewann keinen Leser aus den Kreisen der Universität hinzu. Die Auflagen auch seiner späteren Bücher waren niedrig, und bei den letzten Werken musste er die Kosten für den Druck übernehmen. Kein Verleger wollte einen so erfolglosen Autor unter Vertrag haben.

Das Schreiben in eigener Sache, ungehemmt und hochfahrend, erregte ihn. Im Laufe der Jahre als lebensphilosophischer Schriftsteller, der sich mit seiner Botschaft an kein Fachpublikum, sondern an Gott weiß wen wandte, nahm sein Stil an Heftigkeit und Fahrt zu. Die unzeitgemäßen Abhandlungen der Anfänge, die trotz ihrer Angriffslust etwas langatmig und in ihrer Rechthaberei auch ermüdend wirken, verschwanden aus dem Repertoire. Um einen eigenen Stil bemühte er sich sehr. Zum Vorschein kamen, wie in den Schriften der französischen Moralisten, die kleinen Formen, der Aphorismus, die zugespitzten Bemerkungen, die essayistischen Einschübe, ein Feuerwerk pointierter Gedanken und Ideen, durch das er sich in die Nähe der Kunst zu rücken hoffte.

Für ein langwieriges Studium von Quellen und neuen Abhandlungen waren seine Augen zu schlecht geworden. Immer mehr musste er auf das Reservoir zurückgreifen, das er sich einst zugelegt hatte, und die Gedanken und Ideen mit einer Inbrunst wälzen und kneten, bis Neues zum Vorschein kam, durch Selbstbeobachtung und Selbstanalyse Affekte freigesetzt wurden und intellektuell verwertet werden konnten.

Sein Werk wurde zur größten Selbstinszenierung innerhalb der philosophischen Literatur, der Paradefall einer Schöpfung des eigenen Selbst aus der Schrift und dem Stil. Hier schrieb nicht ein Autor über Themen, entwickelte ein Geist seine Brillanz, breitete ein Wissenschaftler sein Wissen aus, glänzte ein Philosoph mit Erkenntnissen, sondern ein Stil diente der Befreiung, das Schreiben entfaltete sich als Lebensentwurf. So eine existenzialistische Extrapolation hatte es bei Philosophen noch nicht gegeben und würde es nicht mehr geben. Nicht einmal Kierkegaard, der unermüdlich im Bann seiner Selbsterkundung schrieb, hat sich in diese Weiten geistiger Freiheiten hinein- und in diese Gipfel intellektueller Imaginationen hinaufgeschrieben.

Schon mit seiner ersten Buchveröffentlichung, der *Geburt der Tragödie aus dem Geist der Musik* 1872, hatte er die Kluft zwischen Selbsterschaffung und Selbsterhaltung aufgerissen, in der er keine zwei Jahrzehnte später scheitern würde. Beim Schreiben, auf den Feldern der Schrift, verlor er den Boden der Konventionen und der Rücksichtnahme unter den Füßen, auf dem er eine bürgerliche Existenz hätte führen können. Seit dieser Erfahrung verfolgte Nietzsche als Schriftsteller nur ein Ziel, für sich selbst ein Fundament aus einer Philosophie des Lebens zu bauen. Damit wollte er die Erde zurückgewinnen, die ihm durch die Rebellion gegen die Tradition verloren gegangen war. Er fiel, im weitläufigen Sinne auch zu seinem Glück, nicht in die Grube der Anerkennung.

Die Selbsterschaffung durch die Schrift, die Selbstbehauptung als Autor, führte zu sozialen Verlusten und ließ ihn als Bürger scheitern. Umgekehrt forcierten die Verluste an bürgerlichen Sicherheiten die Selbsterschaffung als Autor durch das Schreiben. Er meldete sich zu Wort und kappte damit Verbindungen, die ihn in normalen Zusammenhängen hätten halten können, so, wie die zunehmende Einsamkeit ihn zu hochgemuten und hochfahrenden Worten greifen ließ, mit denen sich der Schmerz über den Verlust der sozialen Verbindungen ertragen ließ. Einerseits häuften sich wegen seiner geistigen und seelischen Verfassung die menschlichen Niederlagen, die er einstecken musste, andererseits wurden die intellektuellen Exkursionen immer waghalsiger, je stärker das Gefühl wurde, auf einem einsamen Posten zu stehen. Jeder gemeingefährliche Geschäftemacher, jeder Politiker mit diktatorischen Ambitionen musste ähnlich verdrehte Empfindungen zwischen Wahn und Depression auf dem geistig völlig beschränkten Terrain haben, auf dem er sich bewegte.

Sein Kampf gegen das Christentum, gegen die Kultivierung der Schwäche und der Barmherzigkeit, gegen die propagierte Nachsicht mit den Schwachen war unerbittlich. Er trieb nicht die Sünder aus der Kirche, er trieb die Sünde aus dem Leben. Ob er selbst rücksichtslos seinem Begehren freien Lauf lassen wollte? Die Moral der Nächstenliebe, erklärte er, würde nur die Herrschaft der Priester über das Leben legitimieren. Die traditionellen metaphysischen Idealisierungen, Gott, Seele, Wahrheit, Objektivität, hat er demontiert als Konstruktionen einer lebensfeindlichen Macht. Feinde standen überall um ihn herum, so zahlreich, dass seine polemischen Schriften ohne die üblichen Fußnoten auskamen, mit denen detaillierte wissenschaftliche Gefechte in friedvoller Absicht geführt wurden. Der freundliche, zurückhaltende Mann mit den eigenwilligen Essgewohnheiten lebte gedanklich im Krieg. Jahrelang hatte Nietzsche brav und fleißig die Schulbank gedrückt, er büffelte, schrieb Gedichte und Aufsätze, las, lernte auswendig und häufte stetig Wissen an. Jahrelang machte er in der Universität genau dasselbe. Mit vierundzwanzig Jahren kam er nach Basel und vergrub sich als Professor in die Arbeit, er musste Vorlesungen und Vorträge halten, Unterricht in den alten Sprachen geben, Aufsätze und Bücher schreiben. Diesen Stress hielt er zehn Jahre aus, dann war Schluss. »Mir ist jetzt immer deutlicher geworden«, schrieb er am 30. August 1877 aus Rosenlauibad an Marie Baumgartner, die Mutter eines seiner Studenten, die zwei von Nietzsches *Unzeitgemäßen Betrachtungen* ins Französische übersetzte, »dass es eigentlich der übergrosse Zwang war, den ich mir selbst in Basel anthun musste, an dem ich zuletzt krank geworden bin; die Widerstandskraft war endlich gebrochen. Ich weiss es, fühle es, dass es eine höhere Bestimmung für mich gibt als sie sich in meiner Baseler so achtbaren Stellung ausspricht; auch bin ich mehr als Philologe, so sehr ich für meine höhere Aufgabe auch die Philologie selbst gebrauchen kann. ›Ich lechze nach mir‹ das war eigentlich das fortwährende Thema meiner letzten 10 Jahre.«[98]

Er kündigte die Stellung und ging, mit einer Pension in der Tasche, auf Wanderschaft, suchte nach Orten, wo er leben konnte mit seinen Empfindlichkeiten und Leiden, es wurde ein Hin und Her, ein ständiger Kampf mit der Winterkälte, den Wolken, dem magnetischen Feld, den meteorologischen Kräften und dem Sonnenlicht. Nach elf Jahren, mit noch nicht ganz fünfundfünfzig Jahren, brach er zusammen und verstummte.

In diesen elf Jahren räumte dieser wahnwitzige Deutsche mit allem auf, was sich ihm in den Weg stellte, mit allem Saturierten, Akzeptierten, Übernommenen, mit Begriffen von Geist und Wahrheit, mit Vorstellungen von Kunst und Gesundheit, mit liberalen und sozialistischen Ideen, mit der ganzen christlichen und bürgerlichen Kultur Europas. In einem Briefentwurf, geschrieben kurz vor dem 26. Oktober 1886 in Nizza, heißt es: »Ganz nüchtern erwogen: so werden nur ganz wenige M(enschen) in Europa sein, deren Bildung umfänglich und tief genug ist, daß sie das Neue, Unerwartete, Grundsätzlich-Radikale an meinen Schriften herausfühlen könnten und gar dafür, daß es Jemanden geben könnte der den Zustand, die Passion erriethe und mitfühlte, aus denen eine solche Denkweise entspringt, dafür fehlt mir bis heute noch jeder Beweis und nahe auch schon der Glaube.«[99] Nachdem er die Universität verlassen hatte, bewegte er sich als philosophischer Schriftsteller auf dem freien Feld des Gedankens, der Plausibilität und der intellektuellen Phantasien, deren seelischer Ursprung ihm nicht immer bewusst gewesen sein wird. Sonst hätte er sich vor ihrer Sogkraft geschützt, die ihm jeden Sinn für die Nöte einer Gemeinschaft, jede Nachsicht mit der sozialen Komplexität austrieb und ihn in überheblicher Tatenlosigkeit isolierte. Der auf seine geistigen Fähigkeiten stolze Wanderer war ein scharfer Kritiker, der das, was er sagte, als Pensionär vorbrachte, der einsam im Zimmer oder auf einem Stein im Freien sich Gedanken machte über sein Los, das hinter ihm lag, und über die Welt, wie sie vor ihm lag.

Die Lektüre von Zeitungen und Büchern konnte ihn nicht vor der intellektuellen Isolation schützen, in die er sich hineinmanövriert hatte. Seine Worte gingen an der Praxis gesellschaftlicher Verbindlichkeiten vorbei, denen sich die Bürger verpflichtet fühlten. Weder ein Beruf noch eine Aufgabe verbanden den Wanderer mit einer Gesellschaft, die größer, komplexer und verwirrender war als die zufälligen Ferienbekanntschaften, Damen und Herren, mit denen er manchmal zu Mittag aß. Ein ganzes Jahrhundert war in Bewegung, und der schärfste Kritiker übte sich in Tatenlosigkeit und verwendete seine Energie darauf, sich die Nachwelt zu erträumen, die ihn lesen würde.

Die Einsamkeit verdankte sich auch einer ästhetischen Erregung. Sein Stil ließ dem Geist der Kritik, der an der Universität ausgebildet worden war, freien Lauf. Quellenkritik, Kritik wissenschaftlicher Erkenntnisse und Experimente war ein Merkmal der Zeit. Nietzsche hat sie potenziert. Anfangs sah er sich als Intellektuellen, der den Kontakt mit der Gegenwart nicht verlor, über den Dingen schwebte, aber in Reichweite der gängigen Ideen, favorisierten Vorstellungen und Ereignisse blieb, zur Erde gezogen von der Hoffnung nach Einfluss. Später, mit dem *Zarathustra*, als die Sprache hymnisch wurde und er glaubte, ein Dichter zu sein, sah er sich als freien Geist und im Hintergrund die Schemen der Gegenwart.

Nur Monologe werden mit einer Lust gehalten, aus der ein Selbst unangefochten hervorgeht. Jede Nachgiebigkeit vor der Tradition und Konvention, und diese Abhängigkeit zieht sich bis in die Sprache und den Stil hinein, stört die subjektive Echtheit und individuelle Reinheit des Selbstgesprächs, seine Authentizität. Der kompromisslose Monolog, der ohne Wörter auskommt, erschöpft sich im bewussten, sich selbst hörenden Schweigen. Diese Form der Auflösung, bei der das Gefühl für sich selbst im Atemzug zurückbleibt, war für Nietzsches existenzielle Ausdrucksnöte als Autor eine Zumutung. Er hat sich ja am Leben erhalten können, solange er schrieb. Kritik war eine Form, sich der Nähe von Menschen zu vergewissern, die Verkündung der Zukunft die andere.

Der junge Mann hätte die Arbeit an der Universität in Basel nur an den Nagel hängen müssen. Dann wäre er in der Schweiz oder wo auch immer als Lehrer an eine Volksschule gegangen, wie das später Ludwig Wittgenstein machen wird, der in der österreichischen Provinz Bauernkinder unterrichtete. Wittgenstein, der sein millionenschweres Erbe verschenkte, arbeitete auch als Friedhofsgärtner und half im Zweiten Weltkrieg in England in einem Krankenhaus. Auf solche freigeistigen Ideen kam Nietzsche nicht. Der Sohn aus kleinbürgerlichen Verhältnissen war kein selbstbewusster Aussteiger. Als philosophischer Schriftsteller, als Künstler hoffte er, sich aus den Schlingen des Herkommens und vom Ballast der Lehrjahre zu befreien und auf diese Weise zu sich selbst zu finden.

Mit der aufkommenden Soziologie hatte Nietzsche nichts zu schaffen. Ihre Hochschätzung des Milieus als Bedingungsfeld des Individuums hat er verachtet, ebenso die Masse der, wie er sagte, Herdentiere. Sozialismus war für ihn Herrschaft des Pöbels, der Schwachen, eine Schreckensvision. Der Starke war ein Produkt des Willens, er sprengte jedes Herkommen und jede soziale Beschränkung. »Unsere Institutionen«, schrieb er, »taugen nichts mehr: darüber ist man einmütig. Aber das liegt nicht an ihnen, sondern an u n s ... Demokratismus war jeder Zeit die Niedergangs-Form der organisirenden Kraft ... Damit es Institutionen giebt, muss es eine Art Wille, Instinkt, Imperativ geben, antiliberal bis zur Bosheit: den Willen zur Tradition, zur Autorität, zur Verantwortlichkeit auf Jahrhunderte hinaus, zur S o l i d a r i t ä t von Geschlechter-Ketten vorwärts und rückwärts in infinitum. Ist dieser Wille da, so gründet sich Etwas wie das Imperium Romanum ...«[100]

Der ehemalige fleißige Schüler aus Pforta, der ehemalige fleißige Jungprofessor aus Basel verteidigte die Rangordnung, die Begabten in den oberen Reihen, die Mittelmäßigen im Parkett. Der Aristokrat des Geistes hielt, wie alle Aristokraten, Wert auf Distanz, verabscheute die Mehrheitsregierung und das kurze Gedächtnis des Erfolgs und war seinem elitären Stand über nationale Grenzen hinweg verpflichtet. Der Starke schaute im besten Fall auf ein langes Geschlecht von Starken zurück. Für temporäre Emporkömmlinge war in dieser Konzeption kein Platz. Auch das Ideal des Übermenschen war das Resultat einer langwierigen Selbstüberwindung, von Askese, Macht und Disziplinierung.

Den deutschen Nationalismus, die Überheblichkeit von Erz, Kohle und Militär, traf sein ganzer Hass. Er verstand sich als Europäer, geboren und aufgewachsen im Osten Deutschlands, in Sachsen, darauf staatenlos, erste und letzte berufliche Erfahrungen in der Schweiz, schließlich ohne festen Wohnsitz unterwegs in den Schweizer Bergen und an den italienischen und französischen Küsten des Mittelmeers, einen schweren Koffer tragend mit den Werken von Ebenbürtigen, Schriften ersten Ranges.

Durch die Kritik von minderen Geistern, wie er sie klassifizierte, konnte sein Selbstgefühl nicht untergraben werden. Er war sich selbst der Maßstab, ein geschlossenes System der Selbsterhaltung. Zu Störungen kam es nicht einmal, als der Erfolg der Schriften ausblieb. Wie sollte eine Gegenwart, der er sich turmhoch überlegen fühlte, seine wahre Dimension erkennen und auf ihn angemessen reagieren können? Sie erkannte ihn nicht. Seit 1871 wurden die Deutschen von Berlin aus regiert. Gegen die Expansion der Berliner Wirklichkeitsmenschen kam Nietzsche nicht an. Theodor Fontane wohnte in der Hauptstadt und ließ seinen Helden, den Major a. D. Dubslav, in seinem Roman *Stechlin*, der am Ende des Jahrhunderts erschien, auf gewohnt schnodderige Weise gegen die Idee vom Übermenschen lästern.

Sein Stil band Philosophie und Poesie in essayistischen Polemiken und Aphorismen zusammen. Die Inhalte überstiegen die unmittelbare Realität von Politik, Wirtschaft und Gesellschaft, anders als bei dem Journalisten, Kommunisten und Ökonomen Karl Marx, und entzogen sich der empirischen Überprüfbarkeit in einem Akt der Selbstermächtigung, wie es auch üblich war bei Weltanschauungsschriftstellern, zu denen die beiden Autoren des Kommunistischen Manifests zählten. Die Freunde, Franz Overbeck, Erwin Rohde, Paul Rée und Paul Deussen, waren belesen und gebildet, viele Professoren, die sich der Wissenschaft verpflichtet hatten und argumentative Kommunikation bevorzugten.

Paul Deussen und Nietzsche kannten sich aus dem Internat in Pforta, beide studierten klassische Philologie in Bonn, wo Deussen sich für das Sanskrit zu interessieren begann. In Berlin habilitierte er sich mit einer Untersuchung über die indische

Philosophie, danach ging er nach Kiel, wo er einen Lehrstuhl erhielt. Tradition und Innovation reichten sich bei ihm die Hand. Er reiste nach Indien, übersetzte einen Teil der *Upanishaden* und gründete die Schopenhauer-Gesellschaft. Der Europäer Nietzsche kam aus Europa nicht raus.

Aber er bewegte sich außerhalb der Wissenschaften. Er begnügte sich nicht mit einer Korrektur, als ginge es um philologische Kritik, die den Bestand, die Tradition nicht antastete. Was ihm vorschwebte, war die Umwälzung und Umwertung einer ganzen Kultur und Lebensweise. Eine imaginäre Bibliothek wurde auf den Kopf gestellt, so, wie im Louvre beim Aufstand der Kommune 1871 die Flammen hochschlugen.

Die Perspektive, die er dabei einnahm, resultierte aus dem Gefühl eines Mangels. Der junge Mann hatte viel gelesen, aber er hatte nicht gelebt. Er hatte sich viel Wissen angeeignet, und das Wissen hatte sein Begehren, seine Sehnsüchte, sein Selbst zugeschüttet. Kritik bestand für ihn darin, sich von dieser Last zu befreien. Der Weg, den er beschritt, war neu, er wäre ihn gerne mit Gleichgesinnten gegangen. Ein Versuch, der für ihn tödlichen Philologie zu entkommen, doch in Basel an der Universität zu bleiben, und zwar als Professor für Philosophie, für ihn das Fach freier radikaler Kritik, scheiterte. Als er Jahre später zur Universität zurückkehren wollte und sich in Leipzig bewarb, wurde er abgelehnt. Diese Türen blieben ihm für immer verschlossen. Mit seinem publizistischen Schaffen hat er keine Diskussion angestoßen. Erst gegen Ende des Lebens kam der Erfolg, begann die enorme Rezeption. Er wurde ein viel gelesener Autor, der Philosoph des intensiven Lebens, der frischen Luft, der Rebellion, des befreiten Ich.

Zuversichtlich hat er an der Vorstellung vom wahren Selbst festgehalten. Schon in der dritten *Unzeitgemäßen Betrachtung* über Schopenhauer als Erzieher aus dem Jahr 1874 hieß es programmatisch: »Aber wie finden wir uns selbst wieder? Wie kann sich der Mensch kennen? Er ist eine dunkle und verhüllte Sache; und wenn der Hase sieben Häute hat, so kann der Mensch sich sieben mal siebzig abziehn und wird noch nicht sagen können: ›das bist du nun wirklich, das ist nicht mehr Schale‹. Zudem ist es ein quälerisches, gefährliches Beginnen, sich selbst derartig anzugraben und in den Schacht seines Wesens auf dem nächsten Wege gewaltsam hinabzusteigen. Wie leicht beschädigt er sich dabei so, daß kein Arzt ihn heilen kann ... Die junge Seele sehe auf das Leben zurück mit der Frage: was hast du bis jetzt wahrhaft geliebt, was hat deine Seele hinangezogen, was hat sie beherrscht und zugleich beglückt? Stelle dir die Reihe dieser verehrten Gegenstände vor dir auf, und vielleicht ergeben sie dir, durch ihr Wesen und ihre Folge, ein Gesetz, das Grundgesetz deines eigentlichen Selbst. Vergleiche diese Gegenstände, sieh, wie einer den andern ergänzt, erweitert, überbietet, verklärt, wie sie eine Stufenleiter bilden, auf welcher du bis jetzt zu dir selbst hingeklettert bist; denn dein wahres Wesen liegt nicht tief verborgen in dir, sondern unermeßlich hoch über dir, oder wenigstens über dem, was du gewöhnlich als dein Ich nimmst.«[101]

Wie aber musste das Selbst beschaffen sein, damit er im Kampf um dessen Verwirklichung nicht den Mut verlor? Den Zusammenhang von Körper und Seele hatte der sensible Junge frühzeitig erfahren. Als Schüler reagierte er in seelisch herausfordernden Lagen mit psychosomatischen Auffälligkeiten. Später versuchte er durch Diäten und mit Disziplin die körperlichen Leiden zu lindern. Wenn die Grenze des Erträglichen erreicht war und er dem Körper nachgeben musste, legte sich der Wanderer für Tage ins Bett oder saß stundenlang im dunklen Zimmer. Manchmal verließ er einen Ort fluchtartig, wenn sich herausstellte, dass die Stadt, die Landschaft, der Himmelsabschnitt für seine Gesundheit schädlich waren. Hochsensibel registrierte er feinste Schwingungen.

Die christliche Vorstellung vom radikalen Unterschied zwischen Leib und Geist hat der Antichrist verworfen. Das Selbst war ihm eine Einheit aus leibgebundenen Kräften. Gegen den leibfeindlichen Terror des Christentums, das sich auf das Heil der Seele konzentrierte, rehabilitierte der ehemalige Bücherwurm die Bedeutung des Körpers und der physischen Gesundheit für den Geist. Mit der Hellhörigkeit eines avantgardistischen Heilpraktikers schlug er sich auf die Seite des Leibes, den die materialistische Wissenschaft zu einer Maschine degradierte, und verwarf alle Vorstellungen, die den Körper bei dessen Entfaltung behinderten und dessen feinste Bedürfnisse und Eigenarten, für die erst ein Sinn wieder entwickelt werden müsste, ignorierten oder unterdrückten.

Entstand die eigene Identität mit dem Stoffwechsel? Der Gedanke lag nahe, dass Völker unter geografischen Bedingungen ihre Eigenarten ausbildeten, eine Art Volkskörper. Nietzsche probierte sich als Völkerpsychologe, der hemmungslos von den Eigenschaften der Engländer, Franzosen, Deutschen sprach. Im Zuge seiner persönlichen Neuerschaffung, die bei ihm mit der Ablösung von deutschen Lasten und der Abwehr des Reichsdeutschen einherging, behauptete er, von einem polnischen Geschlecht abzustammen.

Das falsche Selbst war ein Produkt des leibfeindlichen Christentums. Die anthropologische Formel vom Gegensatz zwischen Körper und Geist prägte die philosophische Welt und die pädagogische Kultur. Das wahre Selbst verkümmerte unerkannt im Körper und konnte, so schien es, nur durch den Körper befreit werden. Das Pendel der Gewissheiten schlug nach dem anderen Extrem aus. Nietzsche fiel in die Falle der Gegensätze, die das traditionelle Denken beherrschten. Die Kritik am Christentum trieb ihn zu einer radikalen Philosophie des

Lebens. Der Pfarrerssohn erklärte Gott für tot. Im Grunde konnte er jetzt tun, was er wollte.

Sein Leben änderte er nicht. Er lief die Berge hinauf, saß im Zimmer, hatte Kopfschmerzen und erbrach sich. Draußen schien die Sonne, er verkroch sich in der Dunkelheit. Sätze wurden gefeilt. Im Februar 1882 ließ er sich als einer der ersten Gelehrten eine Schreibmaschine nach Genua schicken, eines der von dem Dänen Malling Hansen konstruierten Modelle. Anfangs war er von dieser Maschine begeistert, bis er die Tücken des reparaturanfälligen Objekts entdeckte.

Nietzsches Schreibmaschine,
eine sogenannte Schreibkugel

Er sandte dem Verleger ein neues Manuskript. Die Welt reagierte nicht. Aber er hielt sich daran fest, dass er eine Aufgabe hatte, eine Mission, er war ein erster Mensch, ein Verkünder. Kein Märtyrer einer neuen Wahrheit hatte es leicht. Das wusste schon Kierkegaard.

Wie hätte ein ungehemmtes Leben ausgesehen? Wie lange

er sich auch den Kopf darüber zerbrach, er kam nicht hinaus über ein gigantisches Ich, in dem sich seine psychosomatischen Reaktionen personalisierten. Wie sollte der Lehrer des neuen Lebens ein wahrhaftig neues Leben leben, wenn er es damit zubrachte, die neue Lehre niederzuschreiben? Die Entdeckung des wahren Selbst würde beginnen, wenn das letzte Buch beendet war. Der Autor musste verschwinden. Nietzsche wird gewusst haben, dass sich ein Abgrund öffnen würde, wenn er nichts mehr zu schreiben hätte. Der Übermensch brauchte das Klappern der Schreibmaschine.

Zwischen den psychischen Tiefen einer unerforschten Vergangenheit und den geistigen Höhen einer versteckten Zukunft lag die Gegenwart mit Vorgaben und Anforderungen. Hier zu überleben war ein Balanceakt. Die Kraft dazu zog er aus seiner Erziehung und aus der Positionierung innerhalb der zeitgenössischen Kultur. Seine Kritik traf Bildungsinstitutionen und Traditionen. Die Polemik wirkte wie ein Aufbauprogramm. Je heftiger er sich an der Kultur und ihren Institutionen rieb, umso selbstgewisser schien er zu werden. Sein wahres Selbst hoffte er aus den kulturellen Häutungen zu gewinnen, denen er sich unterzog, wenn er schrieb.

Zentral war die Auseinandersetzung mit den Begriffen der traditionellen Selbstbeschreibung, wie Scham, Egoismus, Trieb, Ich, Affekt, Altruismus, Nächstenliebe, Rache, Hass und Demut. Philosophie und Psychologie ließen sich für ihn deswegen nicht scharf trennen. Das Denken war nicht rein, eine Sache der unbefleckten Vernunft. Die Ideen verrieten blutige Hände und gierige Seelen, sie dienten dazu, ein Weltbild durchzusetzen und Illusionen zu nähren, die für die Herrschenden nützlich, für die Beherrschten schädlich waren. Der Reichtum des Lebens wurde von den Mächtigen in der Absicht geplündert, ihre Herrschaft zu stützen, die Beherrschten zu knechten.

Auch die Inthronisierung der Vernunft, der objektiven Wahr-

heit kam einem Programm zur Unterwerfung des vielfältigen Lebens gleich, um eine Gemeinschaft nach bestimmten
Zwecken, zum Vorteil der Herrscher und zum Nachteil der
Ohnmächtigen zu organisieren. Sogar die christliche Nächstenliebe entpuppte sich als ein Meisterstück der Propaganda,
initiiert von einer religiösen Guerillagruppe, die sich nicht damit zufriedengab, den Kampf gegen die Heiden, gegen den
Teufel verloren zu geben, auf Erlösung zu hoffen und unterzugehen, sondern selber die Herrschaft übernehmen wollte.
Nietzsche las die Kulturgeschichte wie ein Psychologe. Keine
Idee war unschuldig. Mochte ihre Vorderseite den Glanz von
Begriffen tragen, dahinter verbarg sich eine Lebenseinstellung,
ein Machtanspruch.

Eine psychologische Theorie der Familie hat der Kleinbürger aus Röcken nicht aufgestellt, eine Abhandlung über die
ersten Lebensjahre, über Bindung und Symbiose nicht vorgelegt. Der Prozess der Selbstfindung, wie er ihn verstand, war
eine Art negative Sozialisation. Wer er war, wurde ihm bewusst
durch die Kritik an all dem, was er nicht ertrug, auch körper-
lich nicht. Die Motive, die ihn dazu brachten, Gedanken und
Ideen psychologisch zu deuten, kamen aus einem unterdrückten Lebensgefühl, das sich für ihn im Schreiben entfaltete, in
einem sprachlichen Selbstporträt.

Das Bild, das sein Werk von ihm gibt, gleicht einem Herr-
scherporträt. Wie die schmale, sehr von sich eingenommene
intellektuelle Biografie *Ecce homo* zeigt, war er stolz auf seine
geistige Leistung, auf die Überwindung seines falschen, ange-
lernten und antrainierten Selbst durch die Umwertung aller
Werte, auf seine Selbsterschaffung aus kulturellen Ruinen. In
das gloriose Bild passte sein buschiger Schnurrbart, ein Acces-
soire der Männlichkeit. Wer ihn sah, sollte sofort den Eindruck
erhalten, dass hier ein Herr mit militärischer Ausbildung und
kämpferischen Allüren sprach. Bis zuletzt, noch in einem Brief

an Franz Overbeck vom 18. Oktober 1888, bezeichnete er sich in Erinnerung an seine kurze Zeit beim Militär als »alten Artilleristen«. Physiognomisch, wenn den Fotografien zu trauen ist, konnte er nicht verbergen, dass er nicht nur ein geschlagenes Kind seiner Zeit war, einer Gesellschaft im Männlichkeitswahn, sondern auch ein Produkt jener deutschen Nation, die aus einem Krieg gegen Frankreich 1871 als Deutsches Kaiserreich erstand. Zum Wachsen brauchte Deutschland, brauchte der staatenlose Wanderer Gegner, Feinde.

Ganz anders sieht der Nietzsche der Briefe aus. Hier, im privaten Zwiegespräch, trat ein Bürger auf, der soziale Konventionen beachtete und die Kleinigkeiten, die einen Alltag bequem machten. Er ging Kompromisse ein und offenbarte Schwächen, suchte Beziehungen und Nähe, schmeichelte sich ein, hielt sich mit Ansichten zurück und rang um Formulierungen, die nicht verletzten. Das Porträt der Briefe zeigt einen Mann mit kleinem Hut, im Anzug, mit Krawatte und steifem weißem Hemd. Hinter der Fassade der Redlichkeit schlummerte ein sensibles Gemüt voller Empfindungen, die nicht ständig unter Kontrolle zu halten waren. Aus Briefentwürfen, den intimsten schriftlichen Zeugnissen seiner Hand, tritt schutzlos ein beleidigter, tief verletzter, empörter, hilflos wütender Mann hervor, der nicht in der Lage war, die Ketten, die ihn an Familie und Herkunft banden, zu zerstören. Ob er ahnte, dass er sich verloren geben konnte, wenn er reumütig schwieg?

In den Motiven seines Schaffens schien ein Geheimnis zu liegen, das ihn mit der nötigen Energie versorgte. Wenn er ohne Gespür dafür gewesen wäre, hätte er den Weg zu seinem innersten Kern, wie immer der aussehen mochte, nicht verfolgen können. Philosophische Selbsterkenntnis war auch psychologische Selbsterforschung. Die Kritik an der Kultur, an der Wissenschaft und am Christentum hätte ihn nicht vorwärtsgetrieben. Sie folgte einem emotionalen Muster aus Pathos und Distanz, Leidenschaft und Zurückhaltung.

Die prägenden Erfahrungen seines Denkens beruhten einerseits auf Reaktionen, die ausgelöst wurden, wenn er an Ideen litt, und andererseits auf Reizen, mit denen er physisch und psychisch auf Ideen reagierte. Auf moralische Gebote, die ihm zuwider waren, weil sie ihn zwingen wollten, sich etwas zu versagen, reagierte der brave Sohn, der aus den Familienbanden nicht herausfand, mit einer *Genealogie der Moral*, einer Theorie der Moral als Machtausübung. Das Evangelium der Liebe war ein Handbuch für Knechte, die Herren sein wollten. Kierkegaard wäre aus dem Grab gesprungen.

Dank der Idee der ewigen Wiederkehr des Gleichen konnte er der Tyrannei von Erbschaft, Herkunft und Milieu entkommen, sobald er diese Lasten als Auszeichnung begriff, die er annehmen musste, statt sie abzuschütteln. Der Kern des wahren Selbst lag darin, dass es das Selbst war, das sich selbst mit aller Kraft akzeptierte, eine unbeschränkte Identität. Es war kein Ideal, dem der Wanderer mit seinen Notizbüchern hinterhereilte, kein Über-Ich, sondern ein mit sich versöhntes Ich, das sich noch dort als Täter feierte, wo es nach landläufiger Ansicht ein Opfer gewesen war. Auch die persönliche Geschichte war eine Genealogie, durch die das Selbst Macht über sich erhielt, jene Souveränität, die sich durch Integrationsleistungen nicht relativierte, sondern sich als Ausnahmezustand wahrnahm.

Manche Gedanken stärkten ihn, sie machten ihn gesund. Andere Gedanken zermürbten ihn, sie machten ihn krank. Frühe psychosomatische Erfahrungen sowie die Angst vor dem Erbe der väterlichen Krankheit ließen ihn für die Zusammenhänge von Geist und Gesundheit hellhörig werden. »Mein Vater starb 36 Jahr an Gehirnhautentzündung, es ist möglich, dass es bei mir noch schneller geht«, schrieb er an seinen Freund Carl Graf von Gersdorff am 18. Januar 1876 aus Basel.[102]

Damals war er nicht ganz 32 Jahre alt, er musste sich beeilen, wenn er ein Ziel vor sich hatte, das er erreichen wollte und das mehr Zeit von ihm verlangte. Hatte er bei diesen Aussichten nicht das Recht, die Universitätslaufbahn abzubrechen, auch wenn der Entschluss denen unverständlich sein musste, die an die bürgerliche Karriere dachten?

Eine Lösung des Zwiespalts von Leib und Seele gelang ihm nicht. Er hatte nur eine Idee. In der Ferne rauschte Schopenhauers Strom des Werdens und Vergehens, wälzte sich der alles umfassende Wille, den er durch die ewige Wiederkehr des Gleichen ersetzte. Das Leben war großartig, und alle Theorien von der Allmacht der Vernunft und dem Triumph der objektiven Wahrheit waren davor Zwerge. Der Körper war das Biotop des Geistes. Das Bewusstsein war weder eine frei schwebende Entität noch ein bloßes Nervenbündel, sondern ein heller Reflex auf dunkle organische Vorgänge, eine geistige Reduktion von leiblicher Komplexität, der er mit Kuren, Diäten und Ortswechseln auf die Schliche zu kommen versuchte.

Der einsame Gast an Europas Küste war überzeugt, übermenschliche Arbeit zu leisten, keiner vor ihm wäre so weit in der Kritik der Tradition gegangen. Reinen Tisch wollte er machen, eine Männerphantasie aus Erregung und Erschöpfung, aus der noch der Klassenbeste schaute, der mit Fleiß und Selbstbewusstsein seine Mitbewerber um gute Noten aus dem Feld schlug. Der Übermensch, den Nietzsche für sich selbst als Siegermedaille erfand, ist die zentrale Figur in einem geistigen und seelischen Entdeckungsspiel, bei dem es nur um den einzelnen Spieler geht, kein Maßstab, an dem Deutsche, Dänen, Franzosen gemessen werden sollten. Sich selbst zu überwinden bedeutete, zu sich selbst zu finden in dem Sinne, dass ein wahrer Kern verwirklicht wurde: Werde, der du bist.

Wie gelingt das? Durch Kritik der geistigen und emotionalen Bestände, durch Demontage, Analyse des zugelegten Selbst, durch Fürsorge für sich, durch Körperbewusstsein und psychosomatische Hellhörigkeit, Wandlungsfähigkeit und geistiges Nomadentum, durch radikale Selbstreflexion und Bekenntnisfähigkeit, affektive Übertreibungen und intellektuelle Einsamkeit, durch Pathos und Distanz.

Die Antwort auf die Aufforderung: Werde, der du bist, lag für den Autor völlig neuartiger philosophischer Werke im Werden, nicht im Sein, in der Bewegung, nicht im Verharren. Das Selbst war der Weg, der zum Selbst führen sollte. Diese Aussicht bedeutete für Nietzsche, den Weg ins Leben zu nehmen, in die Lebendigkeit, die sich bei ihm im Schreiben über das Leben erfüllte. Kierkegaard sagte das Gleiche mit der von ihm favorisierten Innerlichkeit. Der Weg zum wahren Selbst war bei ihm eine Dauerreflexion gewesen, eine leidenschaftliche Erregung des Geistes über das Paradox des Glaubens, ein Selbst vor Gott zu sein.

Das Verharren, vor dem inneren und äußeren Feind, war der Anfang einer Niederlage. Noch bei Flaubert witterte er Dekadenz, Willensschwäche, die Symptome der Selbstaufgabe. In *Jenseits von Gut und Böse* hieß es: »Die Psychologen Frankreichs – und wo giebt es heute sonst noch Psychologen? – haben immer noch ihr bitteres und vielfältiges Vergnügen an der betise bourgeoise nicht ausgekostet, gleichsam als wenn … genug, sie verrathen etwas damit. Flaubert zum Beispiel, der brave Bürger von Rouen, sah, hörte und schmeckte zuletzt nichts Anderes mehr; es war seine Art von Selbstquälerei und feinerer Grausamkeit.«[103]

Das ihm liebste Buch war *Also sprach Zarathustra*, das Buch mit dem höchsten künstlerischen Anspruch, eine neue Form philosophischer Dichtung, die ästhetische Rechtfertigung seines Lebens, für ihn der Beweis, dass er ein Künstler war, ein

Herrscher, der seinem eigenen Gesetz untertan war. Mit diesem Werk fühlte er sich zum Bewohner einer poetischen Welt erhoben, die für sich bestehen konnte, so, wie ein Gedicht ohne zwingende Referenzen zur geistigen, politischen und sozialen Wirklichkeit auskommen mag, die den Dichter umgab. »Überwindet mir, ihr höheren Menschen, die kleinen Tugenden, die kleinen Klugheiten, die Sandkorn-Rücksichten, den Ameisen-Kribbelkram, das erbärmliche Behagen, das ›Glück der meisten‹«, [104] heißt es dort im vierten Teil.

Die Erfahrung, ein Außenseiter zu sein, machte er schon als Kind. »Diese Einsamkeit, und von Kindesbeinen an!«, schrieb er Anfang Mai 1884 aus Venedig in einem Brief an die ehemalige Anarchistin Malwida von Meysenbug in Rom.[105]

Überbrücken konnte er die Kluft zwischen sich und den anderen nur, indem er die Rollen auszufüllen versuchte, die sich ihm anboten. Auf dem Wissen, das er sich als Schüler, Student, Professor aneignete, lastete deshalb immer das Gewicht der Not, in die er andernfalls geriet, es war eine Art Krücke, mit der er sich in einer Rolle aufrechterhalten konnte. Nietzsche war ein guter Schüler, ein guter Student, ein guter Professor. Er hat nie offen rebelliert, nur indirekt, psychosomatisch. Das auf Funktionen zugeschnittene, auf eine Kultur der Berufe abgerichtete und insofern tote Wissen zu kritisieren hieß für ihn, die Krücke wegwerfen und die Rollen aufgeben, die ihn auf Distanz zu sich selbst hielten. Schriftsteller zu werden war in seinen Augen eine Fluchtmöglichkeit aus den bürgerlichen Zwängen. Die Anmaßung und Hochfahrenheit bei seinen ersten Schritten als Schriftsteller sahen aus wie Mittel zur Befreiung. Aus der Distanz, die Wissen und Bildung ihm beigebracht hatten, wechselte er ins Pathos, Reflex einer Unruhe, die ihn aus der Furcht erfasste, die Rebellion zu bereuen. Wenn er jetzt stehen blieb, Rücksicht auf Konventionen nahm, dann aus Feigheit, aus Angst. Auf seine Weise durchlitt auch er die

Krankheit zum Tode, in der Verzweiflung und die Suche nach dem Selbst miteinander verbunden waren.

Die Freunde fügten sich in die bestehenden Ordnungen ein. Sein Instinkt für Lüge und Heuchelei wurde durch Erfahrungen geweckt. Die erste Rolle, die er innehatte, war die des guten Sohnes. »Sehr angenehm ist mir«, schrieb der vierzehnjährige Enkel an den Großvater am 7. November 1858 in einem Brief aus Pforta, »daß ich alle Sonntage wenn auch auf kurze Zeit in Naumburg seien kann; es giebt ordentlich Muth, wenn man in der Woche an den lieben Sonntag denkt.«[106] Die starken Bande, die ihn an Mutter und Schwester knüpften, fanden ihren Ausdruck in einer Reaktion, die dem Bild einer heilen Familie entsprach. Aber so einfach war es nicht. Streng genommen trieben ihn die Erfahrungen in Pforta nach Hause, wo er sich vom Internat erholen konnte. An die Mutter schrieb er kurz vor dem 2. Juni 1861 über seine Tage daheim: »Es ist so hübsch kühl in der Stube; ein Tisch, ein Stuhl und ein Bücherkasten ist genug Möbel, ans Fenster ein paar Blumen des Geruchs halber, einen Krug Wasser der Erfrischung halber, meine Uhr, Stöße von Schriften und Noten usw; so denke ich mir meinen schönen Aufenthalt.«[107] Er zeigte sich als braver Sohn, wenn er sich nach Mutter und Schwester sehnte. Vor allem aber wünschte er sich weg aus dem Internat, in den Schutz einer privaten Einsamkeit. Die Rolle des braven Sohnes war eine kleine Heuchelei, eine kleine Lüge.

Das Heimweh, das ihn als Kind erfasst hatte, war auch ein Heimweh nach sich selbst gewesen, und so unbestimmt dieses Selbstgefühl gewesen sein mag, es war an Lebensbedingungen geknüpft, unter denen er diesem Gefühl nachgeben und zu sich kommen konnte. Die entscheidende Herausforderung, vor die er sich nach der Aufgabe der Professur gestellt sah, bestand darin, für sich selbst zu sorgen, mehr an sich zu denken. Noch als Vierzigjähriger hatte er dieses Vorhaben nicht zu seiner Zufriedenheit gelöst. Er hielt sich für zu nachgiebig gegenüber anderen. An Franz Overbeck schrieb er am 30. April 1884 aus Venedig: »Mein Sinn, jedem Einzelnen Gerechtigkeit widerfahren zu lassen und im Grunde gerade das mir Feindseligste mit der größten Milde zu behandeln, ist übermäßig entwickelt und bringt Gefahr über Gefahr, nicht nur für mich, sondern für meine Aufgabe: Hier ist Abhärtung nöthig und, der Erziehung halber, eine gelegentliche Grausamkeit.«[108] Wenig später kam er noch einmal in einem Brief an Franz Overbeck vom 14. September 1884 aus Sils Maria darauf zu sprechen: »Von meiner Kindheit an hat sich der Satz ›im Mitleiden liegen meine größten Gefahren‹ immer wieder bestätigt (vielleicht die böse Consequenz der außerordentlichen Natur meines Vaters, den Alle, die ihn kannten, mehr zu den ›Engeln‹ als zu den ›Menschen‹ gerechnet haben) Genug, daß ich durch die schlimmen Erfahrungen, die ich mit dem Mitleiden gemacht habe, zu einer theoretisch sehr interessanten Veränderung in der Werthschätzung des Mitleidens angeregt worden bin.«[109]

Das erste Hindernis auf dem Weg zum eigenen Selbst war die Rolle als Sohn. Von ihr hat er sich nie gelöst. Er brach die Beziehungen zu seiner Familie nicht ab, trotz der Umwertung aller Werte, trotz der intellektuellen und affektiven Revolutionen, die er anzettelte und die ihm die nötige Kraft hätten geben sollen. Den einzigen, masochistischen Ausweg aus der psychischen Sackgasse bot die Idee von der ewigen Wiederkehr des Gleichen. Er müsste alles, was ihm geschehen war, akzeptieren. Was Schicksal war, würde Freiheit werden. Alle Zwänge würden sich in Notwendigkeiten verwandeln auf dem Weg, zu dem zu werden, der er jetzt war, ein etwas schräger Wandervogel. Radikale Heilung bestand nicht darin, sich selbst zu vernichten und ein anderer zu werden. Nicht einmal in der Literatur, in der Phantasie war ein zweiter Anfang möglich. Auch

Zarathustra, Nietzsches poetisches Phantom eines neuen Lebens, war ein Abbild seines Schöpfers. Kein Mensch entkam sich selbst. Nietzsche wurde ein souveräner Fatalist.

In seinem letzten Brief an Jacob Burckhardt, geschrieben am 6. Januar 1889 in Turin, heißt es: »Lieber Herr Professor, zuletzt wäre ich sehr viel lieber Basler Professor als Gott; aber ich habe es nicht gewagt, meinen Privat-Egoismus so weit zu treiben, um seinetwegen die Schaffung der Welt zu unterlassen. Sie sehen, man muß Opfer bringen, wie und wo man lebt ... Da ich verurtheilt bin, die nächste Ewigkeit durch schlechte Witze zu unterhalten, so habe ich hier eine Schreiberei, die eigentlich nichts zu wünschen übrig läßt. Sehr hübsch und ganz und gar nicht anstrengend. Die Post ist 5 Schritt weit, da stecke ich selber die Briefe hinein, um den großen Feuilletonisten der grande monde abzugeben.«[110] Die Sätze sind kein Beweis für einen ausgebrochenen Irrsinn, sondern ein in den Details klarsichtiger Rechenschaftsbericht über ein bürgerlich gescheitertes, aber intellektuell, und stilistisch, abenteuerliches und folgenreiches Leben als Schriftsteller.

In Berlin wäre er früh untergegangen. Die Moderne brauchte Ballungen, Zentrierungen, Strukturen für Arbeitsabläufe und Verwaltung, sie brauchte die flexiblen Sesshaften. Abstecher in den Tiergarten hätten ihm auf dem Weg zu sich selbst nicht geholfen, der Geist fand dort keine Ausblicke, er wurde nicht origineller, wenn er am Sonntagnachmittag dort wie ein Dackel spazierengeführt wurde. Im urbanen Zentrum regierte das System der Zeitgenossenschaft, das aus Innovation und Integration, Individualität und Anpassung, Eigensinn und Markt bestand. Der Fortschritt schluckte die Avantgarde, aber nicht die Außenseiter.

Nietzsches Körper wies ihn in die Peripherie. Das sensible Gewächs der Bibliotheken und Archive wurde intellektuell exzentrisch und exzeptionell. Mit jedem Schritt in die Berge und entlang der Küsten radikalisierte er sich. Er brauchte ein besonderes Licht und frische, eigenwillige Luft, auch für seine Ideen. Aus Genua, in dem er sich erst wenige Wochen zuvor niedergelassen hatte, ließ er am 8. Januar 1881 Schwester und Mutter wissen: »Meine Lieben, Eure Briefe machten den Schluß des Jahres schön, es gab auch sonst blaues warmes Wetter zum Abschied. Inzwischen ist das neue Jahr etwas strenger aufgetreten, doch kann ich nicht sagen, daß ich bisher den Ofen wirklich vermißt hätte, bei meiner Art zu leben und zu wandern. An den fernen Bergen der Küste ist der Schnee auf den Spitzen. Wir hatten drei bis vier Tage Regenwetter (Novemberwetter) Wenn die Sonne scheint, gehe ich immer auf einen einsamen Felsen am Meer und liege dort im Freien unter meinem Sonnenschirm still, wie eine Eidechse; das hat mehrere Male meinem Kopfe wieder aufgeholfen. Meer und reiner Himmel! Was habe ich mich früher gequält! Täglich wasche ich den ganzen Körper und namentlich den ganzen Kopf, nebst starkem Frottieren.«[111]

Der Briefschreiber war ein junger Mann von 36 Jahren, kein Junge von zehn, der mit Onkel und Tante eine Reise ans Meer unternahm. Musste er sich die Schlacken der traditionellen Bildung im strikten Sinne abwaschen und abreiben? Der Körper erhielt sein Recht zurück, das ihm in den Bildungsanstalten genommen worden war. Der Geist sollte aus dem neu empfundenen Körper in neuer Gestalt erwachsen. Selbstbewusstsein war eine Körpererfahrung.

Im Winter 1883 zog er von Genua nach Nizza. Von dort schrieb er der Mutter und der Schwester: »Ich habe gegen Genua diesen Fortschritt gemacht: Genua hat ungefähr im ganzen Jahr so viel himmlisch-klare Tage wie Nizza in seinen 6 Wintermonaten. Von der belebenden, ja förmlich elektrisierenden Wirkung dieser Lichtfülle auf mein ganzes System kann ich keinen Begriff geben; der beständige schmerzhafte Druck auf dem Gehirn, dem ich zuletzt noch in Naumburg verfallen war, ist weg; auch esse ich noch einmal so viel, und der Magen protestiert nicht … Licht, Licht, Licht – darauf bin ich nun einmal eingerichtet.«[112]

Licht, Licht, Licht, das war auch das Motto der Impressionisten, als sie aus dem Atelier in die freie Natur drängten, um dort zu malen. Im Licht, das die Augen und die Dinge reizte, entstanden die Farben. Die Fülle des Lebens waren Empfindungen, die den erkenntnistheoretischen Gegensatz von Subjekt und Objekt aufhoben und in Relationen der Reizbarkeit verwandelten. Nur der lebte, der sich aus den gewohnten Ansichten und Blickwinkeln befreite. Er musste raus an die frische Luft.

Édouard Manet, Das Frühstück im Grünen (1863)

Im Jahr 1863 zeigte Édouard Manet in Paris sein Gemälde *Das Frühstück im Grünen*. Darauf sind vier Personen zu sehen, zwei Männer und zwei Frauen, irgendwo draußen in der Natur. Die

Männer sehen im Groben nicht viel anders aus, als Nietzsche ausgesehen hat, wenn den Fotografien, die es von ihm aus den mittleren Jahren gibt, geglaubt werden kann, nur dass sie nicht so deutsch aussehen wie er, sondern wie Franzosen. Wenn er mit Paul Reé und Lou Salomé nach Paris gegangen wäre, dann hätten sie eines Tages vielleicht auch einen Ausflug ins Grüne gemacht, eine Decke ausgebreitet und sich hingelagert.

Würden die Menschen auf dem Bild sich erheben und sich in voller Größe neben die Bäume stellen, die Bäume würden den Kürzeren ziehen, sie machen einen recht kleinen Eindruck, was etwas ungewöhnlich ist. Die Natur spielt hier keine entscheidende Rolle. Ginge es um Holzfäller, die im Wald arbeiten, wären die Größenverhältnisse sicherlich anders. Auf diesem Bild aber sind Städter zu sehen, Pariser, die einen Abstecher in die Natur unternommen haben und bald wieder nach Hause in die Stadt fahren werden. Es tut ihnen ganz offenbar gut, den Lärm der Stadt hinter sich gelassen zu haben und sich zu entspannen.

Die Männer, schlank und schwarzhaarig, beide mit gepflegtem Bart, sind in mittlerem Alter, gut gekleidet, graue und weiße Hose, schwarze Jacke, weißes Hemd, Krawatte, ein schwarzer Künstlerhut, alles etwas leger, sie sehen sehr bürgerlich aus, wie junge Ärzte, Advokaten, die einen Ausflug machen, ein Picknick am Sonntag. Sie lassen die Stadt nicht ganz hinter sich, sie ist nur für eine Weile verschwunden. Aber dass sie in die Stadt gehören, in das moderne und konventionelle Leben, das können sie nicht leugnen. Es genügt ein Blick, und ein Rahmen ist um sie herumgezogen, der aus ihnen Zeitgenossen macht, Pariser, die die Mode kennen und das urbane Leben. Aussteiger, die für sich keinen Rahmen zulassen möchten, der ihre Zugehörigkeit zu einer Gruppe, zu einer Gemeinschaft definiert, müssen sich bewegen, die Grenzen der Konventionen überschreiten. In *Ecce homo* schrieb Nietzsche:

»Wer die Luft meiner Schriften zu atmen weiss, weiss, dass es eine Luft der Höhe ist, eine s t a r k e Luft. Man muss für sie geschaffen sein, sonst ist die Gefahr keine kleine, sich in ihr zu erkälten. Das Eis ist nahe, die Einsamkeit ist ungeheuer – aber wie ruhig alle Dinge im Lichte liegen! Wie frei man atmet! Wie Viel man u n t e r sich fühlt! – Philosophie, wie ich sie bisher verstanden und gelebt habe, ist das freiwillige Leben in Eis und Hochgebirge – das Aufsuchen alles Fremden und Fragwürdigen im Dasein, alles dessen was durch die Moral bisher in Bann getan war. Aus einer langen Erfahrung, welche eine solche Wanderung i m V e r b o t e n e n gab, lernte ich die Ursachen, aus denen bisher moralisiert und idealisirt wurde, sehr anders ansehen als es erwünscht sein mag: die v e r b o r g e n e Geschichte der Philosophie, die Psychologie ihrer grossen Namen kam für mich an's Licht.«[113]

Die beiden Männer auf dem Bild machen nicht den Eindruck, als würde ihnen diese strenge Einsamkeit gefallen. Fremd sind ihnen Sauerkraut und Schwarzbrot, fragwürdig sicherlich manche Gemälde im diesjährigen offiziellen Salon, und ihre Wanderungen im Verbotenen beschränken sich vermutlich auf Besuche im Bordell.

Die Frauen sind jung, aber nicht mehr die jüngsten, das lässt sich ganz sicher für jene sagen, deren Gesicht zu sehen ist, die andere kehrt ihr Gesicht dem Betrachter nicht zu, aber warum sollte sie viel jünger sein. Die Männer und eine der beiden Frauen lagern im Gras, die andere Frau steht gebückt und etwas entfernt im Hintergrund im Wasser, wo ein Ruderboot zu sehen ist, als wären die vier auf dem Fluss unterwegs gewesen, auf der Suche nach einem stillen Flecken, und hätten sich dann hier am einsamen Ufer niedergelassen. In diesem Fall wäre Paris nicht weit weg. Mag sein, dass das Boot nichts mit ihnen zu tun hat, es spielt vielleicht keine bedeutsame Rolle, liegt schon seit Tagen hier fest oder gehört einem Fremden, der auf dem Bild nicht anwesend ist, weil er in der Geschichte, die erzählt wird, nicht vorkommen muss. Ganz sicher ist es nicht das Boot des Malers Manet, der seine Staffelei hierhergebracht hat, um die vier Menschen zu malen. Manet hat dieses Bild in seinem Atelier gemalt, auch wenn die Freilichtmalerei gerade in Mode kam. Es gab für ihn keinen Grund, an die frische Luft zu gehen, um dieses Bild zu malen. Die Vorlage für das Gemälde hat er auf einem italienischen Stich gefunden, der ein Bild von Raffael, *Das Urteil des Paris*, wiedergibt, eine Szene aus der griechischen Mythologie. Die Annahme ist übertrieben, dass er den Bildaufbau geklaut hätte, er fand ihn einfach gut und hat ihn deswegen übernommen und in seinem Sinne und für seine Zwecke abgewandelt. Ganz unüblich war dieses Vorgehen unter Malern nicht. Auch seine nackte *Olympia* liegt da wie Tizians Nackte von Urbino. Wollte Manet Ideale stürzen, sich über Traditionen lustig machen? Da hätte er sich mit Nietzsche verbrüdern können. »Götzen (mein Wort für ›Ideale‹) u m w e r f e n – das gehört schon eher zu meinem Handwerk. Man hat die Realität in dem Grade um ihren Wert, ihren Sinn, ihre Wahrhaftigkeit gebracht, als man eine ideale Welt e r l o g … Die ›wahre Welt‹ und die ›scheinbare Welt‹ – auf deutsch: die e r l o g n e Welt und die Realität …«, so heißt es in *Ecce homo*.[114]

Die Frau, die bei den Männern sitzt, ist völlig nackt. Die Frau im Hintergrund trägt ein ärmelloses nahezu hautfarbenes Kleid, das wie ein Unterrock aussieht. Das Kleid der nackten Frau ist hellblau mit kleinen Punkten und liegt zusammen mit dem Sonnenhut neben ihr im Gras. Sie hat es nicht ausgezogen, zusammengefaltet und neben sich gelegt. Das Kleid liegt so da, als hätte sie es aufgeknöpft und einfach zu Boden gleiten lassen, und dann ist sie nackt über das Kleid hinweggestiegen. Ein Picknickkorb, der auf dem Kleid abgestellt worden ist, als würde das Kleid im weiteren Verlauf des Zusammenseins nicht mehr benötigt werden, ist umgefallen, und Obst und Brot sind ins Gras gerollt. Die drei Figuren liegen und sitzen zwischen Bäumen, die recht dunkel sind, weil ihre Hauptaufgabe darin besteht, das nackte Fleisch der Frau gut zur Wirkung kommen zu lassen.

Offensichtlich zeigt das Bild nicht nur, was es zeigt, es ist nur auf den ersten Blick realistisch, vor allem in den Augen eines Betrachters, der sich an der nackten Frau festsieht und den naturalistischen Eindruck, den physiologischen Reiz, den sie in ihm weckt, auf die ganze Szene überträgt, so, wie ein Wunsch nach Erfüllung drängt. Der Mann, der direkt neben der Frau und in der Mitte zwischen ihr und dem anderen Mann sitzt, schaut versonnen, er schaut nicht die Frau verträumt an, als wäre er von ihr und ihren Reizen überwältigt, sondern er blickt mit einem gewissen fragenden, in sich gekehrten, nachdenklichen Ausdruck in die Ferne, schräg aus dem Bild heraus, so-dass sein Blick nicht den Augen des Betrachters begegnet. Er könnte nicht so gut vor sich hin träumen, sich auf etwas konzentrieren, was ihm vor dem inneren Auge schwebt, wenn er in Blickkontakt mit einem anderen stände.

Der Mann, der der Frau gegenüberliegt, hat sich breitbeinig und geschlechtsbetont hingestreckt. Keine angezogene Frau jener Zeit würde es wagen, sich auf diese dominante Weise hinzulegen, noch dazu vor einen Mann. Die Frau hat einen ihrer nackten Füße zwischen die gespreizten Beine des Mannes gestellt, als wollte sie mit dieser provokanten Fußstellung auf das verdeckte, aber durch die Beinhaltung sich ins Zentrum schiebende Geschlecht ihres Gegenüber hinweisen. Ein modernes anklagendes Ecce homo: Siehe da, ein Mann, der sich als Mann aufspielt. Der Mann schaut nicht die Frau, sondern seinen Geschlechtsgenossen an, der seinen Blick nicht erwidert. Mit der Hand am ausgestreckten Arm weist er beim Reden hin auf die nackte Frau ihm gegenüber, als würde er von ihr sprechen oder sie in einer gewissen Weise meinen, und es mag sein, dass seinem Gesprächspartner, der vor sich hin zu träumen scheint, jetzt irgendetwas bewusst wird oder er etwas verstanden hat.

Die nackte Frau sieht nicht den Redner an, auch nicht den Träumer, sondern den Betrachter des Bildes. Sie schaut aus dem Bild heraus, als wäre es selbstverständlich, dass es noch eine andere Welt gäbe, einen Beobachter der Szene, der in seiner Beobachterposition verstehen würde, um was es hier geht, was hier vor sich geht. Sie hält ihr vorderes Bein angewinkelt und ihren rechten Arm ebenfalls, sodass ihre Brust nicht ganz zu sehen ist, und stützt ihr Kinn in die Hand, als würde sie nachdenken oder jemanden nachmachen, der die typische Haltung eines nachdenklichen Menschen einnimmt, und das sähe dann aus wie eine Karikatur des Nachdenkens, ganz so, als machte sie sich über den Betrachter, den Beobachter der Szene lustig. Sie schaut fragend, keck und etwas frech, als wäre ihr bewusst, dass sie allein oder die ganze Szene am Fluss eine Provokation darstellt, und als wollte sie allen zeigen, dass ihr das egal sei. Der Betrachter, der sich von ihrem Blick irritiert fühlt, muss sich nicht dadurch von ihr zu distanzieren versuchen, dass er ihr irgendwelche Gedanken zuspricht, die von dem Gefühl, das er wegen ihr hat, geweckt worden sind. Er fühlt sich von ihr beobachtet, vielleicht ertappt, und das macht ihn unruhig. Sie dagegen scheint die Ruhe selbst zu sein. Dabei ist sie es doch, die nackt ist und damit die Konventionen sprengt. So, wie Manet sie gemalt hat, sieht es aus, als fühlte sie sich nackt ganz wohl. Nackt zu sein scheint sie nicht zu irritieren. Sie scheint zu wissen, dass sie einen ansehnlichen, ja schönen Körper hat. Sie ist sich ihrer selbst in ihrer Nacktheit bewusst, die sie nicht aus Scham zu verstecken sich bemüht. Der nackte Körper weckt offenbar ein starkes Selbstgefühl. »Woran erkennt man im Grund die W o h l g e r a t e n h e i t!«, fragt Nietzsche in *Ecce homo*. »Dass ein wohlgeratener Mensch unseren Sinnen wohltut: dass er aus einem Holz geschnitzt ist, das hart, zart und wohlriechend zugleich ist. Ihm schmeckt nur, was ihm zuträglich ist; sein Gefallen, seine Lust hört auf, wo das Maas des Zuträglichen überschritten wird. Er errät Heilmittel gegen Schädigungen, er nützt schlimme Zufälle zu seinem Vorteil aus; was ihn nicht umbringt, macht ihn stärker. Er sammelt instinktiv aus allem, was er sieht, hört, erlebt, s e i n e Summe: er ist ein auswählendes Prinzip, er lässt Viel durchfallen. Er ist immer in s e in e r Gesellschaft, ob er mit Büchern, Menschen oder Landschaften verkehrt: er ehrt, indem er w ä h l t, indem er z u l ä s s t, indem er v e r t r a u t. Er reagirt auf alle Art Reize langsam, mit jener Langsamkeit, die eine lange Vorsicht und ein gewollter Stolz ihm angezüchtet haben, – er prüft den Reiz, der herankommt, er ist fern davon, ihm entgegenzugehen. Er glaubt weder an ›Unglück‹, noch an ›Schuld‹: er wird fertig, mit sich, mit Anderen, er weiss zu v e r g e s s e n ...«[115]

Die nackte Frau sieht ganz so aus, als wäre sie ein typisches Exemplar eines solchen wohlgeratenen Menschen. Steht sie etwas außerhalb der Gesellschaft, gehört sie zu den Außenseitern, die sich vor den Etablierten in Acht nehmen, die sich vor ihnen schützen müssen, indem sie einer eigenen Moral folgen, die mit der allgemeinen Moral nichts zu tun hat? Sie hat gelernt, sich selbst zu achten.

Das Bild, das wegen der Nacktheit der Frau und der Erkennbarkeit von Menschen und Dingen, Bäume, Wasser, ein Boot, Obst, Kleidung, Gesten, von der erregten Phantasie des Betrachters sofort als ein realistisches Abbild eingestuft wird, ist dies gerade nicht in dem Maße, wie es auf den ersten Blick, auf die ersten Reize der Wahrnehmung hin zu sein scheint. Die Proportionen zwischen der Natur und den Menschen stimmen nicht, die eine ist zu klein, nur Staffage, die anderen sind zu groß, ganz und gar Zentrum. Die Anordnung der vier Menschen, ihr Ausdruck, ihre Beziehungen und ihre Kommunikation weisen auch auf etwas anderes hin als auf die Realität, auf eine Wirklichkeit des Konventionellen, sie öffnen die Sicht auf eine zweite, eine abstrakte Ebene.

In diesem Bild geht es nicht nur um Frau und Mann, sondern um die Wahrheit, die nackte Wahrheit, um den Augenschein und das Wesen der Dinge, um die Wahrheit als Naturgegebenheit und die Wahrheit als Ziel der Suche von Menschen. Es sieht so aus, als wären die Männer eine Gruppe für sich und die Frauen Wesen, die einer anderen Sphäre angehören, als würden die Männer über etwas nicht ganz Einfaches reden, zum Beispiel über die Wahrheit oder über Formen der Wahrheit, die sich nur durch Nachsinnen einstellen, durch ein Gespräch oder indem auf sie direkt gezeigt wird. Der Wahrheit selber ist es egal, wie sie gefunden wird, sie scheint sogar, das sagt die Haltung der nackten Frau, darauf scheint sie hinzuweisen, durch Nachdenken allein nicht gefunden werden zu können, sie muss gesehen werden, wenn sie sich zeigt. Sie kommt aus einer Quelle, aus einem Fluss, der irgendwo aus der Ferne, aus der Vergangenheit fließt, wohin der Blick des Wahrheitssuchenden nicht gelangen kann. Ihre Natur ist menschlich, nicht natürlich. Auch in einem Buch ist sie nicht zu finden, in so einem, wie es neben dem Picknickkorb liegt. Nietzsche war im Hinblick auf die Wahrheit radikal, er hielt von ihr nichts. In der frühen schmalen Schrift *Über Wahrheit und Lüge im außenmoralischen Sinn* aus dem Jahr 1873 hatte er sie zu einer Illusion erklärt. In *Jenseits von Gut und Böse* aus dem Jahr 1886 heißt es: »Es ist nicht mehr als ein moralisches Vorurteil, dass Wahrheit mehr wert ist als Schein; es ist sogar die schlechteste bewiesene Annahme, die es in der Welt giebt. Man gestehe sich doch so viel ein: es bestünde gar kein Leben, wenn nicht auf dem Grunde perspektivischer Schätzungen und Scheinbarkeiten; und wollte man, mit der tugendhaften Begeisterung und Tölpelei mancher Philosophen, die ›scheinbare Welt‹ ganz abschaffen, nun, gesetzt, i h r könntet das, – so bliebe mindestens dabei auch von eurer ›Wahrheit‹ nicht mehr übrig! Ja, was zwingt uns überhaupt zur Annahme, dass es einen wesenhaften Gegensatz von ›wahr‹ und ›falsch‹ gibt? Genügt es nicht, Stufen der Scheinbarkeit anzunehmen und gleichsam hellere und dunklere Schatten und Gesammttöne des Scheins, – verschiedene valeurs, um die Sprache der Maler zu reden?«[116]

Der Blick der nackten Frau scheint dem Betrachter die Frage aufzudrängen, was auf dem Bild wahr sei. Den Mittelpunkt des Gemäldes bildet die Hand des Mannes, die auf die nackte Frau weist. Die Wahrheit, heißt das, muss sich zeigen, und sie muss gezeigt werden. Die nackte Wahrheit hat ihre Reize, mit der sie die Blicke auf sich zieht. Sie ist keine reine Idee, keine unschuldige Fiktion, kein geschlechtsloses Phantom, keine neutrale Chimäre, und sie bildet sofort, wenn sie einmal gesehen wurde, den Mittelpunkt der Aufmerksamkeit. Alles scheint sich dann um sie zu drehen, aber nur, weil und wenn sie nackt ist. Die Wahrheit als Suche, als Fischen im Trüben, wie die Frau im Hintergrund sie darstellt, scheint weniger interessant zu sein. Die nackte Wahrheit und der sich potent gebende Mann, der auf sie zeigt, gehören so zusammen wie der fragende, sinnende Mann und die in sich versunkene suchende Frau in seinem Rücken, im Hintergrund.

Der Maler kann die Wahrheit zeigen, weil er unmittelbar zeigen kann, was gesehen werden soll. Die Wahrheit der Malerei wird nicht durch Grübeln erfasst, sondern durch die Augen, ähnlich wie der Blick in der Stadt die einzelnen Szenen schnell erfasst. Der Schein der Dinge ist ihr Wesen, und dieser Schein ist von einer solchen eindrucksvollen Vielfältigkeit und Klarheit, dass er sich selbst als Abbild der Welt genügt, er braucht keine Hinterwelt. Die Reizflut der Moderne macht aus der Wahrheit ein Wahrnehmungsereignis. Das Licht des Bildes ist dieser Aussage untergeordnet, es gibt keine natürliche Lichtquelle, in deren Schein das Picknick im Grünen seine ganze Banalität entfalten könnte. Die nackte Wahrheit ist hell, als läge sie im Sonnenschein, die suchende Wahrheit ebenfalls. Die Anordnung der Figuren folgt dem Muster eines Dreiecks, der Geometrie, der Mathematik als einer Form von Wahrheit, im Gegensatz zu den selbstständigen Linien der Natur, die sich keiner mathematischen Vorgabe fügen. Dass sie hier auf diesem Bild, wie so oft, als nackte Frau auftritt, verdankt sich der Arbeitsteilung, der Rolle, die der Mann als Wahrheitssucher innehat, und der Neugier, die ihn dazu treibt, die Wahrheit zu finden.

Die Wahrheit war für Nietzsche eine Männerphantasie, eine Zeugungsphantasie, ein Ergebnis von Unterwerfung, die Projektion einer sexuellen Macht. »Gesetzt endlich«, schrieb er in *Jenseits von Gut und Böse*, »dass es gelänge, unser gesamtes Triebleben als die Ausgestaltung und Verzweigung Einer Grundform des Willens zu erklären – nämlich des Willens zur Macht, wie es m e i n Satz ist –; gesetzt, dass man alle organischen Funktionen auf diesen Willen zur Macht zurückführen könnte und in ihm auch die Lösung des Problems der Zeugung und Ernährung – es ist Ein Problem – fände, so hätte man damit sich das Recht verschafft, a l l e wirkende Kraft eindeutig zu bestimmen: W i l l e z u r M a c h t.«[117]

Fern jeder Interpretation mag es Manet vor allem nur darum gegangen sein, einen Skandal auszulösen mit dem probaten Mittel, eine nackte Frau zu zeigen, und dadurch die Aufmerksamkeit des Publikums auf sich zu ziehen. Die Jury des offiziellen Salons im Jahr 1863 lehnte sein Bild prompt ab, er durfte es nicht ausstellen, und so wich er aus mit all den anderen von der Jury abgelehnten Künstlern in den eigens für sie eröffneten Salon der Abgelehnten, in den Salon des Refusés, wo die Bilder wie in einer Lagerhalle lückenlos an den Wänden hingen, eines am anderen, bis hoch an die Decke, wo sie kaum richtig zu sehen waren. Mit seinem zwei mal zweieinhalb Meter großen Bild konnte er dennoch hoffen, in der Menge aufzufallen.

Auf der italienischen Vorlage, dem Stich von Raimondis nach einem Bild von Raffael, waren alle Menschen nackt gewesen. Die Frauen und die Männer sahen aus wie Zehnkämpfer. Ob die beiden Männer auf dem Bild von Manet nackt so viel hergemacht hätten, dass sie eine Augenweide für den Betrachter gewesen wären? Manet wollte zeigen, was er als Künstler konnte, vor allem wollte er Farben zeigen, und das ist ihm auf diesem Bild auch gelungen. Das Fleisch der nackten Frau leuchtet, so, wie ihr Blick, ja der ganze Gesichtsausdruck den Betrachter unmittelbar anspricht. Für einen Moment gehört sie nicht zur Gruppe, sie hat sich aus diesem Zusammenhang gelöst und sich dem Betrachter zugewandt. Sie schaut nicht so, als würde sie sich wundern, dass jemand vor ihr steht und sie und die Männer hier im Grünen beobachtet, sondern eher so, als würde sie den Betrachter, der sich empört oder erregt zeigt, fragen, was an dieser Szene so ungewöhnlich sein sollte. In der Stadt der Kokotten und Kurtisanen galt es als ganz normal, dass Frauen sich für Geld vor Männern auszogen. Die gute Sitte regte sich über Manets Bild auf, dabei wussten die Heuchler Bescheid. Nietzsche ahnte, welche Art Leben in Paris möglich war, als er davon träumte, mit Lou Salomé und Paul Rée nach Paris zu gehen und dort für eine Weile sich gemeinsam eine Wohnung zu teilen. Dazu ist es nicht gekommen. Lou Salomé und Paul Rée zogen es vor, allein zu sein.

Manet deckte nur auf, was alle Bürger wussten, die tagsüber von Ehre und Familie redeten und sich als unbescholtene Ehemänner aufspielten und nachts erlebten oder sich wünschten, was auf dem Bild zu sehen war, eine Phantasie, die Realität war, mit einer nackten, bloßgestellten Frau, die sich ihrer alten Rolle unter den modernen Männern sehr bewusst war und sie mit einem wehmütigen, skeptischen Erstaunen zu akzeptieren schien wie Sonne und Regen, denen nicht zu entkommen war. Die nackte Frau war das Modell Victorine Meurent, geboren 1844 in Paris, gestorben 1927 in Colombes, die später selbst malte und im Pariser Salon 1876 ein Porträt von sich ausstellte. Sie ist auch die Nackte auf Manets Bild *Olympia*.

Victorine Meurent (1844–1927), Manets Modell
und selbst Malerin

Nietzsche hatte den Logikern vorgeworfen, sie würden einen kapitalen Fehler begehen, wenn sie glaubten, es wären sie selbst, die dächten. Ein Gedanke, sagte Nietzsche, komme, wenn er kommen wolle, und nicht, wenn ein Ich will, dass er kommt. Das Subjekt ›ich‹ sei keine Bedingung des Prädikats ›denke‹.

Und es sei des Guten zu viel, in dieser Not, in die das »Ich denke« geraten sei, einfach schnell zu behaupten, der Satz »Es denke« sei sinnvoll. Dieser Satz, sagte Nietzsche, sei keine unmittelbare Gewissheit. Schon das »es« enthalte »eine A u s l e g u n g des Vorgangs und gehörte nicht zum Vorgang selbst. Man schließt hier nach der grammatischen Gewohnheit ›Denken ist die Thätigkeit, zu jeder Tätigkeit gehört Einer, der tätig ist, folglich-‹«.[118]

Auf den Maler Manet bezogen, hieße das, nicht er habe das Bild *Frühstück im Grünen* gemalt, sondern das Bild, bei dem es sich um Probleme mit der Wahrheit handeln könnte, habe sich selbst gemalt. Manet war, so gesehen, nur das ausführende Organ. Manet, wer immer er war, malte nicht anders, sondern genau so, wie gemalt werden konnte in einer Zeit, als die Maler nicht so malen wollten, wie die Akademie es ihnen vorschrieb, sondern nach Bildern für die Wahrheiten des modernen Lebens suchten. Er kam aus der Stadt, in der er lebte, nicht heraus, und es half ihm auch nicht, im Atelier zu stehen und so zu tun, als wäre er in die Natur gegangen. Auch ein kurzer Ausflug wäre keine Lösung des Problems gewesen, Teil eines umfassenden Ganzen, einer Gesellschaft zu sein. Die Avantgardisten, zu denen Manet gehörte, waren ein integraler Bestandteil des Fortschritts, der die moderne Gesellschaft vorantrieb.

Mit den Erfahrungen aus Nietzsches Wanderleben gesehen, hätte Manet mehr riskieren, er hätte der Stadt, den ästhetischen Diskussionen, den Ateliers der Freunde und Gleichgesinnten, dem Kunstbetrieb mit seinen Galeristen den Rücken kehren und sich, wie Cézanne, irgendwo weit weg, in Einsamkeit und Stille zurückziehen müssen. Dann hätte er dort, so ginge diese Geschichte vom befreienden Auszug aus der Stadt und dem geistig erregenden Wanderleben in der Natur weiter, nicht nur ein weiteres philosophisches Ich für sich gefunden, in dem er bündelte, was er über Abbild und Wirklichkeit, über Wort und Bild dachte, über Wahrheit und Wahrnehmung, sondern eine Entdeckung gemacht, die über die avantgardistische Malerei hinausgehen würde.

Der Auszug aus der Stadt lag damals schon hinter ihm. Nietzsche ging als erwachsener Mann in die Berge und an die Küste. Sein kranker Körper wies ihm den Weg. Manet schiffte sich als sechzehnjähriger Junge 1848 auf eine Reise nach Brasilien ein. Auf dieser Reise entschloss er sich, nicht zur Marine zu gehen, sondern Maler zu werden.

8

Ein letzter Augenblick

Abschiede im 19. Jahrhundert

Im Herbst 1880 entschied sich Vincent van Gogh, Maler zu werden, nachdem er als Galerist in England und als Hilfsprediger in einem belgischen Steinkohlerevier gearbeitet hatte. Er war 27 Jahre alt und wusste nicht recht wohin, er lebte in den Niederlanden, ging nach Brüssel, Den Haag, Antwerpen, zeichnete und malte. So vergingen acht Jahre, bis er in den Süden Frankreichs aufbrach. Ein Jahr später landete er in einer Nervenheilanstalt in der Provence. Im Frühjahr 1890 zog er in die Nähe von Paris. Einige Wochen darauf erschoss er sich. Er war ein einsamer, verzweifelter Mann gewesen, gebildet und voll unermüdlichem Eifer, der sich mit selbstzerstörerischem Einsatz der Arbeit hingab, ein Märtyrer der Kunst. Als Zeichner und Maler armer Bauern und Bergarbeiter hatte er seine private christliche Mission begonnen, mit Formen und Farben die Liebe zum Nächsten und zur Natur zu predigen, er tat im Grunde genau das, was Nietzsche als Verirrung christlicher Moral verachtete, er ging zu den Elenden und Ausgebeuteten und lebte und litt mit ihnen. Kierkegaard hätte ihn ermutigt, dem christlichen Empfinden zu folgen und den Nächsten wie sich selbst zu lieben. Aber das wäre vielleicht in diesem Fall kein guter Rat gewesen. Van Gogh war nicht glücklich gewesen, er hat sich in der Verzweiflung darüber, was aus ihm werden solle und warum er so einsam sei, nicht geliebt. Eine düstere Stimmung liegt schwer in den vielen Briefen, die er vor allem an seinen jüngeren Bruder Theo schrieb. Wie Nietzsche mit Notizbüchern irrte auch er mit Leinwänden durch die Gegend, er hat sich als Maler neu erfinden müssen, nachdem die Berufe, die er ergriff, Galerist in England, Laienprediger in

Belgien, ihm unerträglich geworden waren. Er wusste nicht, wohin mit sich, zu was er tauge, zu was er zu gebrauchen sei, und kaum einer war da, der ihn hielt, nicht nur mit aufmunternden Worten, sondern mit Zuneigung. Schopenhauer hätte in dem Maler, der unter Bergarbeitern lebte und zeichnete, einen Beweis für seine Theorie des Mitleids gesehen. Aber vielleicht verschrieb sich der junge Mann der christlichen Nächstenliebe, weil er anders keine Nähe fand, so, wie er vielleicht mit dem Zeichnen anfing, um ein Gefühl von Teilhabe zu empfinden. Er hat mit großem zeichnerischem Pathos die soziale Distanz zu überwinden versucht.

Van Gogh hat in seinen vielen Bildern, die er dank der finanziellen Unterstützung seines Bruders Theo malen konnte, mit einem modulierenden, skulpturalen Pinselstrich, der völlig neu war in der Malerei, die steinerne, kantige Moderne, deren egoistische Konturen und selbstsüchtige Profile, in eine emphatische lebendige Bewegung, einen warmen und weichen Rhythmus gemeinschaftlicher Kräfte verwandelt. Sein Stil war das emotionalste künstlerische Gegenprogramm zur sachlichen Fotografie, so, wie Nietzsche mit seinen polemischen, zupackenden Sätzen die tote Wissenschaft und tote Philosophie seiner Zeit, die ganze tote, lebensfeindliche Kultur grell und hell zu übermalen gehofft hatte.

Der Egoismus eilte über die Ebene der geschäftigen Gegenwart, ein Heer von Realisten, die sich nichts vormachen ließen und Ergebnisse auf dem Tisch haben wollten, Realpolitiker, Experten, Sachverständige. Der ökonomische Wettbewerb zerrieb Herkunft, Identität, Regionen und gab sich zufrieden mit einer Weltkultur des Geldes, in der Verträge abgeschlossen wurden, aber keine Idee über die Zukunft des Lebens entstand. Der Titel *Die Welt als Wille und Vorstellung* war ein geniales Anfangsmotto gewesen für ein Jahrhundert der Expansionen. Am Ende stand ein Buchtorso und ein Titelvorschlag, der die

Kräfte der zurückliegenden Jahrzehnte zusammenfasste und in eine dunkle Zukunft wies: »Der Wille zur Macht.« Ein Fragment aus dem Nachlass zeigt deutlich, was Nietzsche damit meinte: »… diese meine *dionysische* Welt des Ewig-sich-selber-Schaffens, des Ewig-sich-selber-Zerstörens … dies mein »Jenseits von Gut und Böse«, ohne Ziel, wenn nicht im Glück des Kreises ein Ziel liegt … wollt ihr einen *Namen* für diese Welt? … Ein *Licht* für euch, ihr Verborgensten, Stärksten, Unerschrockensten, Mitternächtlichsten? … *Diese Welt ist der Wille zur Macht – und nichts außerdem!* Und auch ihr seid dieser Wille zur Macht – und nichts außerdem!«[119] Nach seinem Tode hat seine Schwester, die das Werk des Bruders verwaltete und über dem Nachlass wachte, dem Willen zur Macht einen Dreh verpasst, der ihn in das grelle Licht politischer Scheinwerfer von rechts rückte.

Die Entwicklung von Schopenhauer zu Nietzsche nahm ihren Ausgang von einer besinnlichen philosophischen Haltung, in deren Rahmen sich die Welt und das Leben verstehen ließen, und landete bei einer kriegerischen philosophischen Programmatik, die vorgab, wie sich die Welt und das Leben einnehmen ließen. Zwischen diesen Stimmungspolen stand eine mahnende Aufzeichnung Kierkegaards: *Der Einzelne.*

In dem Aufsatz *Ein Wort über das Verhältnis, das meine Wirksamkeit als Schriftsteller zum ›Einzelnen‹ hat*, den er 1847 geschrieben und einem Text aus dem Jahr 1849 angefügt hatte, erklärte er, auch in Hinblick auf die für ihn notwendige Verwendung von Pseudonymen: »Und doch, ja wenn ich eine Aufschrift für mein Grab verlangen sollte, ich verlange keine andre als ›jener Einzelne‹; ist sie auch noch nicht verstanden (Anmerkung Kierkegaards: Der Leser wird sich erinnern, daß dies 1847 geschrieben ist. Die Weltumwälzungen 1848 haben das Verständnis bedeutend näher gebracht.), wahrlich sie wird es werden. – Mit der Kategorie ›der Einzelne‹ nahmen die

Pseudonyme zu ihrer Zeit, da alles hierzulande System und System war, das System (Anmerkung Kierkegaards: Und jeder, der bloß etwas Dialektik hat, wird sehen, daß es unmöglich ist, ›das System‹ von einem Punkt her anzugreifen, der innerhalb des Systems liegt. Aber es gibt nur einen, allerdings samenartigen Punkt außerhalb des Systems: den Einzelnen, sofern man den Ton des Ethischen und Religiösen, des Existentiellen auf ihn legt.) aufs Korn: jetzt wird das System so gut wie niemals mehr (Anmerkung Kierkegaards: Und jetzt 1848!) genannt, zum mindesten nicht als Modewort und Forderung der Zeit.«[120]

Das System war nicht verschwunden, auch wenn von Revolutionen geredet wurde. Es war umgekehrt, die Revolutionen kamen und verschwanden gleich wieder, Barrikaden wurden gebaut, Schüsse fielen, es gab Tote und Verletzte, dann wurden die Straßen aufgeräumt, die Verletzten weggetragen, die Toten begraben, und zurück blieb das System, das gestärkt aus dem Kampf hervorging. Der Einzelne stand in der Realität auf verlorenem Posten, und wenn es nicht eine Himmelsleiter gegeben hätte, auf der er entkommen konnte, er hätte seinen Untergang akzeptieren müssen. Die schwierige Kommunikation mit der Umwelt konnte ihm ein hilfreicher Hinweis sein, dass er aus der Gegenwart verschwand, da Eigenwahrnehmung und Fremdwahrnehmung nicht mehr zusammenstimmten.

In einem Akt der Selbsttäuschung oder Selbsterhebung mochte es den Außenseitern gelingen, die Differenz zwischen beiden Wahrnehmungen zu ignorieren, mit der Folge, dass die Kommunikation mit der Umwelt scheiterte. Es sah so aus, als würden sie sich hinter eigenwilligen Ideen verschanzen, Schopenhauer hinter der Felswand der eigenen Natur, Kierkegaard hinter der Souveränität des Einzelnen, Nietzsche hinter dem hemmungslosen Leben.

Mit diesen vorschnellen Bewertungen machten es sich die Zeitgenossen zu leicht, die ganz auf das System, die Gesellschaft fixiert waren, auf Beruf, Politik, Nation. Sie merkten nicht, wer unter ihnen wandelte und sie zur Umkehr aufforderte, bevor der Fortschritt der Vergesellschaftung auch die Idee eines nicht zu sozialisierenden Selbst schluckte. Identität war für die drei Solitäre ein Geheimnis, das bewahrt werden musste, so, wie ein Mensch sich dem Zugriff des Verstehens entzog. Ich war kein anderer.

Für spätere Leser waren die Ideen der drei Rechthaber auf überraschende Weise zugänglich, sie ließen sich adaptieren als eine Art Handspiegel zur Selbstbehauptung in einem sozialen Umfeld der Kontrolle, des Egoismus, der Konkurrenz, der Sozialisation in die kapitalistische Ökonomie. Der Wille als das Gesetz einer alles umfassenden Natur, Gott als demokratisch nicht legitimierter Gesetzgeber und das Leben als ein undemokratisches Kräftemessen spielten hier keine maßgebliche Rolle. Die Moderne wurde dominiert von der verlässlichen Rationalität der Zwecke, dem Profitstreben als gesetzlich geregelter Handlungslegitimation und von einem Gemeinschaftsleben in möglichst umfassender Konformität.

Die drei Außenseiter verströmen eine großartige intellektuelle Energie, so, wie Johan Nilsen Nagel die Bewohner einer kleinen Hafenstadt in Norwegen in Verwunderung versetzte, als er dort eines Tages in einem gelben Anzug auftauchte und nichts anderes zu tun hatte, als Geige zu spielen und über Philosophie und Literatur zu reden. So hat es Knut Hamsun in seinem Roman *Mysterien* aus dem Jahr 1892 erzählt, und Hamsun, dessen Romane sich unter den Deutschen gut verkauften, hatte früh Nietzsche gelesen.

Schon als junger Mann hatte Nietzsche vor einem Fotoapparat gestanden, eine Hand wie Napoleon in der Jacke, und sich nicht gerührt, die Augen geradeaus gerichtet. Auf späteren Aufnahmen blickte er nicht mehr in den Apparat, er mochte keinem Betrachter in die Augen sehen, oder umgekehrt, keinem

Betrachter diese Intimität erlauben. Sogar auf dem berühmten Foto mit seinem Freund Paul Rée und der jungen Lou Salomé war er der Einzige, der sich in die Ferne sehnte.

Lou Andreas-Salomé, Paul Rée und Friedrich Nietzsche – Foto von Jules Bonnet (1882)

Die neue Technik der Fotografie hatte den Blick für die Realität geschärft. Sie ließ ihn auf den Gegenständen und Menschen verharren, die ihm nicht entweichen konnten. Nicht nur Buchstaben, nicht nur Symbole, sondern alles Sichtbare zeigte Zeichencharakter, dem eine Bedeutung zugrunde liegen konnte. Sinn lag, wie die Romantiker vermutet hatten, wie ein Geheimnis in allen Dingen, mochten es auch Industrieprodukte sein. In seiner Schrift *Wahrheit und Lüge im außermoralischen Sinne* aus dem Jahr 1873 hatte Nietzsche über diesen Wandel von Weltwahrnehmung und Wirklichkeitserfahrung geschrieben: »Was ist also Wahrheit? Ein bewegliches Heer von Metaphern, Metonymien, Anthropomorphismen, kurz eine Summe von menschlichen Relationen, die, poetisch und rhetorisch gesteigert, übertragen, geschmückt wurden und die nach langem Gebrauch einem Volke fest, kanonisch und verbindlich dünken: die Wahrheiten sind Illusionen, von denen man vergessen hat, daß sie welche sind, Metaphern, die abgenutzt und sinnlich kraftlos geworden sind, Münzen, die ihr Bild verloren haben und nun als Metall, nicht mehr als Münzen, in Betracht kommen.«[121]

Das gemalte Bild war eine Fläche aus Zeichen, deren Bedeutungen von einem Betrachter zu entziffern und, als Gesamteindruck, zu einem umfassenden, für ihn plausiblen Sinn zusammenzufügen waren. Aber auch die Wirklichkeit schien, diese Vermutung legte die Fotografie nahe, aus Bildern mit Zeichen zu bestehen, die von einem Beobachter, wie Baudelaire einer war, entschlüsselt, nach geheimen Botschaften abgesucht werden konnten. Künstler waren in der Lage, die Bilderflut der flüchtigen Wahrheiten zu deuten, und umgekehrt, jeder, der diese Illusionen zu interpretieren verstand, war ein Künstler des Lebens.

Die Wissenschaften setzten in dieser unsicheren Lage auf Experimente, die sich wiederholen ließen. Die Idee von der einen einzigen großen Wahrheit, die noch Marx beflügelt hatte, war zerstoben. Für Revolutionen gab es keine wissenschaftliche Grundlage mehr, auf der die Gesellschaft, wie auf einem Schienenstrang, in eine bessere Zukunft hätte bewegt werden können. Es blieben Putsch und Bürgerkrieg, es blieb die Empörung über Ungerechtigkeit und Leid.

Émile Zola hatte sich mit seiner Schrift *J'accuse* 1898 auf die Seite des wegen Landesverrats angeklagten jüdischen Offiziers Alfred Dreyfus gestellt. Der Text war das Gründungsdokument des engagierten Intellektuellen, der als Instanz von Moral und Gerechtigkeit über den Parteien stand, aber mitten in der bürgerlichen Gesellschaft ausharrte. Mit seiner Kritik begleitete er die sozialen und politischen Entwicklungen, ohne zur Revolution aufzurufen. Er stand auf der Seite der Reformen, des sozialen Ausgleichs, der Demokratie und des Fortschritts. Anarchie und Chaos unterstützte er nicht. Anders als Kierkegaards Einzelner, der sich Gott verpflichtet fühlte und vor dem demokratischen Zeitgeist und dessen nivellierender Macht warnte, trat der engagierte Intellektuelle das Erbe der Französischen Revolution von 1789 an, die politischen Ideale bürgerlichen Denkens, Freiheit, Gleichheit, Gerechtigkeit. Er war ein systemimmanenter Kritiker.

Nietzsche schrieb den Abschiedsbrief über das Verschwinden der einen großen Wahrheit. Das Verschwinden der Natur hat er nicht bemerkt. Nicht weit von der französischen Mittelmeerküste entfernt, wo er entlangwanderte und Gedanken in sein Notizbuch kritzelte, hatte Paul Cézanne schon am frühen Morgen seine Malutensilien zusammengepackt und sich auf den Weg hinaus in die Natur gemacht, wo er seine Staffelei aufstellte. Auf Fotografien ist er dort zu sehen. Sie zeigen einen Mann vor einer Leinwand, aber sie zeigen nicht, was hier vor sich ging, sie zeigen eine Szene, aber nicht das Drama.

Der einsam unter dem südfranzösischen Himmel arbeitende Maler begründete mit seinen Bildern eine souveräne Kunst. Ein zufälliger Spaziergänger, der ihn von Weitem dort drüben stehen sah, hätte in ihm nicht den Initiator der ästhetischen Avantgarde vermutet, von der er, wenn er sich über diese Fragen seine Gedanken hätte machen können, überzeugt gewesen wäre, dass sie im fernen Paris geboren würde, wo alles Neue, Interessante und Eigentümliche zur Welt kam.

Nietzsche hätte Cézanne bewundert. Seine Kunst schloss keine Kompromisse mit den Anforderungen einer Gesellschaft, die einen realistischen, zuversichtlichen Blick auf das Leben favorisierte, unter dem alle Erscheinungen wie in einem Gehege eingeebnet wurden. Seine Motive fand Cézanne in der menschenleeren, in sich versunkenen Landschaft der Provence.

Paul Cézanne, Der Bahndurchstich (um 1870)

Er malte mit dem Rücken zu Paris, ganz der Natur zugewandt.
Die reine Kunst war der reinen Natur verwandt. Seine Ästhetik
hat sich den Elementen dieser Verwandtschaft gewidmet. Der
Aufbau der Natur, die geologischen und biologischen Schichten ihrer überwältigenden Gegenwärtigkeit, wurde auf der
Leinwand übersetzt in ein System der Schichtung von Formen
und Farben. Die Geschichte der Natur, ihre lange Dauer, die
sich in jeder Ansicht zeigte und die weit vor das erste Erscheinen des Menschen in eine tiefe Ursprünglichkeit reichte, sollte
sich in einer sehr artifiziellen Archaik der Bilder spiegeln, die
sich auf einfache Formsätze und Farbmodulationen stützte.
Der Künstler war ein demütiger Arbeiter, der Skulpturen aus
Flächen schuf und auf diese Weise das Massiv der natürlichen
Zeit des Werdens und Wachsens in die Zeitlosigkeit von einfachen Formen verwandelte. Seine Palette folgte einer Gram-
matik der Farben, deren Abfolge die Struktur seiner Werke bestimmte. Das Auge, wenn es genau und geduldig hinsah,
verstand die Sprache, die Erzählung der Natur. Von Cézanne

stammten die letzten Ansichten der Natur, des Friedens in der Landschaft, vor ihrem Untergang durch die Maschinen und den automatisierten Menschen.

Der Impressionismus war in der Malerei, was der Existenzialismus Kierkegaards im Geist war, eine radikale Auflösung der starren gegenständlichen und begrifflichen Formen, die vorgaben, in diesen Konturen und Mustern Realität zu erfassen, eine Abkehr von der Vorstellung, Wahrheit sei die getreue Abbildung von Objektivität. Die beiden Bewegungen rehabilitierten die Aufmerksamkeit und die Reize, das Empfinden und die Gefühle. Sie waren die Erben der Romantik. In der *Abschließenden unwissenschaftlichen Nachschrift* aus dem Jahr 1846 hatte Kierkegaard geschrieben, als würde er den Hinweis auf diese Koinzidenz vorwegnehmen: »Während nun das reine Denken ohne weiteres alle Bewegung aufhebt oder sie sinnlos mit in die Logik hineinbringt, ist die Schwierigkeit für den Existierenden die, der Existenz die Kontinuierlichkeit zu verleihen, ohne welche alles einfach verschwindet. Eine abstrakte Kontinuierlichkeit ist keine Kontinuierlichkeit, und das Existieren des Existierenden verhindert die Kontinuierlichkeit wesentlich, während Leidenschaft die momentweise Kontinuierlichkeit ist, die gleichzeitig die Bewegung hemmt und der Impuls der Bewegung ist.«[122] Damit hatte er sowohl einen neuen Stil des Denkens als auch den kommenden impressionistischen Stil charakterisiert.

Die drei Außenseiter der Moderne hatten ganz persönliche Erfahrungen gemacht, und sie wehrten sich, diese Erfahrungen einem philosophischen Muster unterzuordnen, das ihrer individuellen Eigenart, ihrem Selbstgefühl widersprach. Irgendwann stolperten sie über sich selbst, über ihren Charakter, ihre Schwermut, ihre Sensibilität. Immer spielte dabei ihr Körper eine entscheidende Rolle, als Trieb, Vitalität, psychosomatische Reaktion. Sie wurden auch deshalb Philosophen, weil sie ihr Selbstgefühl, wer sie im Innersten waren, im Vergleich zu einer provozierenden, irritierenden, enervierenden Umwelt, auf diese Weise besser zu verstehen hofften. Für diese Erfahrung war die Sprache der idealistischen Philosophie, die sich auf den Geist und die Vernunft konzentrierte, als wäre sie die Luft, die alle Bürger atmen können, nicht zuständig. Dieser Erfahrung sind sie treu geblieben, das heißt, sie sind sich selbst treu geblieben, einem existenziellen Grundgefühl, einer individuellen Stimmung, die jeder Künstler als seinen Resonanzraum kennt, und sie bemühten sich, dafür einen philosophischen Ausdruck zu finden, einen eigenen Stil, eine persönliche Ästhetik der Existenz zu entwickeln. Philosophie zu betreiben bedeutete, über den Zusammenhang von Selbst, Existenz, Stil und Mitteilung nachdenken, über das eigene Leben und über das Leben als solches. Sie haben ihr Selbstgefühl extrapoliert zu einer Philosophie, mit der sie existieren konnten, die ihnen entsprach.

Der philosophische Stil, den sie ausbildeten, war an der Literatur geschult. Trotz ihrer gedanklichen Schärfe, mit der sie ihre geistige Position ausbauten und verteidigten, überließen sie sich einem poetischen, erzählenden, pointiert polemischen, sehr lebendigen Darstellungsmodus. Auf Argumente allein konnten sie sich nicht verlassen, wenn sie sagen wollten, was ihnen vorschwebte. Sie waren von jener existenziellen Stimmung abhängig, die sie zu Außenseitern machte. Auch ein guter Roman erschöpft sich nicht in einer Handlung, in einer Abfolge von Ereignissen. Er zeichnet sich durch eine eigene Sprache aus, eine eigene Stimmung. Das ist ästhetisch gesehen das Entscheidende. Die drei Abenteurer nahmen bei ihren Darstellungsversuchen auf Gattungen keine Rücksicht und rückten Philosophie und Kunst, Argument und Ahnung, Konzentration und Kontemplation, Erkenntnis und Erfahrung eng zusammen. Sie sahen mit zwei Augen.

»Im HERZEN steckt der Mensch«, sagte Schopenhauer, »nicht im Kopf. Zwar sind wir, in Folge unserer Relation mit der Außenwelt, gewohnt, als unser eigentliches Selbst das Subjekt des Erkennens, das erkennende Ich, zu betrachten, welches am Abend ermattet, im Schlafe verschwindet, am Morgen mit erneuerten Kräften heller strahlt. Dieses ist jedoch die bloße Gehirnfunktion und nicht unser eigenstes Selbst. Unser wahres Selbst, der Kern unsers Wesens, ist Das, was hinter jenem steckt und eigentlich nichts Anderes kennt, als wollen und nichtwollen, zufrieden und unzufrieden seyn, mit allen Modifikationen der Sache, die man Gefühle, Affekte und Leidenschaften nennt.«[123] Schopenhauer hatte in sich einen dunklen Drang, ein Begehren gespürt, das sich von der Vernunft nicht kontrollieren ließ. Da war etwas, das ihn singularisierte, zu einem Individuum mit diesen und jenen Besonderheiten machte, die er sich nicht zugelegt hatte, sondern die aus ihm hervorbrachen. Wohin er auch schaute, das Prinzip fand er überall, dass individuelle Formen aus einer Kraft entstanden, die in ihnen steckte.

»Während das denkende Subjekt und seine Existenz dem objektiven Denken gleichgültig ist«, sagte Kierkegaard, »ist der subjektive Denker als Existierender wesentlich an seinem eigenen Denken interessiert, ist in ihm existierend. Darum hat sein Denken eine andere Art von Reflexion, nämlich die der Innerlichkeit, des Besitzes, wodurch es dem Subjekt angehört und keinem anderen. Während das objektive Denken alles im Resultat ausdrückt und der ganzen Menschheit durch Abschreiben und Ableiern des Resultats und des Fazits zum Mogeln verhilft, setzt das subjektive Denken alles ins Werden und läßt das Resultat weg, teils weil dies gerade dem Denker gehört, da er den Weg hat, teils weil er als Existierender beständig im Werden ist, was ja jeder Mensch ist, der sich nicht dazu hat narren lassen objektiv zu werden, unmenschlich zur Spekulation zu werden.«[124] Hier sprach ein begnadeter Polemiker und Dialektiker, der von früh an ein starkes Gefühl für seine Originalität hatte, die ihn mit sich fortriss, und für eine Tiefe, in der unerreichbar seine Schwermut saß. Er wollte sich nicht verloren geben und sich nicht an Dinge verschwenden, die es nicht wert waren, dass er sich ihnen widmete, langweiligen Studien, Aufgaben, die nur Pflicht und Last waren, aber für ihn keinen besonderen Sinn ergaben.

»Man muss«, sagte Nietzsche, »die ganze Oberfläche des Bewusstseins – Bewusstsein i s t Oberfläche – rein halten von irgend einem der grossen Imperative. Vorsicht selbst vor jedem grossen Wort, jeder grossen Attitüde! Lauter Gefahren, dass der Instinkt zu früh ›sich versteht‹ – Inzwischen wächst und wächst die organisirende, die zur Herrschaft berufne ›Idee‹ in der Tiefe, – sie beginnt zu befehlen, sie leitet langsam aus Nebenwegen und Abwegen z u r ü c k, sie bereitet e i n z e l n e Qualitäten und Tüchtigkeiten vor, die einmal als Mittel zum Ganzen sich unentbehrlich erweisen sollen, – sie bildet der Reihe nach alle d i e n e n d e n Vermögen aus, bevor sie irgend Etwas von der dominirenden Aufgabe, von ›Ziel‹, ›Zweck‹, ›Sinn‹ verlauten lässt.«[125] Damit hatte er seinen eigenen Werdegang beschrieben. Der Philosoph, der Schriftsteller Nietzsche war nicht von einem Tag auf den anderen entstanden und zu dem geworden, der er in seinen Werken, und durch sie, wurde. Die ganze Entwicklung hatte Zeit in Anspruch genommen, etwas in ihm musste reifen. Oder, anders gesagt, er musste zu sich finden, seinem Selbstgefühl in der Tiefe folgen.

Das Selbst war von den drei philosophischen Außenseitern ein ganzes Jahrhundert lang am Leben erhalten worden. Sie hatten es bewahrt wie einen Schatz. Die Zeitgenossen waren mit anderen Dingen beschäftigt, sie setzten auf Rationalität und Profit, Kommunikation und Verträge, Gemeinschaft und Kompromiss. Unter diesen modernen Umständen geriet das

Selbst in eine desolate Lage. Es war bedroht, seine Zukunft schwarz. Das Selbst wurde zu einer Art Spiegel, in dem das Ich sich mit Wohlgefallen sah, ein Fokus seiner Kämpfe mit Trieben und Idealen, mit Innenwelt und Außenwelt, die das Ich zermürben konnten. Ein Blick in den Spiegel half manchmal schon, das Selbstwertgefühl zu stabilisieren und mit sich ins Reine zu kommen.

Diese tägliche Bespiegelung kam ohne große Selbsterkenntnis aus. Wie die ganze Psyche, so wurde auch das Selbst von den Psychologen zu einem Gewächs der Kindheit erklärt und damit aus der reflektierenden Verantwortung des Erwachsenen genommen, der nun zum Therapeuten eilte, wenn er Probleme mit sich selbst wahrnahm, die die Kommunikation mit der Umwelt behinderten, oder zum Psychoanalytiker, wenn die Kommunikation zu scheitern drohte. Im wohltuenden Glanz eines durch dritte Hand zu reparierenden Selbstbildes dachte und handelte fortan ein Ich, das davon ausging, sich in seiner Selbsteinschätzung nicht zu täuschen, und sich darum bemühte oder sich dessen vergewisserte, dass es ganz bei sich war, und das hieß in Einklang lebte mit der Umwelt.

Doch das Selbst in der Größe und Schwere, wie es die drei Solitäre im 19. Jahrhundert dachten, hat diese Verwandlung in ein alltägliches psychisches Problem überlebt, so, wie die eigene Identität mit ihren Geheimnissen, die sich in Idiosynkrasien, Dissonanzen und Eigentümlichkeiten niederschlagen, durch die Verwandlung in ein demokratisches Integrationsmodell nicht aufgelöst wurde.

Kein Wort der Verständigung reicht in die Tiefe. Im Gegenteil, die geschmeidigen Wörter, wie genau und originell sie sich zu Sätzen fügen mögen, agieren an der Oberfläche, dort, wo Kommunikation als gemeinsamer Nenner gelingen soll. Auf dieser Oberfläche erscheinen die Kommunikationsteilnehmer wie Brüche in mathematischen Aufgaben. Sie müssen sich der

Gemeinsamkeit einer tragenden Vernunft vergewissern, um sich rasch und zielsicher verständigen zu können. Die erste, vorrangige Absicht beim Reden ist die Anerkennung der Gleichheit.

Das Selbst, das unsagbare Individuelle, wird vielleicht noch einmal auftauchen, im letzten Augenblick, wenn alle gemeinschaftlichen Rücksichten aufgehoben sind und die existenzielle Einsamkeit keine Kompromisse mehr kennt. Im Licht des Todes wird es sich zeigen als jene Innerlichkeit, die immer da war, aber vielleicht nie mit offenen Augen gesucht und mit Verlangen betreten wurde.

Kurz nach dem Beginn des neuen, des 20. Jahrhunderts malte der dänische Maler Vilhelm Hammershøi das Bild *Interieur mit Rückenansicht einer Frau*, ein kleines Bild, nur 60 Zentimeter hoch und 50 Zentimeter breit. Hammershøi war in seinem Leben viel herumgekommen, er reiste nach Dresden, Berlin, in die Niederlande und nach Belgien, er wohnte in Paris, in London und lebte in Italien. Er kannte etwas von der Welt.

Vilhelm Hammershøi, Interieur mit Rückenansicht
einer Frau (1903/04)

Auf dem Bild sieht der Betrachter eine schlanke Frau in einem schwarzen Kleid, das fest um ihre schmale Hüfte gegürtet ist, in einem Raum, der sehr bürgerlich und nordisch anmutet. Die Frau kehrt dem Betrachter den Rücken zu. Viel ist von dem Raum nicht zu sehen, und viel steht auch nicht darin. Die Farbe der Wand schimmert zwischen Grau und Taubenblau, sie zeigt nach oben hin keinen Abschluss und geht unten in eine hüfthohe weiße Holzverkleidung über. Die Wand ist verziert mit einer rechtwinkeligen schmalen weißen Holzleiste, die den rechten Winkel eines braunen Bilderrahmens aufzufangen scheint. Das eingerahmte Bild ist, soweit es sich dem Blick des Betrachters zeigt, ein Stich, auf dem, wie in weiter Ferne, ein Berg zu sehen ist. Vor der weißen Holzkonsole steht ein schlanker brauner Tisch, dessen einzige Funktion darin liegt, einer Porzellanschüssel, auf der sich feine Blätter ranken, ihren angemessenen Platz zu bieten. Die Frau hat ihre braunen Haare zu einem Zopf geflochten und den Zopf nach oben gesteckt, sodass ihr zarter Nacken freiliegt. Ihr Körper und ihr Kopf beugen sich etwas nach rechts, als gäbe sie einem Gewicht nach. In der linken Hand hält sie eine flache Schale, die groß ist und schwer zu sein scheint, sie liegt in der Hand des nach unten gestreckten Arms, und die rechte Hand scheint stabilisierend beim Tragen noch helfen zu müssen. Die Frau macht einen nachdenklichen Eindruck, aber sie scheint nicht darüber nachzudenken, wohin sie die Schale tragen soll, wo sie sie abstellen kann, sondern ihre Nachdenklichkeit ist mehr eine grundsätzliche Stimmung, die näher an der Melancholie liegt als an der Fähigkeit zu Problemlösungen. Sie wirkt in dem Raum etwas klein, sehr schmächtig, als wäre ihr irgendetwas an der Welt zu viel, als würde das Gewicht der Welt, die fest und rechtwinkelig und sehr groß ist, etwas auf ihr lasten. Sie steht unmittelbar vor der Kommode, es sieht so aus, als könnte sie sich nicht zur Seite wenden und weggehen, sondern als müsste sie kehrtmachen und einen Schritt zurücktreten, wenn sie die Richtung ändern und sich von der Wand lösen wollte, so, wie das Denken sich aus einer ermüdenden Gedankenschlaufe nur dadurch befreien kann, dass es zurücktritt und Abstand zu gewinnen versucht und dann neue Wege geht. Der Raum, in dem sie sich bewegt, muss sehr groß sein, sie hat ihn durchschritten und steht jetzt ganz nahe an der Wand vor der Kommode, eine große flache Schale in der Hand, und ihr Kopf neigt sich dem Schatten zu, den die Kommode schräg auf die weiße Holzkonsole wirft. Der äußere Innenraum ist ein Abbild des inneren Innenraums, die beiden korrespondieren miteinander, so, wie die suggerierte Sicherheit und rechtwinkelige Ordnung der bürgerlichen Welt mit den Schattenwelten der Seele korrespondieren, die sich gerade dort in der atemlosen Stille entfalten können.

Zehn Jahre später wird der Erste Weltkrieg große Teile Europas überziehen und in einen Abgrund des Schreckens stürzen. Danach war für solche Bilder der Innerlichkeit kein Platz mehr, weil die Kriegserfahrungen die Wände schwarz angemalt und die Ausstattung zerstört hatten. Die Erinnerung an das Bild von der Frau mit der Schale verblasste, aber seine Stimmung taucht vielleicht in den letzten Stunden auf, wenn es gilt, Abschied vom Leben zu nehmen. Das Leben liegt hinter dem Sterbenden, und vor ihm ist eine Wand, durch die er hindurchgehen wird, um auf immer zu verschwinden. Die Welt um ihn herum wird bleiben, und es wird dann so aussehen, als wäre er gar nicht da gewesen und als ginge alles einfach weiter. Die Kommode wird weiterhin Platz bieten für die Schale mit dem feinen Blätterwerk, und das Bild mit dem Stich wird von einem fernen Land künden, und die Farbe auf der Wand hat sich immer noch nicht entschieden, ob sie mehr dem Grau oder mehr dem Taubenblau sich zuneigen soll. Nur die Frau ist verschwunden, sie ist aus dem Bild herausgetreten, irgendwo hin.

In der letzten Stunde wird sich zeigen, wer und wie das Selbst ist, ob es mit schmerzhaften Gefühlen gehen oder mit einem erlösenden Seufzer sich auflösen wird. In dem letzten und ersten Augenblick, wo es noch hier und schon nicht mehr hier ist, wird das Selbstgefühl noch einmal so auftauchen, wie es beim ersten Mal gewesen war, damals, vor vielen Jahren, als das Leben noch vor ihm lag und mit dem Leben sein Werden. So schnell wird es sich zeigen, beim Übertritt von der einen in die andere Welt, dass es auch mit der höchsten Konzentration nicht zu fassen, nur mit Wehmut ein letztes Mal zu spüren ist.

Anhang

Literaturverzeichnis

Die Werke von Schopenhauer, Kierkegaard und Nietzsche werden zitiert nach folgenden Ausgaben:

Søren Kierkegaard: Briefe. Aus dem Dänischen und mit einem Nachwort von Walter Boehlich. Frankfurt/Main 1985

Søren Kierkegaard: Journale und Aufzeichnungen. Band 1. Deutsche Søren Kierkegaard Edition. Herausgegeben von Hermann Deuter und Richard Purkarthofer. Berlin, New York 2005

Søren Kierkegaard: Journale und Aufzeichnungen. Band 2. Herausgegeben von Richard Purkarthofer und Heiko Schulz. Berlin, New York 2008

Søren Kierkegaard: Gesammelte Werke. Herausgegeben von Emmanuel Hirsch und Hayo Gerdes. 31 Bände. München 1960

Ebendort die Werke:

Schriften über sich selbst

Eine literarische Anzeige

Stadien auf des Lebens Weg

Søren Kierkegaard: Philosophische Brosamen und Unwissenschaftliche Nachschrift. Unter Mitwirkung von Niels Thulstrup und der Kopenhagener Kierkegaard-Gesellschaft herausgegeben von Hermann Diem und Walter Rest. München 2005

Søren Kierkegaard: Einübung im Christentum. Unter Mitwirkung der Kopenhagener Kierkegaard-Gesellschaft herausgegeben und eingeleitet von Walter Rest. München 2005

Søren Kierkegaard: Die Krankheit zum Tode. Furcht und Zittern. Die Wiederholung. Der Begriff Angst. Unter Mitwirkung von Niels Thulstrup und der Kopenhagener Kierkegaard-Gesellschaft herausgegeben von Hermann Diem und Walter Rest. München 2005

Søren Kierkegaard: Entweder – Oder. Unter Mitwirkung von Niels Thulstrup und der Kopenhagener Kierkegaard-Gesellschaft herausgegeben von Hermann Diem und Walter Rest. München 2005

Søren Kierkegaard: Die Tagebücher. 1834 – 1855. Herausgegeben und übertragen von Theodor Haecker. München 1953

Friedrich Nietzsche: Kritische Studienausgabe. Herausgegeben von Giorgio Colli und Mazzini Montinari. München 2017
Friedrich Nietzsche: Frühe Schriften. Fünf Bände. Herausgegeben von Carl Koch und Karl Schlechta. München 1994
Friedrich Nietzsche: Sämtliche Briefe. Kritische Studienausgabe in 8 Bänden. Herausgegeben von Giorgio Colli und Mazzini Montinari. München 1986
Friedrich Nietzsche: Werke. Herausgegeben von Karl Schlechta. Frankfurt, Berlin, Wien 1979

Arthur Schopenhauer: Werke in fünf Bänden. Nach den Ausgaben letzter Hand herausgegeben von Ludger Lüdkehaus. Frankfurt 2006
Arthur Schopenhauer: Eine Philosophie in Briefen. Herausgegeben von Angelika Hübschner und Michael Fleitner. Frankfurt 1989
Arthur Schopenhauer: Die Kunst glücklich zu sein. Herausgegeben von Franco Volpi. München 1999

Werke von Dichtern und Schriftstellern, wie Heine, Hugo, Zola usw., werden hier nicht gesondert erwähnt, und das gilt auch für die Bilder von Malern, wie Monet, Cézanne, Manet usw. Unter anderem half folgende Literatur:
Theodor W. Adorno: Kierkegaard. Konstruktion des Ästhetischen. Frankfurt 2003
Lou Andreas-Salomé: Friedrich Nietzsche in seinen Werken. Dresden 1894
Sabine Appel: Arthur Schopenhauer. Leben und Philosophie. Düsseldorf 2007
Raymond Aron: Hauptströmungen des soziologischen Denkens. Aus dem Französischen von Franz Becker. Köln 1971
Walter Benjamin: Charles Baudelaire. Ein Lyriker im Zeitalter des Hochkapitalismus. Frankfurt 1974
Sidonie Blätter: Der Pöbel, die Frauen etc. Die Massen in der politischen Philosophie des 19. Jahrhunderts. Berlin 1995
Karl Heinz Bohrer: Der Abschied. Theorie der Trauer. Frankfurt 1996
Karl Heinz Bohrer: Ästhetische Negativität. München 2002

Pierre Bourdieu: Die Regeln der Kunst. Genese und Struktur des literarischen Feldes. Übersetzt von Bernd Schwibs und Achim Russer. Frankfurt 2001

Georg Brandes: Nietzsche. Berlin 2004

Olaf Breidbach: Die Materialisierung des Ich. Zur Geschichte der Hirnforschung im 19. und 20. Jahrhundert. Frankfurt 1997

Klaus Briegleb: Opfer Heine? Versuch über Schriftzüge der Revolution. Frankfurt 1986

Hans Brøchner: Erinnerungen an Søren Kierkegaard. Bodenheim 1997

Roberto Calasso: Der Traum Baudelaires. Aus dem Italienischen von Reimar Klein. München 2012

Claire Carlisle: Der Philosoph des Herzens. Das rastlose Leben des Søren Kierkegaard. Aus dem Englischen von Ursula Held und Sigrid Schmid. Stuttgart 2020

Niels Jørgen Cappelørn et al. (Hrsg.): Schopenhauer – Kierkegaard. Von der Metaphysik des Willens zur Philosophie der Existenz. Berlin, Bosten 2012

Paul Cézanne: Briefe. Aus dem Französischen von John Rewald. Zürich 2002

Jonathan Crary: Aufmerksamkeit. Wahrnehmung und moderne Kunst. Aus dem Amerikanischen von Heinz Jatho. Frankfurt 2002

Christophe Charle: Vordenker der Moderne. Die Intellektuellen im 19. Jahrhundert. Aus dem Französischen von Michael Bischoff. Frankfurt 1996

Giorgio Colli: Pathos und Distanz. Aus dem Italienischen von Range Maria Gschwend und Reimar Klein. Frankfurt 1982

Benedetto Croce: Geschichte Europas im neunzehnten Jahrhundert. Übersetzt aus dem Italienischen von Karl Vossler und Richard Peters. Frankfurt 1968

Antonio Damasio: Descartes' Irrtum. Fühlen, Denken und das menschliche Gehirn. Aus dem Englischen von Heiner Kober. München 1949

Eugène Delacroix: Dem Auge ein Fest. Aus dem Journal 1847 – 1863. Übersetzung aus dem Französischen von Lieselotte Kolanoske. Frankfurt 1988

Gilles Deleuze: Nietzsche und die Philosophie. Aus dem Französischen von Bernd Schwibs. München 1976

Michael Doran (Hrsg.): Gespräche mit Cézanne. Aus dem Französischen von Jörg Bischoff. Zürich 1998

George Duby, Michelle Perrot (Hrsg:): Geschichte der Frauen. Band 4. Frankfurt 2006

Patrick Eiden-Offen: Die Poesie der Klasse. Romantischer Antikapitalismus und die Erfindung des Proletariats. Berlin 2017

Ekklesia. Eine Sammlung von Selbstdarstellungen der christlichen Kirchen. Band. Die Skandinavischen Länder. Die Kirche Dänemarks. Leipzig 1937

Ralph Waldo Emerson: Natur. Herausgegeben und aus dem Amerikanischen übertragen von Harald Kiczka. Zürich 1982

Ralph Waldo Emerson: Von der Schönheit des Guten. Betrachtungen und Beobachtungen. Ausgewählt, übertragen und mit einem Vorwort von Egon Friedell. Zürich 1992

Friedrich Engels: Die Lage der arbeitenden Klasse in England. München 1973

Richard J. Evans: Das europäische Jahrhundert. Ein Kontinent im Umbruch 1815 – 1914. Aus dem Englischen von Richard Barth. Stuttgart 2018

Hinrich Fink-Eitel, Georg Lohmann (Hrsg.): Zur Philosophie der Gefühle. Frankfurt 1993

Kuno Fischer: Schopenhauer. Wiesbaden 2010

Gustav Flaubert: Briefe. Herausgegeben und übersetzt von Helmut Scheffel. Zürich 1977

Peter Fonagy, György Gergely, Elliot L. Jurist, Mary Target: Affektregulierung, Mentalisierung und die Entwicklung des Selbst. Aus dem Englischen von Elisabeth Vorspohl. Stuttgart 2011

Peter Fonagy: Bindungstheorie und Psychoanalyse. Aus dem Englischen übersetzt von Maren Klostermann. Stuttgart 2003

Steen Bo Frandsen: Dänemark. Aspekte der deutsch-dänischen Beziehungen im 19. und 20. Jahrhundert. Darmstadt 1994

Manfred Frank: Selbstgefühl. Eine historisch-systematische Erkundung. Frankfurt 2002

Joakim Garff: Søren Kierkegaard. Biographie. Aus dem Dänischen von Herbert Zeichner und Hermann Schmid. München 2000

Peter Gay: Erziehung der Sinne. Sexualität im bürgerlichen Zeitalter. Aus dem Englischen von Holger Fließbach. München 1986

Daniel Göschke (Hrsg.): Herman Melville. Sein Leben. Briefe und Tagebücher. Aus dem Amerikanischen von Werner Schmitz und Daniel Göschke. München 2006

Vincent van Gogh: Briefe an seinen Bruder. Drei Bände. Frankfurt 1988

Edmond und Jules de Goncourt: Tagebücher. Übertragen und herausgegeben von Justus Franz Wittkop. Frankfurt 1996

Arne Gron: Angst bei Søren Kierkegaard. Eine Einführung in sein Denken. Aus dem Dänischen von Ulrich Lincoln. Stuttgart 1999

Jan-Christoph Hauschild, Michael Werner: »Der Zweck des Lebens ist das Leben selbst«. Heinrich Heine. Eine Biographie. Frankfurt 2005

Jan Gerber: Karl Marx in Paris. Die Entdeckung des Kommunismus. München 2018

Georg Wilhelm Friedrich Hegel: Werke in 20 Bänden, Hrsg. von Eva Moldenhauer und Karl Markus Michel, Frankfurt /Main 1970

Bernd Henningsen: Die Politik des Einzelnen. Homberg, Kierkegaard, Grundtvig. Göttingen 1977

Werner Hofmann: Das Irdische Paradies. Motive und Ideen des 19. Jahrhunderts. München 1991

Werner Hofmann: Das Atelier. Courbets Jahrhundertbild. München 2010

Jann Holl: Kierkegaards Konzeption des Selbst. Eine Untersuchung über die Voraussetzungen und Formen seines Denkens. Meisenheim am Glam 1972

Angelika Hübscher (Hrsg): Arthur Schopenhauer. Frankfurt 1989

Tristram Hunt: Friedrich Engels. Der Mann, der den Marxismus erfand. Aus dem Englischen von K.-D. Schmidt. München 2013

Curt Paul Janz: Friedrich Nietzsche. Biographie. 3 Bände. München 1978/79

André Jardin: Alexis de Tocqueville. Leben und Werk. Aus dem Französischen von Linda Gränz.F rankfurt 2005

Harald Keller: Edgar Degas. Die Familie Bellelli. Stuttgart 1962

Wolfgang Kemp: John Ruskin. 1819–1900. Leben und Werk. München 1983

Otto Kernberg: Boderline-Störungen und pathologischer Narzißmus. Aus dem Amerikanischen von Hermann Schultz. Frankfurt 1978

Heinz Kohut: Die Heilung des Selbst. Übersetzt von Elke vom Scheidt. Frankfurt 1981

Heinz Kohut: Narzißmus. Eine Theorie der psychoanalytischen Behandlung narzißtischer Persönlichkeitsstörungen. Aus dem Amerikanischen von Lutz Rosenkötter. Frankfurt 1976

Heinz Kohut: Introspektion, Empathie und Psychoanalyse. Aus dem Amerikanischen von Käthe Hügel. Frankfurt 1977.

Frits Kool, Werner Krause (Hrsg.): Die frühen Sozialisten. 2 Bände. München 1972

Wolf Lepenies: Die drei Kulturen. Soziologie zwischen Literatur und Wissenschaft. München 1985

Wolf Lepenies: Sainte-Beuve. Auf der Schwelle der Moderne. München 1997

Karl Löwith: Von Hegel zu Nietzsche. Der revolutionäre Bruch im Denken des neunzehnten Jahrhunderts. Stuttgart 1990

Karl Löwith: Nietzsche. Stuttgart 1990

Karl Löwith: Jacob Burckhardt. Stuttgart 1990

Domenico Losurdo: Freiheit als Privileg. Eine Gegengeschichte des Liberalismus. Aus dem Italienischen von Hermann Kopp. Köln 2010

Walter Lowrie: Das Leben Søren Kierkegaards. Aus dem Amerikanischen von Günther Sawatzki. Düsseldorf 1955

Wolfgang Matz: 1857. Flaubert, Baudelaire, Stifter. Frankfurt 2007

Ludger Lütkehaus (Hrsg.): Die Schopenhauers. Der Familien-Briefwechsel. Zürich 1991

George H. Mead: Geist, Identität und Gesellschaft aus der Sicht des Sozialbehaviorismus. Aus dem Amerikanischen von Ulf Pacher. Frankfurt 1978

Julius Meier-Graefe: Entwicklungsgeschichte der modernen Kunst. 2 Bände. München 1987

Karl Marx: Das Elend der Philosophie. Berlin 1975

Joanna Nowotny: »Kierkegaard ist ein Jude«. Jüdische Kierkegaard-Lektüren in Literatur und Philosophie. Göttingen 2018

Dolf Oehler: Pariser Bilder 1 (1830–1848). Antibourgeoise Ästhetik bei Baudelaire, Daumier und Heine. Frankfurt 1979

Henning Ottmann (Hrsg.): Nietzsche-Handbuch. Stuttgart 2011

Michelle Perrot (Hrsg.): Geschichte des privaten Lebens. Band 4. Deutsch von Holger Fließbach und Gabriele Krüger-Wirrer. Frankfurt 1992

Henri Perruchot: Manet. Eine Biographie. Übersetzt von Zita Fränzen. Eßlingen

Henri Perruchot: Cézanne. Eine Biographie. aus dem Französischen von Kurt Leonhard. Eßlingen 1955

Sue Prideaux: Ich bin Dynamit. Das Leben des Friedrich Nietzsche. Aus dem Englischen von Hans-Peter Remmler. Stuttgart 2020

Max Raphael: Wie will ein Kunstwerk gesehen sein? Frankfurt 1989

King Ross: Zum Frühstück ins Freie. Manet, Monet und die Ursprünge der modernen Malerei. Aus dem Englischen von Stefanie Kremer. München 2007

Kristin Ross: Luxus für alle. Die politische Gedankenwelt der Pariser Kommune. Berlin 2021

Wolfgang Rupert: Der moderne Künstler. Zur Sozial- und Kulturgeschichte der kreativen Individualität in der kulturellen Moderne im 19. und frühen 20. Jahrhundert. Frankfurt 2000

Rüdiger Safranski: Nietzsche. Biographie seines Denkens. Frankfurt 2015

Rüdiger Safranski: Schopenhauer und Die wilden Jahre der Philosophie. Eine Biographie. Frankfurt 2016

Jean-Paul Sartre: Der Idiot der Familie. Gustave Flaubert. 4 Bände. Aus dem Französischen von Traugott König. Reinbek 1979

Jean-Paul Sartre: Baudelaire. Aus dem Französischen von Beate Möhring. Reinbek 1986

Herbert Schnädelbach: Philosophie in Deutschland 183–1933. Frankfurt 1983

Pierangelo Schiera: Laboratorium der bürgerlichen Welt. Deutsche Wissenschaften im 19. Jahrhundert. Frankfurt 1992

Wilhelm Schmid (Hrsg.): Wege zu Edgar Degas. Berlin 1988

Bertram Schmidt: Cézannes Lehre. Kiel 2004

Manfred Schneider: Die kranke schöne Seele der Revolution. Heine, Börne, das »Junge Deutschland«, Marx und Engels. Frankfurt 1980

Daniel Schubbe, Matthias Koller (Hrsg.): Schopenhauer-Handbuch. Stuttgart 2018

Rolf Schwendter: Zur Geschichte der Zukunft. Band 1. Frankfurt 1982

Hermann Schweppenhäuser: Kierkegaards Angriff auf die Spekulation. Eine Verteidigung. Frankfurt 1967

Richard Sennett: Verfall und Ende des öffentlichen Lebens. Die Tyrannei der Intimität. Aus dem Amerikanischen von Reinhard Kaiser. Frankfurt 1986

Volker Sperling: Arthur Schopenhauer. Die Einführung in Leben und Werk. Stuttgart 1994

Charles Taylor: Quellen des Selbst. Die Entstehung der neuzeitlichen Identität. Übersetzt von Joachim Schulte. Frankfurt 1996

Michael Theunissen, Wilfried Greve (Hrsg): Materialien zur Philosophie Søren Kierkegaards. Frankfurt 1979

Michael Theunissen: Der Begriff der Verzweiflung. Korrektur an Kierkegaard. Frankfurt 1993

Alexis de Tocqueville: Erinnerungen. Übersetzt von Dirk Forster. Stuttgart 1954

Alexis de Tocqueville: Über die Demokratie in Amerika. Ausgewählt und herausgegeben von Jakob P. Mayer. Stuttgart 1985

Ursula Welsch, Michaela Wiesner: Lou Andreas-Salomé. Vom »Lebensurgrund« zur Psychoanalyse. München 1988

Robert Zimmer: Arthur Schopenhauer. Ein philosophischer Weltbürger. München 2012

Anmerkungen

1 Nietzsche, Briefe, Bd. 8, Seite 259
2 Schopenhauer, Die Welt als Wille und Vorstellung, Bd. 2, Seite 582
3 Nietzsche, Götzen-Dämmerung, Seite 143
4 Kierkegaard, Briefe, Seite 85
5 Kierkegaard, Briefe, Seite 87
6 Kierkegaard, Eine literarische Anzeige, Seite 114
7 Nietzsche, Ecce homo, Seite 326
8 Nietzsche, Götzen-Dämmerung, Seite 121
9 Nietzsche, Götzen-Dämmerung, Seite 142 f.
10 G. W. F. Hegel, Grundlinien der Philosophie des Rechts, Werke in 20 Bänden. Frankfurt 1970, Bd. 7, Seite 25 (Hervorhebung im Original)
11 Kierkegaard, Abschließende unwissenschaftliche Nachschrift, Seite 468
12 Kierkegaard, Eine literarische Anzeige, Seite 126
13 Nietzsche, Jenseits von Gut und Böse, Seite 136
14 Schopenhauer, Briefe, Seite 35
15 Schopenhauer, Einige Bemerkungen über meine eigene Philosophie, in Parerga und Paralipomena, Bd. 1, Seite 131
16 Ebd. Seite 136
17 Schopenhauer, Aphorismen zur Lebensweisheit, in Parerga und Paralipomena, Bd. 1, Seite 317
18 Schopenhauer, Briefe, Seite 69
19 Schopenhauer, Ueber die Universitäts-Philosophie, in Paragra und Paralipomena, Bd. 1, Seite 152
20 Schopenhauer, Briefe Seite 69
21 Schopenhauer, Aphorismen der Lebensweisheit, in Parerga und Paralipomena, Bd. 1, Seite 318 f.
22 Schopenhauer, Briefe, Seite 78
23 Schopenhauer: Kleinere Schriften, Bd. 3, Seite 80
24 Schopenhauer, Briefe, Seite 307

25 Schopenhauer, Die Welt als Wille und Vorstellung, Bd. 1, Seite 277

26 Schopenhauer, Einige Bemerkungen über meine Philosophie, in Parerga und Paralipomena, Bd. 1, Seite 132

27 Schopenhauer, Briefe, Seite 18

28 Schopenhauer, Briefe, Seite 19

29 Schopenhauer, Briefe, Seite 19

30 Schopenhauer, Die Welt als Wille und Vorstellung, Bd. 2, Seite 195

31 Schopenhauer, Aphorismen der Lebensweisheit, in Parerga und Paralipomena, Bd. 2, Seite 418

32 Schopenhauer, Briefe, Seite 71

33 Schopenhauer, Parerga und Paralipomena, Bd. 2, Seite 189

34 Schopenhauer, Die Welt als Wille und Vorstellung, Bd. 2, Seite 278

35 Schopenhauer, Parerga und Paralipomena, Bd. 2, Seite 205

36 Schopenhauer, Parerga und Paralipomena, Bd. 1, Seite 153

37 Schopenhauer, Grundlage der Moral, Kleinere Schriften, Seite 564 f.

38 Schopenhauer, Die Kunst, glücklich zu sein. Hrsg. von Franco Volpi, München 1999, Seite 51

39 Schopenhauer, Die Welt als Wille und Vorstellung Bd. 1, Seite 331

40 Schopenhauer, Die Welt als Wille und Vorstellung, Bd. 1, Seite 251

41 Schopenhauer, Die Welt als Wille und Vorstellung, Seite 243 f.

42 Schopenhauer, Die Welt als Wille und Vorstellung, Bd. 1, Seite 252 f.

43 Kierkegaard, Eine literarische Anzeige, Seite 80

44 Schopenhauer, Die Welt als Wille und Vorstellung, Bd. 1, Seite 255

45 Schopenhauer, Die Welt als Wille und Vorstellung, Bd. 1, Seite 313

46 Schopenhauer, Die Welt als Wille und Vorstellung, Bd. 1, Seite 315 f.

47 Schopenhauer, Die Welt als Wille und Vorstellung, Bd. 2, Seite 597

48 Nietzsche, Jenseits von Gut und Böse, Seite 170 f.

49 Schopenhauer, Die Welt als Wille und Vorstellung, Bd. 2, Seite 629 f.

50 Kierkegaard, Abschließende unwissenschaftliche Nachschrift, Seite 492 f.

51 Nietzsche, Fröhliche Wissenschaft, Seite 448

52 Nietzsche, Briefe, Bd. 2, Seite 119

53 Schopenhauer, Parerga und Paralipomena, Bd. 2, Seite 230 f.

54 Kierkegaard, Briefe, Seite 51

55 Kierkegaard, Die Krankheit zum Tode, Seite 31

56 Kierkegaard, Entweder-Oder, Seite 800

57 Kierkegaard, Tagebücher, Bd. 2, S. 289

58 Kierkegaard, Die Schriften über sich selbst, Seite 75

59 Kierkegaard, Die Schriften über sich selbst, Seite 77

60 Kierkegaard, Die Schriften über sich selbst, Seite 79

61 Kierkegaard, Briefe, Seite 100

62 Kierkegaard, Die Schriften über sich selbst, Seite 90

63 Kierkegaard, Journal, Bd. 1, Seite 24

64 Kierkegaard, Die Schriften über sich selbst, Seite 83

65 Kierkegaard, Briefe, Seite 33

66 Kierkegaard, Journal, Bd. 2, Seite 174

67 Kierkegaard, Briefe, Seite 50

68 Kierkegaard, Journal, Bd. 2, Seite 194

69 Kierkegaard, Journal, Bd. 2, Seite 231

70 Kierkegaard, Abschließende unwissenschaftliche Nachschrift, Seite 160

71 Kierkegaard, Journal, Bd. 2, Seite 275

72 Kierkegaard, Abschließende unwissenschaftliche Nachschrift, Seite 161

73 Kierkegaard, Die Krankheit zum Tode, Seite 53

74 Kierkegaard, Die Krankheit zum Tode, Seite 31

75 Kierkegaard, Abschließende unwissenschaftliche Nachschrift, Seite 525

76 Kierkegaard, Über meine Wirksamkeit als Schriftsteller, Seite 88

77 Kierkegaard, Journal, Bd. 2, Seite 200

78 Jean-Paul Sartre: Baudelaire, übersetzt von Beate Möhring, Reinbek 1986, Seite 52

79 Kierkegaard, Journal, Bd. 2, Seite 226

80 Kierkegaard, Briefe, Seite 69 f.

81 Kierkegaard, Abschließende unwissenschaftliche Nachschrift, Seite 515

82 Kierkegaard, Briefe, Seite 71

83 Kierkegaard, Abschließende unwissenschaftliche Nachschrift, Seite 398

84 Kierkegaard, Briefe, Seite 98 f.

85 Kierkegaard, Abschließende unwissenschaftliche Nachschrift, Seite 519

86 Schopenhauer, Die Welt als Wille und Vorstellung, Bd. 2, Seite 162

87 Kierkegaard, Schriften über sich selbst, Seite 105

88 Nietzsche, Ecce homo, Werke Bd. 6, Seite 372

89 Nietzsche, Götzen-Dämmerung, Seite 105

90 Nietzsche, Schriften der letzten Leipziger und ersten Basler Zeit 1868–1869. Seite 251

91 Ebd., Seite 252

92 Ebd., Seite 269

93 Nietzsche, Ecce homo, Seite 326

94 Nietzsche, Briefe, Bd. 6, Seite 469

95 Nietzsche, Ecce homo, Seite 295

96 Nietzsche, Fröhliche Wissenschaft, Seite 570

97 Nietzsche, Briefe, Bd. 2, Seite 203 f.

98 Nietzsche, Briefe, Bd. 5, Seite 283

99 Nietzsche, Briefe Bd. 7, Seite 269 f.

100 Nietzsche, Götzen-Dämmerung, Seite 140 f.

101 Nietzsche, Schopenhauer als Erzieher, zit. nach Karl Schlechta, Werke, Bd. 1, Seite 289 f.

102 Nietzsche, Briefe, Bd. 5, Seite 132

103 Nietzsche, Jenseits von Gut und Böse, Seite 153

104 Nietzsche, Also sprach Zarathrustra, Seite 358

105 Nietzsche, Briefe, Bd. 6, Seite 499

106 Nietzsche, Briefe, Bd. 1, Seite 26

107 Nietzsche, Briefe, S. 162

108 Nietzsche, Briefe, Seite 497 f.

109 Ebd., Seite 530

110 Nietzsche, Bd. 8, Seite 577 f.

111 Nietzsche, Briefe, Bd. 6, Seite 56 f.

112 Nietzsche, Briefe, Bd. 6, Seite 458 f.

113 Nietzsche, Ecce homo, Seite 258 f.

114 Nietzsche, Ecce homo, Seite 258

115 Nietzsche, Ecce homo, Seite 267

116 Nietzsche, Jenseits ihn Gut und Böse, Seite 53 f.

117 Nietzsche, Jenseits von Gut und Böse, Seite 55

118 Nietzsche, Jenseits von Gut und Böse, Seite 30

119 Nietzsche, zit. nach der Ausgabe von Karl Schlechta, Bd. 3,
     Seite 915f.

120 Kierkegaard, Schriften über sich selbst, Seite 113

121 Nietzsche, Wahrheit und Lüge im außermoralischen Sinne, zit.
     nach der Ausgabe von Karl Schlechta, Bd. 4, Seite 1022

122 Kierkegaard, Abschließende unwissenschaftliche Nachschrift,
     Seite 473

123 Schopenhauer, Die Welt als Wille und Vorstellung, Bd. 2,
     Seite 279

124 Kierkegaard, Abschließende unwissenschaftliche Nachschrift,
     Seite 200

125 Nietzsche, Ecce homo, Seite 294

Bildnachweise

Personenregister

Adler, Alfred 204
Arnim, Bettina
   von 13, 101
Carl August, Herzog
   von Sachsen-Weimar-
   Eisenach 104

Bakunin, Michail 126
Balzac, Honoré de 83, 184
Baudelaire, Charles 83, 89,
   92, 180, 184, 204, 289, 304 f.,
   308, 313
Baumgartner, Marie 246
Bellelli, Gennaro 188
Bellelli, Giovanna 188
Bellelli, Giulia, 188
Bellilli, La Famille 185-197
Bismarck, Otto von 35
Blanc, Louis 27
Boesen, Emil 124, 144, 146,
   181
Brandes, Georg 21 f.
Bremer, Fredrika 102
Brøchner, Hans 121, 126,
   130, 137, 149, 153, 155,
   159, 163, 165, 170, 173,
   182, 305
Bruyas, Alfred 92
Büchner, Georg 38
Büchner, Ludwig 38 f.
Burckhardt, Jacob 28 f., 126,
   219, 264

Cabet, Étienne 27
Calderón de la Barca,
   Pedro 61
Cervantes, Miguel de 61
Cézanne, Paul 278, 290 f.,
   304-306, 309
Christens, Christian 153
Comte, August 205
Cortázar, Julio 170
Courbet, Gustave 25, 85-95,
   307

Dante, Alighieri 24
Darwin, Charles 35, 39
Degas, Edgar 25, 162, 184 f.,
   188 f., 193, 196 f., 307,
   309
Deussen, Paul 250
Dickens, Charles 75, 184
Doré, Gustave 24 f.
Dostojewski, Fjodor
   Michailowitsch 235
Dreyfus, Alfred 289
Durkheim, Émile 185

Eichendorff, Joseph von 64
Emerson, Ralph Waldo 111-113,
   306
Engels, Friedrich 34, 39, 126 3
   06 f., 309
Erikson, Erik H. 54, 83, 175,
   204

317